✿ | KRÜGER

Barbara Salesch

Ich liebe die Anfänge!

Von der Lust auf Veränderung

KRÜGER

Erschienen bei FISCHER Krüger

© S. Fischer Verlag GmbH, Frankfurt am Main 2014

Konzeption und Redaktion: Ulrike E. Meiser
Satz: Pinkuin Satz und Datentechnik, Berlin
Druck und Bindung: CPI books GmbH, Leck
Printed in Germany
ISBN 978-3-8105-1947-4

Allen Anfängen gewidmet

Inhalt

Mein »drittes Leben«

»Diddy, braucht ihr noch meinen Gerichtssaal?« Unser Herstellungsleiter schüttelte den Kopf. Super. Da ließ sich etwas machen. Zum letzten Drehtag brachte ich deshalb aus meiner Werkstatt alles an grobem Werkzeug mit, was in zwei große Kisten passte, und legte zur Sicherheit noch meinen Verbandskasten aus dem Auto dazu. Nach dem allerletzten Wort wuchtete ich die beiden Kästen auf mein Pult und begann noch in Robe, meinen Richtertresen zu zersägen. Was war der stabil! Erst nach herzhaftem Beil-Einsatz löste sich das erste lange Stück und flog in hohem Bogen über unsere Köpfe. Dann wollte jeder einen Teil vom Gericht haben. Auch der Tisch der Staatsanwaltschaft und die Balustrade vor den Zuschauerbänken mussten dran glauben. Alle sägten und hieben sich etwas ab, und auf jedes Teil schrieb ich das, was gewünscht wurde. Ein wunderbares Happening und meine schönste Signierstunde.

Warum mit einem Ende beginnen, wenn es um Anfänge geht? Ganz einfach. Anfang und Ende gehören zusammen. Zwölf Jahre »Richterin Barbara Salesch« mit 2356 Sendungen und 17000 Mitwirkenden hatten Anspruch auf einen kraftvollen Abschluss.

Ich habe mir damals ein langes Stück aus der Mitte meines Tresens mitgenommen. Nur, wo ist es geblieben? Es ist weg. Die Handwerker haben es bei der Sanierung meines Hauses – eben weil es so verhauen aussah, als Unterlage für die

Kreissäge benutzt. Davon hatte ich natürlich keine Ahnung. Und suchte es überall für ein Foto für dieses Buchprojekt. Zu spät. Vier Wochen vorher hatten sie das Teil im Baucontainer entsorgt, weil es inzwischen so ramponiert war, dass es für gar nichts mehr zu gebrauchen war. Das letzte Teil hat sein Ende also selbst bestens in Szene gesetzt. Aber ganz und gar ist es doch nicht verschwunden. Ein kleines, unbeirrbares Stück davon war schon zu einem Griff geworden und zusammen mit zwei Schrauben zu einem »Spezialwerkzeug« aufgestiegen. Das ist also alles, was ich aus meinem Gerichtssaal noch habe – und meinen kleinen ledernen Drehsessel, den durfte ich auch noch mitnehmen.

Der Weg war frei für etwas Neues. Freischaffende Künstlerin. Mein »drittes Leben«, wie ich immer dazu sage. Es hat übrigens gleich zwei Tage nach der letzten Aufzeichnung in aller Öffentlichkeit begonnen.

Ich liebe die Anfänge, weil es einfach spannend ist, sich öfter mit etwas Neuem zu beschäftigen. Schon kleine Änderungen bringen frischen Wind in Bestehendes, und selbst eingefahrene Gleise werden erstaunlich biegsam, wenn sie gezwungen werden, neue Stationen zu bedienen. Gelegentlich kam auch ein großer, also ein wirklicher Neuanfang daher, und ich habe dann nicht allzu lange über Details gebrütet, sondern die Chance genutzt, mein Leben zu ändern. Bislang ist alles gut ausgegangen. Warum also nicht weiter so?

Einen klugen Ratgeber, wie Sie Ihr Leben in zehn Schritten leicht und lustvoll verändern können, finden Sie hier nicht. Ich glaube aber auch nicht, dass Sie den von mir erwarten. Wer jedoch lesen möchte, wie es bei mir so war, wird vielleicht das eine oder andere als Anregung finden. Oder als Mutmacher.

Teil 1
Die Basis

Nur ein Mädchen

Meine Tante sagte immer: »Man kann in der Wahl seiner Eltern nicht vorsichtig genug sein.« Recht hatte sie, denn die Basis für Vertrauen, Selbstsicherheit und Zufriedenheit wird in der Familie gelegt. Ich habe das große Glück gehabt, dass meine Eltern mir die Grundlage gegeben haben, mein Leben auf mich zukommen zu lassen, Chancen zu ergreifen und auch Risiken einzugehen. Dieses »Das-schaffst-du-schon« meiner Eltern begleitet mich bis heute. Viele Frauen meines Alters haben als Kind diese Anerkennung nicht bekommen, vor allem nicht die ihrer Väter, denn in den fünfziger Jahren war es nicht so selbstverständlich, dass Eltern einem Mädchen genauso viel Aufmerksamkeit und Bestätigung entgegengebracht haben wie einem Jungen – und auch bei mir wäre es fast schiefgegangen.

Als meine Mutter mich am 5. Mai 1950 in Karlsruhe auf die Welt brachte, war mein Vater als klassischer Mann und Ostpreuße mit größter Selbstverständlichkeit davon ausgegangen, dass sie ihm seinen Stammhalter geschenkt hätte. Jetzt war ich da. Nur ein Mädchen. Und das ihm! Er war so fassungslos, als die Hebamme aus dem Kreißsaal herauskam und ihm zu seiner gesunden Tochter gratulierte, dass er direkt in Richtung Ausgang gestürmt ist. Aber weit ist er nicht gekommen, dafür hat diese Hebamme schon gesorgt, wie ich aus sicherer Quelle weiß, nämlich von ihr selbst. Sie hat ihn noch hinten am Kragen erwischt, ihn zurückgezogen und zu ihm ziemlich energisch gesagt: »Herr Salesch, dieses Kind ist Ihnen wie aus dem Gesicht geschnitten. Das müssen Sie sich anschauen!« Das mit dem Gesicht scheint meinen Vater interessiert zu haben. Jedenfalls hat er auf dem Absatz kehrtgemacht und ist zu Mama und mir ins Zimmer.

Ich muss schon von Geburt an ausgesehen haben wie ein Abziehbild meines Vaters. Dass ich ein Mädchen war, spielte keine Rolle mehr. In mir sah er sich selbst. Wegen des Krieges gibt es keine Kinderbilder von ihm; erhalten ist nur ein einziges Foto, das ihn als 14-Jährigen mit seinen Eltern zeigt. Wenn man Aufnahmen von mir danebenlegt, auf denen ich in diesem Alter bin, glaubt man wirklich, mein Vater und ich seien Zwillinge. Er sah jedenfalls in mir seinen Stammhalter und erzog mich dann auch so. Gut, dass ich vier Jahre später, als meine Schwester Petra geboren wurde, meine Prinzen-Position nicht aufgeben musste. Ich habe keine Ahnung, was passiert wäre, wenn 1954 ein Sohn in unsere Familie gekommen wäre. Womöglich hätte ich meinen Thron verlassen müssen, aber so musste ich nur ein bisschen teilen.

Bei der Namensgebung hat er sich übrigens damals nicht durchgesetzt. Kurt Willy Siegfried Salesch wollte, dass ich Ludowika heiße, wie seine Mutter. Meine Mutter Johanna Julie wiederum wollte ein Bärbelchen. So heiße ich nun Barbara Ludowika, in dieser Reihenfolge. Und Phyllis noch dazu, nach meiner amerikanischen Patentante. Als Schülerin fand ich diese drei Namen »irre interessant« und habe alle meine Bücher mit »B. L. Ph. Salesch« gestempelt. In grauslichen gotischen Buchstaben.

In meinen ersten sieben Jahren spielte sich unser ganzes Familienleben im Haus meiner Großeltern in Ettlingen ab, einer kleinen Stadt in der Nähe von Karlsruhe. Das Firmenbüro meiner Eltern, ihr Wohnzimmer und zunächst auch mein Kinderzimmer war ein Raum im Obergeschoss, nur 14 Quadratmeter groß, und mein Laufställchen stand auch noch mittendrin. Ihr Schlafzimmer – unheizbar – und unsere Küche lagen hinter dem offenen Schopf (Speicher). Meine Eltern bauten damals ihr Baugeschäft auf, und das bestimmte ihren Alltag. Leben und arbeiten waren bei uns eins, und das blieb auch später so.

Mein Vater war zwei Jahre nach Kriegsende aus französischer Kriegsgefangenschaft geflohen und hatte nichts außer seiner Kleidung dabei, als er bei Baden-Baden endlich über der Grenze war. In seinem Beruf als Bauingenieur fand er auf Dauer keine vernünftige Arbeit. Deshalb machte er sich mit Baustoffen selbständig, nachdem er meine Mutter geheiratet hatte. Mit einem geschenkten Fahrrad lieferte er seine ersten beiden Kellerfenster aus, die man ihm auf Kredit überlassen hatte. So ganz freiwillig war er nicht in Baden-Württemberg geblieben. Er konnte ja nicht mehr zurück nach Ostpreußen. In Masuren hatte er ganz andere Pläne gehabt und hätte dort am liebsten eine Bauunternehmertochter geheiratet oder eine aus einem großen Sägewerk und den Betrieb natürlich gleich mit, so hat er es mir einmal erzählt. Damit konnte meine Mutter nun nicht dienen. Sie hatte einen Bruder, der den Steinmetz- und Kunststeinbetrieb ihrer Eltern übernehmen sollte. Aber von früheren Plänen hatte mein Vater sich eh längst verabschiedet. Er sah ohnehin immer nur nach vorn, das war sein Naturell.

Und er liebte die Bewegung. Aber nur im Sitzen. Er saß einfach auf und in allem, was Räder hatte. Ich habe ihn jedenfalls fast nie zu Fuß gehen sehen. Vom Kinderwagen stieg er nahtlos um aufs Fahrrad, aufs Motorrad, auf Traktoren und Lkws und später in seine Autos. Sein Vater war Straßenbaumeister in Lyck gewesen. Fehlte mal wieder etwas Fahrbares vor der Tür der Straßenbaumeisterei, vertröstete sein Vater alle Besitzer gleichermaßen: »Keine Angst, mein Junge kommt gleich damit zurück, der muss das nur ausprobieren.« Die Mutter von »Kurtchen« war übrigens bei seiner Geburt deutlich über vierzig. Er blieb ihr einziges Kind und ist vier Jahre gestillt worden, zum Schluss sogar mit Fußbänkchen. Kein Wunder, dass er sich sein ganzes Leben wie ein ungemein verwöhntes Einzelkind benommen hat. Ständiger Spruch meiner Mutter: »Was soll man an Einsicht von einem erwarten, der vier Jahre an der Mutterbrust hing.«

Trotzdem war mein Vater jemand, der unheimlich viel anschob, sein Leben lang. Nach dem Abitur hat er Bauingenieurwesen in Königsberg studiert und gleichzeitig eine Lehre als Maurer und Zimmermann gemacht. Er war schon eine einzigartige Mischung aus Praktiker, Theoretiker und Kaufmann. Seine Mutter hatte übrigens immer gewollt, dass er Pfarrer werden sollte, aber natürlich evangelisch, wie die Familie. Wenn, sagte er immer, dann wäre er nur zu den Katholiken gegangen, denn dort sei mehr los. Es gibt sogar ein Foto, das diese Situation simuliert. Der Sohn eines Freundes meines Vaters sollte für seine Fotografenprüfung vier Menschen bei der Arbeit ablichten. Er wollte damals unseren katholischen Pfarrer und drei seiner Ministranten in den Messgewändern in Szene setzen. Aber unser Pfarrer wollte partout nicht aufs Bild. Die Gewänder könne er haben, aber ohne »katholischen Inhalt«. Und deshalb waren auf dem Foto drei mit dem Fotografen befreundete Dozenten und mein Vater zu sehen. Der steht fest in der Mitte, ganz behäbig, in diesem wunderbaren Gewand, und schaut ungemein heilig. Für die Arbeit gab es eine Zwei: wegen des echten Priesters im Vordergrund. Bei den anderen dreien sehe ja alles ein bisschen gestellt aus, so die Kommission, aber die Würde und Weisheit des Pfarrers seien wirklich überzeugend getroffen. Die Prüfer kannten natürlich die Fotos nicht, die danach gemacht wurden, mit Zigarre und mit Schnapsflasche. Das Prüfungsfoto hing später immer in meinem Büro, egal wo ich war, und ich amüsierte mich über die neugierigen Fragen von Besuchern: »Wer ist das?« »Mein Vater.« »Ah, ja … aber wie …?«

Meine Mutter war eine echte Badenerin. In Ettlingen geboren und aufgewachsen, war ihre sprachliche Färbung nicht zu überhören. Sie stammte aus der sogenannten Gipser-Müller-Familie, und meine Oma war überall die »Frau-Gipser-Müller«. Ich habe als Kind gedacht, sie hieße wirklich Gipser-Müller, nicht nur Müller, denn am Telefon meldete sich Oma immer so. Mein erstes Wort – vor »Mama« – war übrigens »ja-ja«, weil ich das im Büro so mithörte, bis ich später verstand, dass ein »ja« völlig ausreichend war.

Meine Eltern waren so unterschiedlich wie Tag und Nacht, und das nicht nur, was ihre körperliche Gestalt anging. Mama war 1,76 Meter groß und gertenschlank. Papa war nicht größer, dafür sehr breitschultrig und bald lebenslänglich mit Bauch. Auch von ihrer Art und ihrem Wesen her waren beide extrem unterschiedlich, von ihren Interessen ganz zu schweigen. Sie passten einerseits wirklich nicht zusammen, stimmten aber andererseits in ihren Grundsätzen und Grundwerten weit mehr überein, als es nach außen schien. Es funktionierte zwischen ihnen wohl auch deshalb, weil es damals funktionieren musste. Heute würde sich ein so unterschiedliches Paar vermutlich trennen. Die Umstände, mit denen sich meine Eltern arrangierten, genauer gesagt, die

Umstände, mit denen meine Mutter sich abzufinden hatte, nehmen Frauen inzwischen nicht mehr hin.

Ein »Heimchen am Herd« war meine aber Mutter nicht. Sie war eine kluge Geschäftsfrau, hatte eine kaufmännische Lehre gemacht, Buchhaltung gelernt und die Firma mit aufgebaut. Während mein Vater im Außenverhältnis der Macher war, kümmerte sie sich um die ganzen internen Abläufe, Geschäftskorrespondenz, Finanzen und Angestellte. Mein Vater wurde einer der 13 Werksvertreter für Velux-Dachflächenfenster in Deutschland, und beide schufen innerhalb weniger Jahre einen großen Spezialbaustoffhandel. Ein privates Wirtschaftswunder. 1957 bauten sie ihr erstes Haus, für das meine Großeltern den Bauplatz beisteuerten. Dennoch hatte meine Mutter wegen der Baukosten schlaflose Nächte. Als das Haus fertig war, saßen wir noch lange auf Gartenstühlen, und in unserem Kinderzimmer standen die alten Möbel vom Kindergarten. Wohnungseinrichtung auf Kredit wäre meinen Eltern nicht in den Sinn gekommen.

Arbeits- und Wohnraum waren im neuen Haus weiterhin eins. Das Büro meiner Eltern war nur durch eine Schiebetür vom Wohnzimmer abgetrennt. In dieser Situation sehe ich meine Eltern immer noch vor mir: Ihre beiden Schreibtische standen sich direkt gegenüber, das Telefon auf einem Schwenkarm dazwischen. Müßig zu fragen, zu wem es grundsätzlich geschoben wurde, wenn mein Vater tagsüber mal da war. Aber meistens war er auf Kundenbesuch bei Händlern, Handwerkern und Architekten oder auf Fachmessen, und meine Mutter saß immer am Schreibtisch, oft über den großformatigen Buchungsblättern, in die alles per Hand eingetragen werden musste. So etwas wie Feierabend oder Wochenende gab es zwar bei den Angestellten, aber im Alltag meiner Eltern nicht. Selbst Heiligabend fiel irgendjemandem ein, dass sein Garagentor klemmte. Man konnte sich keinesfalls drauf verlassen, dass an diesem Abend Ruhe war.

Trotzdem war gerade Weihnachten immer besonders schön, und unser erster Weihnachtsbaum im neuen Haus reichte bis zur Decke. Der war meiner Mutter eine Herzenssache. Meine Schwester und ich mochten Weihnachten schon deshalb so sehr, weil die beiden Weihnachtsfeiertage die einzigen Tage im Jahr waren, an denen unsere Eltern nur für uns da waren und wir Kinder allein bestimmen durften, was den ganzen Tag über gemacht und gespielt wurde. Das Geschäft hatte dann wirklich geschlossen, und zwischendurch gab's Gans. Das schönste Weihnachtsgeschenk für mich war – ich war damals neun, meine Schwester fünf Jahre alt –, als wir statt Päckchen nur eine einzige Karte im Baum fanden: eine Woche Skilaufen auf dem Dobel, dreißig Kilometer von zu Hause entfernt. Eine ganze Woche mit den Eltern zu haben, das war phantastisch und auch das einzige Mal, dass ich in dieser frühen Zeit mit ihnen in Ferien gewesen bin. Später, als ich schon ein Teenager war, kauften sie sich ein Ferienhaus in Österreich, und wir fuhren dort immer Weihnachten zum Skilaufen hin. Aber in den frühen Wirtschaftswunderjahren war eine Firma wichtiger als Freizeit. Lässt man die eine Woche mit uns mal außen vor, machten meine Eltern die ersten gut 15 Jahre keinen Urlaub. Später fuhren sie meistens nur zur Kur – mein Vater zugleich zum Abspecken, aber immer nur getrennt, damit einer im Geschäft war.

Ich reiste anscheinend schon als Kind gerne alleine. Jedenfalls durfte ich mit fünf Jahren in die Ferien zu entfernten Verwandten meines Vaters nach Mainz, die ich sehr mochte. Meine Eltern setzten mich dazu in Karlsruhe in den Zug – mit einem Schild um den Hals, auf dem stand, wie ich hieß und wohin ich sollte. Das fand ich oberpeinlich. Solche Schilder um den Hals trugen seinerzeit doch nur die mageren »Berliner Kinder«, die in ländliche Gegenden verschickt wurden, um dort ein bisschen aufgepäppelt zu werden. Auch wir hatten einige von ihnen aufgenommen und holten sie immer vom Bahnhof ab. Man konnte sie nur über diese Namensschilder finden. Aber ich mit Schild? Ich wusste doch schon genau, wo ich wohnte, wie ich hieß und dass ich zu Onkel Egon und Tante Ella wollte. Dazu hatten meine Eltern auch noch den Schaffner mit Zigaretten bestochen: Er sollte sich gut um mich kümmern. Vollkommen überflüssig, wie ich fand. Kaum waren meine Eltern aus dem Zug, riss ich das Schild ab und wechselte das Abteil. Dass ich noch nicht lesen konnte und gar nicht wusste, wann ich hätte aussteigen müssen, kam mir nicht in den Sinn. Ich wollte nur weg von diesem Schaffner, der mich aber trotzdem gut im Auge hatte und in Mainz in die Arme der Verwandtschaft entließ. Mein Wille nach Selbstbestimmung war schon in frühester Jugend sehr ausgeprägt.

Meine Schwester hätte solch einen zivilen Ungehorsam gepaart mit Sorglosigkeit in dem Alter noch nicht gewagt. Sie war auch viel liebenswürdiger als ich und sehr erfolgreich damit. Zum Beispiel in der Adventszeit. Da wurden immer viele Päckchen mit Wein und selbstgebackenen Plätzchen für unsere Nachbarn, Mieter und Geschäftspartner gepackt, und wir Kinder verteilten sie im Ort. Wenn ich etwas wegbrachte, klingelte und den Nachbarn kurz und knapp »Schöne Weihnachten von meinen Eltern« wünschte, nahmen sie die Päckchen und sagten: »Danke, euch auch, auf Wiedersehen.« Ganz anders lief es bei meiner Schwester. Sie begann erst einmal mit einem vielversprechenden Lächeln. Und auf mehrfaches Nachfragen, was sie denn wolle, flötete sie: »Ich bringe Ihnen etwas sehr Schönes.« Ich weiß nicht, wie sie es weiter gemacht hat, jedenfalls kam sie statt mit einer leeren immer mit einer prallgefüllten Tasche voller Süßigkeiten zurück. Manchmal wartete ich auf sie und half beim Tragen ihrer Ausbeute, die sie dann schwesterlich mit mir teilte. Oder sie ging zu allen Geschäften in unserer Umgebung und fragte: »Wissen Sie, was heute für ein Tag ist?« Der genaue Wochentag interessierte sie dabei weniger. »Ja, aber heute ist ein ganz besonderer Tag. Heute ist mein Geburtstag!« Blaue Augen und lange Wimpern taten das Ihre. Natürlich bekam sie sofort etwas, schaute aber nicht selten kritisch und reichte die Bonbons auch gelegentlich zurück: »Diese Sorte mag ich nicht. Ich mag keine gefüllten.« So erreichte sie fast alles, was sie wollte. Und wenn sie etwas nicht bekam, heulte sie »quer«. Das ging so: Sie machte die Augen ganz weit auf, dann verschleierten sie sich immer mehr, und schließlich schossen mächtige Tränen fast waagerecht heraus. Sie hatte nicht dieses »Knatscheheulen« drauf, sondern das stille. Und das setzte sie einzigartig in Szene.

Ob dieser dramaturgischen Fähigkeiten, auf die ich neidvoll schielte, fühlte ich mich öfter zurückgesetzt, denn ich war jemand, der kantig war und gar nicht so liebreizend. Das mit dem effekthascherischen Weinen war auch nicht mein Ding. Das fand ich »kindisch«. Wenn ich eine begründete Ablehnung bekam, dann habe ich mich umgedreht, vielleicht mit einem blöden Spruch, aber ich akzeptierte sie. Meine Schwester tat das damals nie. Ein Nein war für sie geradezu die Einladung dazu, zu Hochform aufzulaufen. Und sie hing so lange jemanden am Hals oder klebte auf seinem Schoß, bis sie genau das hatte, was sie wollte. Ihre Strategie funktionierte so gut, dass ich ihr oft nur deshalb versprach, sie mit ins Kino oder Schwimmbad zu nehmen, damit sie fragte und uns die Erlaubnis dazu sicher war. Das klappte immer, und wir gingen auch danach weiter strategisch vor. Meine Mutter war großzügiger, wenn es ums Weggehen ging. Mussten wir allerdings auch Geld dafür haben, brachen wir das Gespräch in der Sekunde ab, in der wir die Erlaubnis bekommen hatten, und suchten nach unserem Vater.

»Papa, wir brauchen Geld fürs Schwimmbad.« »Wer hat euch denn erlaubt …?« »Mama.« »Ja, warum fragt ihr dann nicht gleich sie?« Schulterzucken unsererseits. »Ja, was kostet das denn?« Erneutes Schulterzucken. Dann gab er uns fünf Mark und fragte: »Reicht das?« Meine Mutter dagegen hätte genau einschätzen können, dass der Eintritt fürs Schwimmbad nur fünfzig Pfennige kostete, und noch zehn Pfennige für Eis draufgelegt.

Unser Vater war ein guter Vater, aber ein großer Choleriker, der oft so laut brüllte, dass wir Kinder vor ihm Angst bekamen, das war er auch. Ich hatte allerdings deutlich weniger Angst vor ihm als meine Schwester, weil ich meistens versuchte, der Situation irgendwie standzuhalten. Auch später bei den sogenannten Salesch'schen Diskussionen zwischen uns beiden, die oft fern jeder logischen Argumentationskette abliefen. Es ging dabei immer lautstark zu. Und meist um Politik. Diese Debatten endeten meinerseits gerne mit einem gebrüllten »Ich kann keinen Zweiten Weltkrieg anzetteln, damit ich deine Erfahrung vorzuweisen habe«, und weg war ich. Meine Mutter zog sich meist gleich zu Beginn zurück, weil sie unsere Lautstärke und Vehemenz nicht ertragen konnte. Aber vorher klopfte sie noch, ihre Ansage damit unterstreichend, mahnend auf den Tisch: wir sollten Ruhe behalten. Das war eine typische Geste von ihr und ist es anscheinend auch von mir. In der Produktionsfirma von »Richterin Barbara Salesch« hieß es dann immer: »Die Richterin macht Hausmusik.« Wenn mein Klopfen etwas unterstrich, war Ende der Diskussion darüber.

Unser Familienleben fand hauptsächlich am Esstisch statt. Meine Eltern legten großen Wert auf gutes Essen, mittags auch noch mit Suppe und Nachtisch. War Papa zu Hause, gab's etwas mit Fleisch und Kartoffeln, denn er hatte sich Teigwaren schon direkt nach der Trauung verbeten, noch bevor Mama und er wieder aus der Kirche waren. War er weg, gab's Nudeln und die herrlichen Mehlspeisen meiner Oma. Jedenfalls wurde immer gewartet, bis wir aus dem Kindergarten oder später aus der Schule zurück waren, damit wir alle beisammensitzen konnten. Mindestens eine Stunde. Die gemeinsamen Mahlzeiten waren quasi unser Familienleben, denn danach gingen meine Eltern direkt an ihre Schreibtische zurück.

Mit am Tisch saßen auch meine Oma und unser Hausmädchen. Wir hatten nach der Geburt meiner Schwester nacheinander zwei »Mädchen«, die, bis sie selbst heirateten, jeweils zehn Jahre bei uns blieben. Sie gehörten ganz zur Familie und durften deshalb nicht nur mitreden, sondern taten es auch. Wir mochten beide sehr. Wenn ich mir heute vorstelle, was diese jungen Frauen alles geleistet haben – großer Geschäftshaushalt mit Kochen, Waschen, Putzen und Einkaufen, dazu die Betreuung von zwei lebhaften Kindern –, dann habe ich den größten Respekt vor ihrer Leistung. Damals war es für mich irgendwie selbstverständlich. Und auch dass sie nur samstags und sonntags ab nachmittags freihatten, so wie es zu der Zeit üblich war.

Bei Tisch ging es immer lebhaft zu. Ich probte schon als Kind die Rebellion und die große Rede zu zentralen Themen wie »Ich, heiraten oder Kinder kriegen? Nie!« Am Tisch gab es keine strenge Hierarchie. Wer sich traute, konnte sich einfach einmischen. Oder auch nicht. Zuhörer wurden schließlich auch gebraucht. Den Vorsitz hatte eindeutig mein Vater. An zweiter Stelle kam ich. Dieser Status ist mir in den Schoß gefallen, weil mich mein Vater irgendwie immer als gleichwertige Sparringspartnerin ansah. Für ihn war meist nur wichtig, was ich zu einem Thema zu sagen hatte. Selbst meine ersten Schulberichte waren für ihn anscheinend interessanter als alles andere. Meine Mutter brachte sich vielleicht deshalb etwas weniger in die Unterhaltung bei Tisch ein. Für mich war es zumindest im Nachhinein aber auch nicht so einfach, mehr als gleichwertiger Partner denn als Kind gesehen zu werden. Das überfordert gelegentlich.

Meine Mutter ist immer das gewesen, was man eine Dame nennt. Gutes Auftreten, extrem gepflegt, wunderschöne Hände, lange Beine, nur mit ihrer Nase haderte sie, die war wirklich groß, ein Zinken, wie so etwas bei uns hieß. Besondere Sorgfalt legte sie darauf, geschmackvoll gekleidet zu sein, und so wollte sie auch ihre Töchter sehen. Mein Tanzstundenkleid für die beiden großen Bälle – damals gab es vor dem Abschlussball noch einen Mittelball –, war ein Traum aus rotem Chiffon. Es hat damals so viel gekostet wie das Monatseinkommen eines Staatsanwalts, was mir aber erst viel später bewusst wurde, als mein Oberstaatsanwalt irgendwann mal erzählte, was er 1964 monatlich verdient hat. Von gestopften, geliehenen Windeln bin ich in einen Rollkragenpullover von Dior mit Rückendekolletee und Pailletten hineingewachsen, und das als 14-Jährige. Das war schon extrem, was meine Eltern sich in jener Zeit aufbauen konnten. Wobei unser Alltag mit Dior nichts zu tun hatte. Der war ganz normal. Aber nie wieder in meinem Leben war ich so perfekt mit Cocktail- und Abendgarderobe ausgestattet. Meine Mutter wollte mich bei unseren Theater- und Konzertbesuchen schick an ihrer Seite haben. Mein Vater ging nur einmal jährlich in der Weihnachtszeit mit zur Operngala, weil wir da einen begleitenden Smoking brauchten. Mit Bauchbinde. Das restliche Kulturjahr erledigten wir zu seiner Erleichterung ohne ihn. Später verweigerte ich gelegentlich das Aufbrezeln und ging in Jeans mit. Mama nahm mich dann zwar im Auto mit nach Karlsruhe oder sonst wohin, ließ mich aber vor dem Theater aussteigen. Ab da sprach sie kein Wort mehr mit mir, weder im Saal noch im Foyer in der Pause. Nach der Aufführung sammelte sie mich wieder vor dem Theater ein; dann war das Schweigen zu Ende.

Generell waren meine Eltern mit Sachwerten großzügig, wenn sie eine Ausgabe für angemessen hielten. Anders war es mit Bargeld. Da hielten sie uns extrem kurz. Wir mussten uns unser Taschengeld Mark für Mark mit dem Stempeln von Prospekten, mit Ablage und Lagerarbeiten verdienen und waren im Geschäft überall ganz gut im Einsatz. Das ging bis hin zum Ausliefern von Garagentoren. Ich brauchte dazu übrigens keinen Beifahrer, denn meine damals noch blonden Haare lösten auf Baustellen wahre Hilfswellen aus. Einmal gingen vier Wochen meiner Sommerferien nur für ein Tonbandgerät drauf, das mit acht Stunden täglicher Arbeit verdient werden musste; den Rest gab Papa dazu. Auch im Studium hielten sie mich aus »pädagogisch wertvollen« Gründen finanziell kurz. Ich bekam nur 400 Mark als monatlichen Wechsel und musste während der gesamten Studienzeit arbeiten, um über die Runden zu kommen. Zumal ich auch noch ein Auto fuhr und zu betanken hatte. Und zwar das Auto meiner Mutter, das ich so lange mit fadenscheinigsten Begründungen nicht zurückgab, bis mein Vater entschied: »Lass es ihr. Nimm meins, wenn du fahren willst. Du brauchst dein Auto doch sowieso nicht«. Das stimmte schon irgendwie, denn meine Mutter fuhr nur samstags damit zum Frisör, sonst benutzte sie es nicht, aber dass das einfach so über ihren Kopf hinweg beschlossen wurde, fand sie auch nicht so prickelnd. Jedenfalls hatte ich fast meine gesamte Studienzeit über einen fahrbaren Untersatz – sehr ungewöhnlich für die damalige Zeit. Ihren Opel Kadett Coupé in Beige mit roten Kunstledersitzen und bei mir mit einem Zementsack im Kofferraum wegen der »besseren« Straßenlage. KA-TA 70, das einzige Kennzeichen, das wir alle – Familie und Freunde – heute noch kennen. Denn wir nannten das Auto nur so.

Meine Eltern versuchten uns Kinder natürlich einigermaßen gleich zu behandeln, aber meine Schwester hatte es schon etwas schwerer, Gehör zu finden. Zum Beispiel mit ihren Schulangelegenheiten. Sie war eben vier Jahre jünger. Als sie endlich in die Schule kam, war ich gerade auf dem Gymnasium gelandet, was eben schon wieder spannendere Geschichten abgab als die Volksschule, die meine Eltern ja schon mit mir abgehakt hatten. Sicher waren alle immer freundlich zu ihr, aber mehr wie zu einem kleinen Kind; man nahm sie lange Zeit nicht ganz so ernst wie mich.

Petra hat es damals mit mir nicht so leicht gehabt. Aber ich mit ihr auch nicht immer. Zwischen einer Dreijährigen und einem Schulkind liegen eben Welten. Ich musste sie öfter mitnehmen oder zu Hause auf sie aufpassen, und dazu hatte ich null Lust. Beim Verstecken brüllte sie sofort, wenn man nicht mehr sichtbar war. Eine einzige Schreinummer. Wenn ich Pech hatte, bekam meine Mutter das mit, und es setzte eine Ohrfeige. Dann hatte meine Schwester aber auch Pech, denn kaum war meine Mutter wieder im Haus, wurde die Ohrfeige von mir höchstpersönlich an meine Schwester weitergereicht. Damit sie wusste, warum sie heulte. Ich habe mich aber natürlich auch wirklich um sie gekümmert, so war das nicht. Nur liebte ich sie eben auf meine etwas harsche Weise.

In einem war ich als Kind richtiggehend neidisch auf meine Schwester. Die wenigen Zärtlichkeiten, die meine Eltern vergaben, griff sie sich nahezu komplett ab. So sah ich es jedenfalls aus meiner damaligen Perspektive. Ich dachte manchmal wirklich, meine Eltern hätten mich nicht so lieb wie meine Schwester. Mit acht oder neun Jahren war ich das leid. Ich setzte mich aufs Bett und schrieb einen Brief. An den Wortlaut erinnere ich mich nicht mehr genau, er fing etwa so an: »Ich gehe jetzt weg, es hat ja keinen Zweck mehr. Ihr wollt mich ja doch nicht.« Ich spekulierte darauf, dass meine Eltern, bevor sie abends ins Bett gingen, wie immer zu uns Kindern hereinkämen, und legte den zur Hälfte geschriebenen Abschiedsbrief dekorativ zur Seite. Ich tat so, als ob mir beim Schreiben vor Müdigkeit der Stift aus der Hand gefallen wäre, und schlief ruhig bei vollem Licht ein. Ich habe natürlich nicht im Traum daran gedacht, wirklich das Feld zu räumen, aber ich wollte ein deutliches Zeichen setzen. Meine Eltern lasen natürlich meine Zeilen und waren sehr betroffen. Am nächsten Tag wurde intensiv über meinen »Hilferuf« diskutiert. Wunderbar. Mein Zuwendungsplus hielt sogar ein paar Wochen an, bis meine Schwester ihre alte Position zurückerobert hatte, und Sätze wie »Du bist doch die Ältere, du verstehst das doch« waren wieder Alltag. Es wurde immer an meine Vernunft appelliert, und meine Schwester durfte lange Jahre »die Kleine« bleiben. Als sie endlich 13, 14 Jahre alt war, klappte es zwischen uns dann ohne Wenn und Aber, denn ab da waren wir beide junge Frauen. Der Altersunterschied spielte keine Rolle mehr, und wir verstehen uns seitdem richtig gut.

In einem war ich aber klar im Vorteil: Egal was ich machte, dass mein Vater mein Tun rechtfertigte oder gar entschuldigte, war mir sicher. Schließlich sah er sich selbst in mir. Und niemand greift sich gern selbst an oder ist allzu kritisch mit sich. Das hieß im Klartext: Hatte ich Mist gebaut, waren in den Augen meines Vaters immer andere schuld. Aber doch nicht ich. Denn er war ja auch nie schuld. Ganz typisch war zum Beispiel, als ich einmal im Zwischenzeugnis in Mathematik eine Sechs mit nach Hause brachte, obwohl ich eigentlich sonst immer so zwischen Drei und Fünf stand. Mein Mathelehrer war offensichtlich der Meinung, ich müsste für meine Faulheit mal einen Schuss vor den Bug kriegen; es ging ja nicht um die Versetzung. Zeugnisse mussten damals dem Vater vorgelegt werden. Papa fragte: »Ungenügend? Was ist denn das für eine Note?« Das wusste ich in der Sekunde dann sicherheitshalber auch nicht und trat einen Schritt zurück. Leider stand im Index des Zeugnisses das Ungenügend ganz unten. »In Mathematik eine Sechs. Meine Tochter!« Daraufhin brach ein Donnerwetter über meine Mutter herein, die an ihrem Schreibtisch ihm gegenübersaß. Mit eindeutiger Sippenhaft: »Eure Erziehung!« Er meinte die meiner Mutter und meiner Oma. »Religion sehr gut, Mathematik ungenügend. Das kommt mir nicht mehr ins Haus!« Meine Mutter schnappte nach Luft. Warum bekam sie meine Mathe-Sechs um die Ohren gehauen? Dass ich ausgerechnet in Religion ein »Sehr gut« hatte, gab meinem Vater den Rest. Das war doch nur ein Fleißfach, bei dem man nicht denken können muss. In seinen Augen. Sodann unterschrieb er das Zeugnis quer über das ganze Blatt und schmiss es mir hin, mit dem Kommentar: »Nicht noch mal!« Den Nachmittag über ging ich dann erst mal in Deckung. Abends war alles schon wieder gut. Nachtragend war niemand in unserer Familie. Das war charakteristisch für uns und ein dickes Plus. Aber es war auch typisch, dass meine Mutter immer an erster Stelle stand, wenn es darum ging, einen zu finden, der verantwortlich gewesen sein könnte. Ungerechterweise. Ich sah mich damals aber noch nicht genötigt, mich zwischen meine Eltern zu stellen und ausgleichend für Gerechtigkeit zu sorgen. Ich fühlte mich auf der Seite meines Vaters stets sicher und wohl. Und aus dieser starken Position heraus schien mir die Welt irgendwie in Ordnung zu sein.

Noch heute nimmt mein Vater »Einfluss« auf meinen Alltag. Seine Bronzebüste steht jetzt bei mir im Garten, und er sieht mich von dort aus durchs Fenster an meinem Esstisch sitzen. Nicht selten stehe ich mit seinem »Du kannst das, mach es!« im Ohr von meinem Platz auf und zwinkere seiner Büste mit der dicken Zigarre im Mund und seinem leichten Lächeln im Mundwinkel kurz zu.

Du kannst das, mach es

Dieses Mantra meines Vaters und auch meiner Mutter hat mich mein Leben lang begleitet. Schon in der Grundschule. Ich wurde als Maikind erst mit fast sieben eingeschult. Übrigens war ich dazu freiwillig nur deshalb bereit – in dem Alter stand ich Neuanfängen anscheinend noch skeptisch gegenüber –, weil mir meine heißgeliebte Schwester Gretchen, die kleine und kugelrunde Diakonissin des Kindergartens, versicherte, dass ich auch als Schulkind zu Ostern und Weihnachten ganz allein die fünf Meter lange Tafel im Kindergarten bemalen dürfe. Wohl wissend, dass sich das bald »von selbst« erledigen würde. So war es dann auch.

Ich bin gerne zur Schule gegangen, war schnell im Begreifen, störte nicht, machte mündlich erst mal gut mit und erledigte dann meine Hausaufgaben schon während des Unterrichts, während unsere Lehrerin alles zum zweiten Mal an der Tafel erklärte. Sobald ich zu Hause ankam, warf ich meinen Ranzen in die Ecke, der immer für die ganze Woche gepackt war, und fasste ihn an dem Tag nicht mehr an. Freizeit, Turnverein und unbeschwertes Leben folgten. Meine Hausarbeiten wurden zu Hause nicht kontrolliert. Nur ein einziges Mal, nach dem ersten Schultag. Wir sollten O's auf unsere linierte Schreibtafel malen; damals gab es noch keine Schulhefte. Meine Mutter wunderte sich über meine Schnelligkeit. Klar, ich hatte mit zwei O's meine Tafel schon voll. Sie wischte sie aus und brachte mir bei, dass man sich beim Schreiben an Linien halten muss. Okay, dann eben auf Linien.

Meine beste Volksschulfreundin und ich hatten die ganzen vier Jahre miteinander nur ein einziges Problem, unsere ewige Konkurrenz: Wer ist die Klassenbeste? In allen Fächern hatten wir »Sehr gut«, außer in Sport, da war sie schwach, und in Schönschreiben, das konnte ich nicht. Das glich sich aus. In den beiden Fächern bekamen wir beide »nur« eine Zwei. Völlig unverdient, Vieren wären korrekt gewesen. Aber wegen der Einser in unseren Zeugnissen fand unsere Klassenlehrerin, dass schlechter als Zwei nicht gehe. Und dann war da noch das Fach »Handarbeit«. Hier war ich wirklich nicht so gut wie meine Freundin, aber meine Mutter, die auch schon von unserer Handarbeitslehrerin Fräulein Knoll, genannt Knolla, unterrichtet worden war, muss wohl einen so phantastischen Eindruck hinterlassen haben, dass ich immer nur hörte: »Das Hannele war so gut, und du wirst es auch werden ...« Der Glanz meiner Mutter, die sich keinen Deut um meine verschwitzten und verknubbelten Strickereien und Nähereien scherte, vergoldete jedes meiner bescheidenen Werke, die ich gemeinhin vorlegte. Wenn ich nach vorn zum Pult kam und meinen Fingerhut auf den falschen Finger steckte, weil ich eh nicht damit nähte, erfuhr ich von der durchaus gefürchteten Knolla nur Güte oder Nachsicht und bekam immer meine Eins, was mich regelmäßig vor dem an sich verdienten zweiten Platz rettete.

Im Verhältnis zu vielen meiner Klassenkameradinnen war ich durch meinen Altersvorsprung ziemlich weit, und zudem war ich sehr groß, robust und kräftig. Mit zwölf war ich schon so groß wie heute. Jeder dachte damals, ich wachse noch in den Himmel. Aber ich bin dann einfach bei 159 Zentimetern stehengeblieben. Schade, denn ich finde gerade große Frauen wunderschön. In der Schule war ich jedenfalls in den ersten Jahren die Zweitgrößte, wenn wir uns im Sportunterricht der Reihe nach aufstellen mussten. Nach und nach überholten mich die anderen, bis ich am Ende die Zweitkleinste in der Reihe war, neben meiner besten Freundin vom Gymnasium, die noch früher das Wachsen eingestellt hatte.

In den ersten Schuljahren habe ich gerne meine körperliche Kraft genutzt, um mich damit völlig unerschrocken durchzusetzen. Und das mit der ganzen Unterstützung meines Vaters. Da er schon keinen echten Jungen hatte, wollte er doch wenigstens ein schlagkräftiges Mädel haben. Wenn sich deshalb Lehrer über mich beschwerten – meistens bei meiner Oma –, weil sich das doch bitte für ein Mädchen nicht gehöre, dann zollte er mir Lob: »Das hast du richtig gemacht, dass du sie verprügelt hast. Du darfst dir nichts gefallen lassen.« In der Volksschule ging ich noch in eine reine Mädchenklasse, aber meine beste Freundin dort konnte auch gut keilen. Das war ein prima Übungsfeld, und gleich der Erste meiner neuen Klassenkameraden auf dem Gymnasium zog – überrascht von meiner Geschwindigkeit – mit einem blauen Auge davon, und die Rangfolge in der neuen Klasse war geklärt.

Damals gehörten Keilereien zum Schulalltag und wurden nicht so ernst genommen. Auch deshalb, weil sie nicht so brutal waren wie heute. Es kamen keine Waffen zum Einsatz, und außer blauen Flecken gab es so gut wie keine Verletzungen. Wenn man erwischt wurde, stand darauf zwar Strafarbeit, aber das war mir egal. Ich wusste ja, damit konnte ich meinem Vater imponieren: »Lass dir ja nichts gefallen.« Es ging mir dabei weniger ums Angreifen als ums Verteidigen meines Rangs. Die Wahrung meiner schulischen Autorität und in der Hierarchie der Klassengemeinschaft mit oben zu stehen waren mir wichtig. Als mit zwölf, dreizehn Jahren die Jungs kräftemäßig an mir vorbeizogen, habe ich die Waffen gewechselt. Statt mit schneller Hand habe ich mich ab da mit Worten gewehrt. Auf meine Sprachgewandtheit war Verlass. Und damit komme ich noch heute bestens zurecht.

Obwohl mir die Schule leichtfiel, ich deshalb nur wenig pauken musste und viel Glück mit meinen Lehrern hatte, war mir die Bedeutung von Leistung von klein auf klar. Meine Schwester und ich sind zwar für die damaligen Verhältnisse sehr frei erzogen worden, aber gleichzeitig auch sehr leistungsorientiert. Das wurde uns von unseren Eltern vorgelebt. Jede Anstrengung zählte. Jeder Einsatz brachte Anerkennung zu Hause. Eine einfache, aber einprägsame Formel, die mich fürs Leben geformt hat. Nicht immer zu meinem Vorteil. Denn sich erst einmal über Leistung zu definieren kann schnell am Leben vorbeiführen. Aber so bin ich eben aufgewachsen. Typisch fünfziger Jahre: Jemand, der nichts leisten wollte, zählte bei unserer Familie nicht viel, und der hatte auch kein Ansehen. Ansehen ergab sich bei uns, da waren meine Eltern sehr fortschrittlich, weder aus dem Alter noch aus einem Titel allein. Autoritäten in Frage zu stellen war grundsätzlich erlaubt, wenn nicht sogar geboten. Ein Titel allein ließ keinen von uns vor Ehrfurcht erstarren. Direktoren, Bürgermeister, was weiß ich, alle waren für uns nichts Besonderes und wurden erst geschätzt und geachtet, wenn sie für etwas standen. Sie wurden auch nie mit ihren Titeln angeredet. Das halte ich bis heute so. Ich habe niemals in Hamburg eine Senatorin oder einen Senator mit Titel begrüßt, wenn ich in der Senatskommission vorzutragen hatte, sondern sie immer mit ihren Namen angesprochen. Und nur weil eine Person älter war, hatte sie nicht schon allein deshalb recht. Natürlich pflegte man einen höflichen Umgangston, aber Achtung musste man sich in unserer Familie erst einmal verdienen. Beamte besonders. Dass ausgerechnet ich Richterin, also eine Art Beamtin, geworden bin, ist schon sehr merkwürdig. Geradezu ein Witz, bei der familiären Vorgeschichte. Meine ganze Jugend lang hörte ich nur Negatives über Beamte. Sie seien alle unfähig, schimpfte mein Vater regelmäßig. Er bezahlte in seinen Tiraden immer gerade demjenigen üppigst von seinen Steuern, über den er sich aktuell ärgerte. Und er ärgerte sich oft. Gerade im Baubereich gab es genug Anlass für ihn. Da prallten Welten aufeinander, und die behördliche und gesetzliche Regelungswut konnte er schon überhaupt nicht ab: »Die haben doch alle überhaupt keine Ahnung, die sollen erst mal selber …«

Die Aufgabe der Erziehung zur Höflichkeit oblag im Wesentlichen meiner Oma. Sie war sehr klar in allen Knigge-Angelegenheiten. Vielleicht ist das der Grund, warum ich heute mit all diesen Dingen entspannt umgehe. Ich weiß zumindest, was sich gehört. Ob ich mich immer an die Regeln halte, ist eine andere Sache. Gerade sitzen, mit Messer und

Gabel appetitlich umgehen und immer schön zwei Drittel der Unterarme vor den Tisch platzieren, nie mit vollem Mund sprechen und vieles mehr. Wenn ich so schön gemütlich aufgestützt auf die Ellenbogen und krumm am Tisch saß und mit vollem Mund auf irgendetwas erwiderte, nahm meine Mutter, die rechts von mir saß, schnell mal meinen Arm und knallte den Ellenbogen auf die Tischplatte. Erschrecken und ein Autsch meinerseits, und für eine Weile ging es wieder, wie es erwartet wurde. Nicht, dass ich sagen will, wir wurden geschlagen. Aber so alle halbe Jahr setzte es schon mal eine Ohrfeige von meiner Mutter. Dann war das Maß irgendwie voll. Sie gab damit einen Teil der Ohrfeigen weiter, die sie früher von ihrer Mutter erhalten hatte. Und immer mit dem Hinweis, dass meiner Oma schon viel früher »die Hand ausgerutscht« sei. Von meinem Vater habe ich nur einmal richtig Dresche bekommen, als ich mit fünf oder sechs Jahren über die Straße gelaufen war, ohne zu schauen, und die Bremsen quietschten. Klar war er froh, dass nichts passiert war, aber erst einmal hat er mir spontan und noch vor Ort den Hintern versohlt, damit ich mich immer daran erinnern sollte, dass man erst schauen muss, wenn man eine Straße überqueren will.

Frauen damals

Von meiner Mutter lernte ich, was Abhängigkeit für eine Frau bedeuten kann. Sie bedauerte ihr Leben lang, nicht aufs Gymnasium gedurft zu haben, obwohl sie eine Einserschülerin gewesen war. Sie hätte gerne studiert und wäre dann vermutlich Lehrerin geworden, aber damals kostete das Gymnasium Geld, und das hatten ihre Eltern nicht. Das heißt, es war nur für eines der drei Kinder da, und das war dann natürlich der Sohn, ihr jüngerer Bruder. Der war unheimlich lustig, und ich mochte deshalb meinen Onkel sehr. Aber er war damals eben auch stinkfaul und flog nach ein paar Jahren vom Gymnasium.

Meine Mutter hat vielleicht gerade deshalb ihre beiden Töchter von Anfang an in Sachen Schule und Bildung voll und ganz unterstützt. Nie haben meine Schwester oder ich gehört, was sich heute noch Mädchen anhören müssen, dass ihre Ausbildung nicht so lange dauern solle, sich alles eh nicht lohne, weil sie sowieso heiraten würden, und dergleichen Unsinn mehr. Mein Vater brachte es in seiner Art auf den Punkt: »Entweder du lernst, machst Abitur und studierst, was immer du willst, oder du wirst Schweinehirt.« Nichts gegen Schweinehirten, aber das war so die Umschreibung dafür, dass man später recht unangenehme Arbeiten machen muss für wenig Geld, wenn man die Schule nicht ernst nahm. Wobei wir nicht Klassenbeste sein mussten. Es hieß immer: »Erstes Drittel genügt.« Und das war für mich mit wenig Aufwand zu leisten.

Meine Mutter war in unserer Familie auch diejenige, die geradezu professionell vermitteln und alles wieder geraderücken konnte. Und das auch oft musste, weil mein Vater keine Lust dazu hatte oder in seiner polternden Art mal wieder Gott und die Welt aufgemischt hatte. Das fing schon damit an, dass mein Vater es hasste, irgendwelche Belege für die Steuer zusammenzutragen. Geduld im Umgang mit den Angestellten hatte er eh keine. Meine Mutter konnte immer wieder sehen, wie sie Konflikte bereinigte. Ich hätte dazu keine Lust gehabt, sie hatte sie auch nicht, aber es war keine Frage der Lust, sondern der Notwendigkeit, damit alles lief.

In der Firma waren sie beide die Chefs, nur mit unterschiedlichen Funktionen. Auch was ihre Handlungsbefugnis und Unterschriftsberechtigung anging, waren sie gleichberechtigt. Ungewöhnlich für eine Zeit, in der Frauen noch nicht einmal ohne Erlaubnis arbeiten durften. 1949 war die Gleichstellung von Mann und Frau zwar schon ins Grundgesetz aufgenommen worden, aber zwischen gesetzlich Verankertem und tatsächlicher Handhabe lagen noch Welten. Frauen waren nach wie vor in nahezu jedem Lebensbereich beschränkt. Das galt sogar für die Kindererziehung. Selbst diese vermeintlich typisch weiblichen Aufgaben überließ man ihnen nicht allein, und so hatte der Mann auch da das letzte Wort. Bei einem Streit zwischen Geschwistern musste der Vater schlichten, und auch bei wichtigen Entscheidungen der Familie galt immer das, was er für richtig hielt. Eine Frau durfte bis 1977 keinen Arbeitsvertrag allein unterschreiben, denn der wurde erst mit schriftlicher Genehmigung des Ehemannes wirksam. Wenigstens durfte ein Mann das Arbeitsverhältnis seiner Ehefrau seit 1957 nicht mehr fristlos kündigen, weil in jenem Jahr das Gleichberechtigungsgesetz in Kraft trat. Damit fiel die Entscheidungshoheit zumindest teilweise weg, die der Ehemann bis dahin in vollem Umfang über seine Frau gehabt hatte. Von dieser Rechtslage habe ich erst im Studium und Beruf erfahren. Ich hätte bis dahin nicht geglaubt, was trotz Artikel 3 Grundgesetz noch so alles in den Gesetzen stand. Hätte ich das gewusst – so eine schreiende Ungerechtigkeit –, wäre ich schon viel früher auch in diesem Bereich auf die Barrikaden gegangen und nicht nur bei den Notstandsgesetzen.

In den fünfziger und sechziger Jahren heirateten übrigens so viele Paare wie nie zuvor. Die Ehe bedeutete für die Frauen damals eine materielle Absicherung, und das war für viele

auch das Ziel. Ihre eigene berufliche Tätigkeit wurde aufgegeben oder der Familienversorgung zumindest untergeordnet. Damit zementierten die Frauen natürlich auch selbst
das traditionelle Rollenbild, das ihnen heute die niedrigen
Renten beschert, obwohl sie immer für alle gearbeitet haben.
Übrigens waren sie auch noch weitverbreitet der Meinung,
dass es nicht Aufgabe des Mannes sei, im Haushalt mitzuhel-
fen. Die Veränderungen, die in den fünfziger Jahren bei den
Frauenrechten von Frauenrechtlerinnen und durch Geset-
zesänderungen angestoßen wurden, kamen bei den Frauen
selbst erst einmal nur sehr langsam und zögerlich an.

Meine Mutter war zwar im beruflichen Bereich und nach
außen hin voll emanzipiert; sie wurde auch immer und überall respektvoll behandelt und voller Achtung gegrüßt. Aber
zu Hause gegenüber meinem Vater war sie noch sehr nach-
gebend, eher dem alten Rollenbild verhaftet, und überließ
ihm die Patriarchenstellung. Ich hätte – in der Theorie – gern
jemanden wie meine Mutter zur Seite, der mir all das ab-
nimmt, wozu ich keine Lust habe. Mein Vater hatte jedenfalls
in dieser Hinsicht das Paradies auf Erden, finde ich. Er hat
meiner Mutter alles ihm Unangenehme überlassen und sich
auch noch beklagt, wenn irgendetwas nicht so erledigt wurde, wie es ihm gefiel. Das empfand ich schon damals als große
Ungerechtigkeit, und ich verstand meine Mutter nicht, dass
sie sich ihm gegenüber nicht mehr zur Wehr setzte. Aber das
wäre bei diesem Ehemann wohl nicht lange gutgegangen. Ein
Freund von mir hat meinen Vater immer den »ostpreußischen
Halbwolf« genannt, weil einer aus seiner Familie einen Wolf
mit einem Holzscheit erschlagen hatte. Dieses Archaische
entsprach sehr dem Temperament meines Vaters. Jedenfalls
war die Ehe meiner Eltern für mich schon als Jugendliche
kein Vorbild. Diese nachgebende Art meiner Mutter war mir

fremd. Und wie mein Vater mit ihr im Alltag umging, lehnte ich schon damals ab. Insoweit sah ich die Gleichberechtigung für eine Frau in einer Ehe als nicht erreichbar an. Ich kannte auch keine Eltern von Freunden, deren Ehe mich vom Gegenteil überzeugt hätte.

Unter anderen gesellschaftlichen Bedingungen hätte ich mir durchaus vorstellen können, eine Familie mit Kindern zu haben. Ich mag Kinder sehr, fördere sie, wo ich kann, und bin bei den Kindern meiner Schwester und denen meiner Freundinnen und Freunde immer beliebt gewesen – und bin es auch noch heute. Keine Zugfahrt zu meiner Schwester nach Heidelberg, ohne dass ich ihren Kindern nicht meine großartigen Bahnfahrterlebnisse schildern musste. Schon an der Tür riefen sie: »Barbara, Barbara, was hast du alles im Zug erlebt?« Ich hielt als eine Art Superwoman auseinandergebrochene Züge zusammen, schwang mich durch die Fenster in die einzelnen Abteile, bremste abrupt oder gab Vollgas zur Vermeidung von Zusammenstößen, stand mit Weichen oder Hochspannungsleitungen auf Du und Du und erzählte zudem die schönsten Liebesgeschichten von Männern mit blauen Augen, die außen an den Waggons in Körben mitreisten und die ich mit Schokolade fütterte. Zwar kam mit den Jahren eine gewisse Skepsis bei meinen beiden Zuhörern auf: »Das glauben wir dir nicht. Das stimmt doch nicht, oder?« Aber wenn ich dann traurig sagte: »Wenn ihr mir nicht glaubt, dann erzähle ich meine Erlebnisse halt nicht mehr«, hieß es sofort im Chor: »Doch, doch, wir glauben alles«; zuletzt musste ich meiner Nichte noch auf Badisch eine vielseitige Bahngeschichte ins Poesiealbum schreiben. Nach Tagen als Supertante saß ich dann erschöpft im Zug nach Hamburg und überließ die Rückerziehung der beiden meiner Schwester.

Im Sommer kamen auch die halbwüchsigen Kinder von Freundinnen und Freunden zu mir nach Hamburg und quartierten sich für zwei bis drei Wochen im Wohnzimmer meiner Zweizimmerwohnung ein. Einzige Voraussetzung der Aufnahme bei mir war, dass sie mindestens drei Gerichte kochen können mussten. Diese haben sie noch zu Hause zur Freude ihrer Mütter gelernt: Nudelauflauf, Nudelauflauf und Nudelauflauf. Und Salatsauce, aber nur aus Fertigsaucentüten, die sie zur Sicherheit mitbrachten. Egal. In diesen Wochen kam ich Punkt sechzehn Uhr vom Büro nach Hause. Dann mussten sie das Essen auf dem Tisch stehen haben. Wir haben alle reingehauen, und sie haben anschließend noch die Küche aufgeräumt. Dann startete unser Freizeitprogramm mit Radtouren, Schiffsfahrten, Jazzkonzerten und, und, und. Bei mir durften sie immer etwas mehr, als zu Hause erlaubt war.

Es war aber letztlich nie der normale Familienalltag, den ich mit Kindern gelebt habe. Den hätte ich nicht geschafft. Das Muttersein hätte ich mir, wenn überhaupt, dann nur sehr anteilig vorstellen können, also mit einem Partner, der sich an der Kindererziehung und dem gesamten Haushalt wirklich gleichverantwortlich beteiligt hätte. Die Männer meiner Generation waren aber noch sehr der alten Rollenverteilung zugetan. Es waren diese Wochenendväter, die von morgens früh bis spät abends arbeiteten, samstags ein super Familienprogramm veranstalteten, um sonntags wieder ins Büro zu können, und die sich aus allen alltäglichen Pflichten und der Erziehung heraushielten.

Meine Mutter weigerte sich nach der Geburt meiner Schwester, weiter auch noch den Haushalt zu machen. Dafür waren ab dann unsere Hausmädchen da. Einzige Ausnahme: Meine Mutter machte jeden Tag »ihr Schlafzimmer«, wie sie das gemeinsame nannte, immer begleitet von dem Spruch meines Vaters: »Mach mein Bett mit.« Blumenfenster und Garten betrachtete sie als Ausgleich zum Schreibtisch, den sie selten genug vor zehn Uhr abends verließ. Auch wenn mein Vater in späteren Jahren dann schon längst am Fernseher saß. Fernsehen bekamen wir übrigens erst, als ich elf Jahre alt war. Wir Kinder durften wenig schauen. Grzimeks Tiersendungen und mittags mal eine Stunde Kinderprogramm. Was ich nicht gut fand: Mein Vater schaute zu viel, und die gelegentlichen abendlichen Runden mit Gesellschaftsspielen fanden deshalb immer seltener statt.

Von uns Kindern erwartete man kaum Mithilfe im Haushalt. Außer Abtrocknen mussten wir nichts machen. Wenn wir eingesetzt wurden, und das wirklich nicht zu knapp, dann war es in der Firma. Trotzdem hatten wir noch viel Freizeit, um unseren Interessen nachzugehen. So war es auch gewollt. Nur wenn Tante Christa kam, wurde vorher mit vereinten Kräften alles auf Hochglanz gebracht. Die Schwester meiner Mutter arbeitete als Hebamme in der Schweiz und brachte stets wunderbare Schokolade mit. Offensichtlich hatten meine Mutter und meine Oma großen Respekt vor ihr. Vor ihrer Ankunft wurde das ganze Haus auf den Kopf gestellt. Aber es half alles nichts. Tante Christa kam herein, und noch vor der Begrüßung hieß es: »Wie sieht's denn bei euch aus?« Wir Kinder fanden dann nachmittags alle unsere Sachen auf unseren Betten, um sie »endlich ordentlich« einzuräumen. Wie ungerecht! Schweizer Schokolade entschuldigt nicht alles.

Als diese wirklich nicht einfache Schwester meiner Mutter mit Mitte vierzig einen Schlaganfall hatte und erst einmal halbseitig gelähmt war, hat mein Vater sofort gesagt: »Dann nehmen wir sie im Haus nebenan auf und bauen alles dafür um.« Ich will damit zeigen, dass man bei meinem Vater sehr unterscheiden musste: Im Alltagsverhalten war er wirklich nicht der Einfachste, höflich ausgedrückt. Aber in grundsätzlichen Fragen war er sehr anständig, geradeaus und verlässlich. Genau wie meine Mutter.

Übrigens achtete nicht nur unsere Tante auf uns. In einer Kleinstadt wie Ettlingen mit damals um die 20 000 Einwohnern taten das quasi alle. Nur über das berühmte Drei-Sterne-Restaurant und Hotel Erbprinz wehte ein bisschen große Welt ins Städtchen hinein. Als Scheich Ibn Saud Ende der Fünfziger mit seinem Harem dort logierte, stand ich bei der Ankunft der Entourage natürlich mit am Straßenrand, war aber sehr enttäuscht, dass er keine Krone trug, sondern nur ein »Betttuch« umgeschlungen hatte. Danach war das ein beliebtes Faschingskostüm in Ettlingen.

Im »Erbprinzen« wurden auch unsere Konfirmationen gefeiert. Bei meiner Konfirmation rief meine Schwester vom anderen Ende der Tafel laut und deutlich zu meiner Mutter: »Mama, darf ich mich heute mal richtig satt essen?« Und das in Gegenwart zahlreicher Kellner, des Oberkellners und des Hoteldirektors. Meine Schwester war damals zehn, sah mit ihren inzwischen kurzen Haaren wie ein Junge aus, wurde Peterle gerufen und war vor allem entsetzlich dünn. Natürlich bekam sie danach doppelte Portionen. Bei Nachtischen eh. Papa nannte sie ob ihrer Magerkeit gelegentlich auch den »Fürsorgezögling«. Dabei aß sie unentwegt. Zu zwei Laugenbrezeln bestimmt ein Viertel Pfund Butter. Auf Anmerkungen dazu konterte sie grundsätzlich mit: »Ich brauch's.« Danach schlug sie ein paar Räder. Heute haben wir beide ein X in der Kleidergröße, nur sie hat statt einem L ein S dahinter. Sie kommt voll auf meine Mutter. Leider hat mein Vater mir auch seine Gewichtsprobleme vererbt: »Quadratisch, praktisch, gut«; wir nehmen schon von Luft zu – und dem Schnitzel unter ihr.

Meine Eltern waren bekannt im Städtchen, nur spielten sie weder in der Politik noch gesellschaftlich eine größere Rolle. Sie arbeiteten ja die ganze Zeit. Meine Mutter hatte Schulfreundinnen und ihren Kegelverein, aber mein Vater war »Zugloffener«, also Flüchtling, und er blieb lange fremd. Das waren damals so Zeiten, in denen man dem anderen nicht unbedingt Erfolg gönnte, schon gar nicht, wenn er aus dem Osten gekommen war. Dies machte meinem Vater zu schaffen. Auch die Flucht und Vertreibung der Familie meines Vaters gehört zu den Familienereignissen, die sehr prägend waren. Mein Vater litt sein Leben lang daran, dass seine Eltern auf dem Treck nach Westen erschossen worden waren. Am schlimmsten war für ihn, dass es einfach so aus Jux und Tollerei geschehen war, denn die Pferde, auf die es die russischen Soldaten abgesehen hatten, waren von seinen Eltern schon längst freiwillig ausgespannt worden. Das bekam ich irgendwann von entfernten Verwandten erzählt. Mein Vater sprach so gut wie nicht darüber, weil er diesen Tod nicht verkraftet hat. Seine eigene Familie war ihm deshalb alles, zumal er sonst kaum Verwandtschaft hatte, nur noch einen Cousin. Und es war ihm auch wichtig, was so an Achtung mitschwang, wenn die Leute von »Herrn und Frau Salesch« sprachen. Er wollte, dass die Leute ihre Leistung anerkannten. Der Rest war ihm egal.

Wenn ich heute »Frau Salesch« höre, denke ich oft an meine Mutter. Sie ist die eigentliche Frau Salesch für mich, noch immer. In den fünfziger und sechziger Jahren hatte die Anrede überhaupt eine viel größere Bedeutung. In unserer Kleinstadt hatte ich jeden sichtbar zu grüßen, obwohl ich viele gar nicht persönlich kannte. Das hat mir meine Oma regelrecht eingetrichtert. Auch kannte jeder jeden, und alle wussten alles, und kaum hatte man sich versehen, war man auch schon Gesprächsthema in der Stadt.

Wenn ich mich als Jugendliche mit einem Freund traf – zum »Mathelernen« –, brauchte ich beim Heimkommen selten weiter zu schummeln. Meine Mutter wusste meistens, dass bei unserem Treffen nicht die Schule im Vordergrund gestanden hatte, selbst wenn wir uns extra an einem von zu Hause etwas entfernteren Ort verabredet hatten. Kaum saß man irgendwo eng umschlungen auf einem Mauervorsprung, wurden wir prompt von irgendwelchen Schulfreundinnen meiner Mutter gesehen. Die nichts Besseres zu tun hatten, als sofort meine Mutter anzurufen: »Du, wo isch disch grad zufällig am Delefon hab, wer isch denn der nedde blonde Kerle do, der dei Dochter ebbe aufm Mäuerle gküschd hed?« Wenn ich dann nach Hause kam und meine Mutter fragte: »Na, wie war's denn bei der Mathematik?«, wusste ich schon an ihrem Tonfall: es ist besser, das Thema »Mathematik« nicht weiter zu vertiefen.

Ich stand also schon damals unter ständiger Beobachtung. Gefallen hat mir das nicht so sehr, aber besonders gestört hat es mich auch nicht, und es wäre mir im Leben nicht eingefallen, mich deshalb irgendwie anders zu verhalten. »Was die Leute sagen«, ist für viele ja eine fest eingebaute Größe in ihrem Denken. Und nicht selten ein Klotz am Bein, will man neue Wege gehen. Vieles wird lahmgelegt, wenn man den Filter »die anderen« aktiviert. Ich glaube, dass einiges, was »die Leute« in unseren Vorstellungen angeblich denken oder sagen, nur unsere eigenen Ängste widerspiegelt. Und dass man die Meinung der anderen auf Dauer nur dann positiv beeinflussen kann, wenn man sich auch so gibt, wie man ist. Sich wegen »der anderen« zu verbiegen oder etwas vorzuspielen, was man gar nicht ist, bringt einen langfristig nicht weiter. Auch das habe ich schon früh gelernt.

Eine neue Welt

Ich war 15, als ein neuer Schüler zu uns in die Klasse kam. Durch ihn lernte ich eine Familie kennen, die ganz anders war als die unsrige. Sein Vater war Professor an der Musikhochschule Karlsruhe, seine Mutter eine sehr erfolgreiche Künstlerin, die große Batiken anfertigte, die auch im Kanzleramt hingen. Künstlerisch und feingeistig war diese Familie. Das gefiel mir sehr. Eine Gegenwelt zu meiner doch sehr bodenständigen Baugeschäftsfamilie tat sich auf. Ihre täglichen Gespräche über Musik, Kunst und Literatur beim gepflegten Nachmittagstee mit Gebäck und Kerzen zogen mich magisch an. Dass auch dort nicht alles so glänzte – wie überall eben –, merkte ich erst später. Meine Mutter beobachtete meine fast täglichen Besuche bei ihnen etwas eifersüchtig. Sie spürte, dass meine Faszination für diese Familie für mich auch einen Schritt weg von meiner eigenen Familie bedeutete. Die drei Söhne der Familie waren aber auch überaus anregend. Sei es beim Skatspielen, sei es bei anderen Dingen. Und es dauerte nicht lange, da verliebte ich mich in den ältesten der Brüder, der Architektur studierte, und war drei Jahre mit ihm zusammen.

Die Haltung meiner Eltern zu Liebe und Sexualität war übrigens sehr liberal. In unserer Familie ging es für damalige Zeiten in allem sehr frei zu. Ich kannte meine Eltern nackt, wir turnten alle ohne Kleidung im Badezimmer herum. Sie schätzten auch meinen ersten festen Freund sehr, aber dass er bei uns im Haus hätte übernachten dürfen, ging natürlich nicht. Dem stand damals noch der Kuppeleiparagraph entgegen. Mein Freund und ich lösten das darum anders. Er hatte seine Studentenbude im Haus meiner Oma nebenan, hinten auf dem Speicher in unserer alten Küche. Vorne »sicherte« eine weitläufige Verwandte den Zugang. Bei der knarrenden Treppe wäre man nie ungehört an ihr vorbeigekommen. Aber hinten über unser Firmenlager konnte man trocken und bequem einsteigen. Es würde mich wundern, wenn meine Eltern das nicht gewusst hätten. Wie gesagt: Unsere Eltern gingen schon sehr entspannt mit den Dingen des Lebens um.

Die neue Familie war in der FDP sehr aktiv, und weil es in Ettlingen noch keine Jugendorganisation dieser Partei gab, gründeten wir die Ettlinger Ortsgruppe der Jungdemokraten. Die FDP war in den sechziger Jahren eine sehr fortschrittliche Partei. Sie erkannte schon 1967 als erste Partei, also noch vor der SPD, die Oder-Neiße-Linie als Grenze an, um damit auch grundsätzlich den Weg zur Wiedervereinigung der beiden deutschen Teile freizumachen. Die Oder-Neiße-Grenze verlief aber nicht nur zwischen Deutschland und Polen, sondern direkt und lautstark durch unser Wohnzimmer. Mein Vater hielt als Vertriebener nichts davon. Diese Anerkennung sah er als Aufgeben seiner Heimat an. Ich habe damals nicht recht begriffen, warum er so vehement dagegen war. Für mich war die endgültige Abtretung der Gebiete an Polen nur gerecht und das klare Resultat des von der Mehrheit der Deutschen gewollten Zweiten Weltkriegs. Inzwischen fängt man langsam an, differenzierter mit dem Thema »Flucht und Vertreibung« umzugehen, denn dass es unabhängig von Schuld, Mitschuld und Mithaftung persönliche Tragödien waren – auf beiden Seiten –, habe auch ich erst viel später verstanden.

Ich wurde also überzeugte Jungdemokratin, war im örtlichen Vorstand der Partei, organisierte Treffen und machte die typische Basisarbeit. Dass es damals gar nicht so normal war, als junges Mädchen politisch aktiv zu sein, war mir nicht bewusst. Emanzipation war für mich selbstverständlich. Ich musste sie in diesem Kreis nicht einfordern. Ich fühlte mich bei den Jungdemokraten mit meinen Ansichten bestens aufgehoben und vertreten. Auch bei den sonntäglichen politischen Frühschoppen, die mich enorm weiterbrachten, war ich akzeptiert.

Was es zu damaliger Zeit im Ausland aber auch bedeuten konnte, sich als junge Deutsche politisch zu äußern, erfuhr ich in Frankreich. Seit ich mit 13 Jahren Französisch als zweite Fremdsprache hinzubekommen hatte, nahm ich am Schüleraustausch mit Frankreich teil. An unserer Schule organisierte den ein Lehrer, der fast besser Französisch sprach als ein Franzose und der nach dem Krieg sein Leben der Versöhnung der beiden Länder widmete. Damals war Frankreich zeitweise meine zweite Heimat. Die Champagne hatte ich über den Schüleraustausch kennengelernt und die Ardèche über meinen Vater, der dort in Kriegsgefangenschaft gewesen war und zu »seinem Bauern«, bei dem er eingesetzt worden war, weiter gute Kontakte pflegte. Ich liebte die Franzosen, ihre Sprache, die Literatur, das Essen, einfach alles an diesem Land.

Und dann kam der Sommer 1968. Ich war wieder einmal an der Ardèche. In einem Dorf, in und um das herum sich viele Künstler niedergelassen hatten. Fast alle gehörten der französischen kommunistischen Partei an. Das war damals unter Intellektuellen in Frankreich Mode. Ich fand es dort zumindest schick. Dann kam es zum Einmarsch der Truppen der Warschauer-Pakt-Staaten in die Tschechoslowakei, der das Ende des Prager Frühlings bedeutete. Die französische kommunistische Partei war die einzige westliche Partei, von dem westdeutschen Ableger der kommunistischen Partei der DDR einmal abgesehen, die den Einmarsch begrüßte oder zumindest rechtfertigte. Ich war völlig fassungslos, wie man so unkritisch sein konnte, und sagte das auch in aller Deutlichkeit. Sie seien doch keine Vasallen, die alles abnicken müssten, erst recht nicht, wenn die UdSSR demokratische Ansätze im Keim mit Panzern erstickte. Reichten nicht die gewalttätigen Niederschlagungen der Aufstände in der DDR und in Ungarn? War man nicht schon weiter gekommen im Denken? Daraufhin wurde mir kurzerhand das Wort verboten. Ich hätte als »boche« dazu überhaupt nichts zu sagen. Da blieb mir erst einmal die Luft weg. Das war ich nicht gewohnt, und das wollte ich auch nicht dulden. Das Verhältnis zu den Diskutanten blieb bis zur Abreise zwei Tage später unterkühlt. Bei anderen Schüleraustauschfamilien hatte ich so etwas nie erlebt, sie waren offen und tolerant – das zeigte schon die Tatsache, dass sie bereits gut zehn Jahre nach dem Krieg wieder Deutsche aufnahmen. Mit ihnen hat man immer über Geschichte reden können, die sich auch nicht auf das 20. Jahrhundert beschränkte.

»Mein Frankreich« war nach dem Erlebnis an der Ardèche mit einem lauten Knall geplatzt. Meine Träume, vielleicht doch einmal Französisch zu studieren, in Frankreich zu leben und, wenn überhaupt, dann natürlich nur einen Franzosen zu heiraten, sie waren schlagartig ausgeträumt. Es folgte eine lange Frankreichpause. Erst aus Enttäuschung, aber dann, weil sich eine Reise über viele Jahre einfach nicht mehr ergeben hatte, bis wir Hamburger Richter mit Kollegen aus Paris einen Austausch organisierten. Mir blieben allerdings immer die französische Literatur, die wunderbare Sprache und die Anziehungskraft der französischen Männer erhalten.

Und dann hatte ich plötzlich das Abitur. Das Kapitel Kindheit und Jugend war für mich damit abgeschlossen. In den 19 Jahren zu Hause habe ich wirklich vieles unternommen, nur als Anfänge habe ich das damals nicht wahrgenommen, eher als ganz natürliche Weiterentwicklung. Der erste wirkliche Neuanfang in meinem Leben war der Beginn meines Studiums. Und dazu wollte ich unbedingt in eine andere Stadt gehen. Studieren und zu Hause wohnen bleiben wäre für mich nie in Frage gekommen. »Wie Bolle« habe ich mich auf mein erstes eigenes und selbstbestimmtes Leben gefreut.

Jura ist nie verkehrt

Dass ich Jura studiert habe, war eher so eine Geschichte des Zufalls. Wie so oft in meinem Leben. Ich bin nämlich wirklich nicht die große Planerin für lebenslänglich. Im Gegenteil. Wenn ich weiß, was mich auf Dauer erwartet, lähmt mich das eher. Wichtig war mir damals nur eines, und das ohne Wenn und Aber: Später einen Beruf zu haben, in dem ich selbständig würde arbeiten können. Ich hatte übrigens lange und ernsthaft an Architektur gedacht und in städteplanerischen Ideen geschwelgt, aber mein Vater hat mir sehr deutlich davon abgeraten. Nicht weil ich es nicht könnte oder weil Frauen in diesem Beruf nicht vorkämen, sondern weil ich nicht der Typ dafür sei: »Du musst dann das bauen, was andere wollen. Das kannst du nicht. Wenn du nicht das machen kannst, was du willst, was du gut findest, was dich überzeugt, dann wirst du unglücklich.« Das stimmte wirklich. Er konnte die Sache gut auf den Punkt bringen. Er kannte ja mich und sich bestens.

Aber warum dann plötzlich Rechtswissenschaft? An der Konstanzer Universität gab es damals einen Studiengang, der die Gesellschaftswissenschaften Wirtschaft, Politik, Soziologie und Jura zusammenbrachte. Eine gute Kombination, wie ich fand, weil sie ein breites Spektrum abdeckte. Also bewarb ich mich dort. Ich bekam aber erst einmal eine Absage. Gott sei Dank, im Nachhinein gesehen. Das war damals ein spannender Modellversuch für eine Universität, aber aus meiner heutigen Sicht ziemlich unverantwortlich gegenüber den Studenten. Was sollte man danach beruflich damit machen? Viel mehr als der Medienbereich fällt mir als Arbeitsfeld nicht ein, denn man legte ja in den Fächern selbst kein vollwertiges Examen ab. Es war zu sehr ein Studium Generale. Nur, welches der vier Fächer sollte es nach der Konstanzer Absage bei mir werden?

»Jura ist nie verkehrt.« Genau so habe ich das meinen Eltern verkauft. Ich hatte allenfalls schwammige Vorstellungen von dem Fach. Rechtskundeunterricht an den Schulen gab es damals noch nicht. Aber für Gerechtigkeit schwärmte ich geradezu. Ich kannte nicht einen einzigen Richter, nicht einen einzigen Anwalt, der mir als Vorbild hätte dienen können. Von Frauen ganz zu schweigen. Juristen hatten bei uns in der Familie zudem kein besonders gutes Ansehen. Jurist zu sein galt als nichts Erstrebenswertes, womöglich weil es zu sehr nach Beamten klang, nach Paragraphenreiter, und die waren ja ein rotes Tuch. Außerdem mied man das Gericht; man war anständiger Kaufmann. Aber irgendetwas musste ich ja machen, und ich dachte, mit Jura würde ich später ganz viel anfangen können, ohne mich jetzt schon festlegen zu müssen, denn Juristen würden überall gebraucht. Ob das wirklich so ist, bezweifle ich inzwischen. Gelegentlich könnte das Leben ohne sie so herrlich unkompliziert sein.

Meine Entscheidung für Jura ist dann ziemlich rasch und weniger leidenschaftlich als pragmatisch gefallen. Es ging nur noch darum, an welcher Universität ich anfangen wollte. Ich schaute mir Heidelberg und Freiburg an, denn meine Eltern meinten, wenn möglich, sollte es nicht so weit weg von zu Hause sein. Ich entschied mich für Freiburg: hoher Freizeitwert mit dem Feldberg (Skifahren), mit Basel (Kultur) und dem Elsass (besonders gute Küche). Und mittendrin lag die Universität. Ich hatte ein sehr gutes Gefühl mit dieser Entscheidung ziemlich ins Blaue hinein. Seit ich denken kann, gehen bei mir Kopf und Bauch eine gute Ehe ein. In beiden ist viel Raum, und wenn beide mir zuraten, dann verlasse ich mich erst einmal darauf. Deshalb konnte ich Konstanz ohne Bedauern absagen, als mir dort dann doch noch ein Platz angeboten wurde. Ich hatte mich bereits für Jura und für Freiburg entschieden.

Schon in den ersten Studienwochen habe ich gemerkt, dass Jura genau die Art zu denken fordert, die mir liegt. Ich fürchte, dass mir der eine oder andere Jurist gram ist, weil ich diese hehre Wissenschaft gerne und voller Absicht entzaubere. Aber als Pragmatikerin mit einem gesunden Menschenverstand – ich sage ohne jede Abwertungsabsicht auch »Hausfrauenverstand« dazu – ist man bei diesem Studium gut aufgehoben. Man muss nur logisch denken können, entscheidungsfreudig, neugierig und wenn irgend möglich nicht auf den Mund gefallen sein und echtes Interesse an Menschen haben. Fertig. Na ja, so als Basis ist das jedenfalls nicht schlecht. Den Rest muss man lernen, und das nicht zu knapp. Jedenfalls: Das Studium hat mich von Anfang an fasziniert, und es lag mir. Heute ist das Jurastudium wieder sehr verschult, damals waren wir Studenten viel freier. Man belegte in lockerer Reihe, was man wollte – in Freiburg natürlich auch

Parapsychologie bei »Para-Bender«; das halbe juristische Seminar saß dort herum, um von Übersinnlichem zu hören. Ich trug mich erst einmal in alle juristischen Einführungsvorlesungen ein, wobei man aber nicht unbedingt hingehen musste, denn es gab keine Kontrolle. Die war letztlich nur das Examen. Aber wer denkt denn an so was in den ersten Semestern? Ich garantiert nicht. Und wenn die Dozenten oder Professoren nichts anderes taten, als ihre Bücher vorzutragen, war ich auch nicht an ständiger Präsenz interessiert, das konnte ich nachlesen.

Man fing mit Straf- und Zivilrecht an. Insgesamt musste man bis zum Examen sieben »Scheine« machen, wann auch immer. Dafür schrieb man in den jeweiligen Fächern sogenannte Hausarbeiten, in denen man in drei oder mehr Wochen einen Fall schriftlich zu lösen hatte. Und man musste dazu jeweils eine Klausur schreiben. Für meine erste Hausarbeit bekam ich eine Zwei, das beflügelte. Die Klausur war auch überm Strich, also Vier. Was wollte ich mehr? Später hat sich das geändert. Da habe ich gute Klausuren geschrieben, und die Hausarbeiten waren nicht mehr so glänzend. Ich kann gut aus der Hüfte schießen und sehe das Wesentliche schnell und ziemlich klar. Nur, eine Sache dann weiter in allen Details, auch noch in den entlegensten, auszubreiten ist nicht so ganz mein Ding. Weniger ist bei mir irgendwie mehr. Aber an der Universität sieht man das anders. Ich habe mir später die Haare gerauft, wenn ich als Prüferin für das erste Staatsexamen die Kommentare der Vorprüfer von der Universität las, was alles noch hätte vertieft werden sollen. Für mich als Praktikerin war vieles davon – erst recht in der gewünschten Breite – einfach überflüssig. »Getretener Quark wird breit, nicht stark« heißt es bei Goethe. Bei den Prüfungen für das zweite Staatsexamen, das Große Staatsexamen, habe ich deshalb Weitschweifigkeit und Überflüssiges als Fehler bewertet, beim ersten Examen habe ich das im Interesse der Studenten nicht getan.

Im Oktober 1969 ging das Studium los. Ich zog in einen leeren Keller, weil ich bei der Miete geizig war und lieber das Geld fürs Leben ausgegeben habe. So habe ich es übrigens immer gehalten. Ich gehe ungern große finanzielle Verpflichtungen ein, weil sie Neuanfänge behindern. Mein erstes eigenes Haus habe ich deshalb auch erst mit 61 gekauft. Mit den 400 Mark von meinen Eltern musste ich in Freiburg schon wirtschaften. Der einzige Luxus des leeren Kellers war, dass ich ihn für mich allein hatte. Das Fenster zum Garten war vergittert, den Fußboden isolierte ich mit gefühlt einer Tonne Zeitungspapier, und von zu Hause brachte ich einen alten Ölofen mit. Im Preis inbegriffen waren noch ein Ölkeller für mein Ölfass, ein Bierkeller für meine Getränkekisten sowie ein »Küchenklo«. Das war ein langer Schlauch. Hinten stand die Toilette, und davor war ein Mini-Waschbecken mit fließendem Eiswasser. Zum Küchenklo ist es aufgestiegen, weil ich davor noch ein kleines Regal aufgestellt hatte, mit Geschirr und zwei Kochplatten. Aus ästhetischen Gründen habe ich die Toilette mit zwei Vorhangschals eingerahmt, die aus praktischen Gründen aber nie zugezogen wurden. Es kam darauf an, mit dem vorhandenen Platz zurechtzukommen. Aber ich konnte schon immer gut hochstapeln – auch Geschirr auf dem Klodeckel. Siebzig Deutsche Mark machte das Ganze, warm.

Was monatlich zum Leben fehlte, wurde dazuverdient, samstags in einem Kaufhaus, für 3,50 Mark die Stunde. Ich wurde in der Unterwäscheabteilung eingesetzt, und deshalb kenne ich mich bis heute mit der seltsamen Nummerierung von Herrenunterhosen aus. Und bringe seitdem auch nie mehr Grabbeltische in Unordnung. Kaum hatte ich auf diesen Tischen alles ordentlich gestapelt, kam die nächste Madame, tauchte auf den Grund, als ob dort vergoldete Hosen vergraben worden wären, und zischte mit der billigsten von oben wieder ab. Natürlich unter Hinterlassung eines Sauhaufens, den der ölige Substitut in seinem Kabuff irgendwie sofort roch, worauf er angerannt kam und mich zur Minna machte. Meine Studienfreundin Ruthchen, auch heute noch meine beste Freundin, arbeitete hinter der Wursttheke. »Darf's ein bisschen mehr sein?« Sie kichert immer, wenn sie, die aus dem Ruhrpott kommt, zitiert: »Frollein, gäbet's mir a Rädle Wurschd.« Abends wurde bar ausbezahlt. Damit waren schon mal unsere Liftkarten fürs Skilaufen finanziert.

Wie gesagt, ich habe während des gesamten Studiums nebenbei gearbeitet, in den verschiedensten Bereichen, was man als Studentin an Hilfsarbeiten eben so bekam, weil man letztlich noch nichts richtig gelernt hatte. Das waren übrigens alles kleine Neuanfänge. Meine Eltern hielten sich mit Barem weiterhin zurück. Natürlich hätte ich sie um Zulagen bitten können, aber da hätte ich mir eher die Zunge abgebissen. Einmal habe ich auch in einer Fabrik gearbeitet. Im vierten Semester in Kiel, und zwar im Akkord an einer Lötmaschine. Zwei Tage haben mir aber gereicht. Als Studentin und Aushilfe bekam man natürlich die Maschinen zugewiesen, an denen Akkorderfüllung in weiter Ferne lag, von Übererfüllung und damit besserem Verdienst ganz zu schweigen. So habe ich demütig der Fabrikarbeit den Rücken gekehrt und bin als Nächstes wieder mal Schreibkraft in einem Architekturbüro geworden. Ich kann zwar nicht mit zehn Fingern schreiben, aber brauchte auch kein vollständiges Diktat, sondern konnte anhand von Stichworten die Briefe selbst formulieren. Das glich sich dann zeitlich wieder aus. Was ich in den fast fünf

Jahren meines Studiums durch die vielen Arbeitsstellen quasi nebenbei gelernt habe, hat mir bei meiner persönlichen Entwicklung sehr geholfen. Ich habe nicht nur einmal erlebt, wie hart viele Leute ihr Leben lang schuften müssen, und gesehen, dass sie dafür noch nicht einmal geachtet wurden. Ich habe Respekt vor jeder Arbeit und bin sicher, dass ich dadurch mehr Verständnis für die Zwänge des Lebens bekommen habe, als wenn ich nur an der Universität gewesen wäre und meine Eltern mir alles in den Allerwertesten geschoben hätten. Später in meiner Zeit als Richterin konnte das für den einen oder anderen Angeklagten aber durchaus zum Problem werden, wenn ich von ihm mehr Einsatz verlangt habe, als ihm lieb war.

Die Atmosphäre an der juristischen Fakultät in Freiburg war ganz entspannt. Viele Studenten kamen gern mal für ein Feriensemester in den Schwarzwald, so dass es einen anregenden Wechsel von Kommilitonen gab. Jura war eine große Fakultät, und alle Veranstaltungen wurden in Gebäuden im Zentrum abgehalten. »Es studierten viele höhere Töchter dort. Mit weißer Bluse, den Pullover um die Schultern geschlungen, und Perlenkette.« So erzählt es meine Freundin Ruthchen. Komischerweise habe ich an solche Mädels keine Erinnerung. Erst in Hamburg fielen sie mir auf.

Politisch war es recht ruhig an der Universität. Oder wieder ruhig, genauer gesagt. Es gab zwar die eine oder andere Anti-Vietnamkriegs-Demo, und im Audimax fanden erregte Sitzungen zur Hochschulpolitik statt, aber man erlebte in Freiburg keine Gewalt auf den Straßen, und man sah keine Wasserwerfer wie in Frankfurt. Als Schülerin war ich einmal im republikanischen Anwaltsverein in Karlsruhe gewesen, von wo ich morgens um vier Uhr nach Hause kam, was mir prompt eine Woche Hausarrest einbrachte. Irgendwo las ich neulich in einem Brief, was ich damals dazu geschrieben habe: »Viel Rotwein, viele Rothändle und ein ziemliches Geschwafel.«

Mein politisches Engagement war von Anfang an viel konkreter bei den Jungdemokraten angesiedelt. Zudem lehnte ich es ab, ohne Wenn und Aber für eine Seite Partei zu ergreifen. Sozialistische oder kommunistische Lehren konnte ich nie mit dem Alltag in den entsprechenden Ländern in Verbindung bringen. Ich habe nicht verstanden, wie an sich kluge Menschen rote Bibelchen und Manifeste in die Luft halten konnten und ausgewiesenen Diktaturen gegenüber so blind waren. Jedenfalls war in Freiburg für mich Politikpause angesagt. Ich sah zu, dass ich meine ersten beiden Scheine machte, und genoss in vollen Zügen die Freiheit meines Lebens, weit genug weg von zu Hause. Es gab ja noch kein Handy. Und mein Keller war telefonfrei. Wie hat man sich da verabredet? Persönlich. An der Uni oder an der Wurstbude am Münster. Gegen zwölf – man hatte Uhren –, um eine »Rote mit« oder »ohne« Zwiebeln zu essen. Alle sechs Wochen fuhr ich heim und entwöhnte damit meine Eltern und meine Schwester etwas von mir. Nicht weil ich das wollte, sondern weil ich einfach keine Zeit hatte, öfter nach Hause zu kommen. Und die Klassenkameraden waren mittlerweile ja auch in alle Winde zerstreut.

Freiburg und der Beginn des Jurastudiums. Das war irgendwie genau das, was ich, ohne es vorher konkret wissen zu können, gesucht und bekommen hatte. Bei Studienbeginn fehlte mir nur noch das Latinum, weil mein Vater – in reiner Selbstüberschätzung – mich in den mathematisch-naturwissenschaftlichen Zweig geschickt hatte. Allerdings hörte ich nach sechs Wochen, dass es auch Universitäten gebe, die das Latinum nicht verlangten, und brach den Lateinunterricht gleich wieder ab, wie immer pragmatisch: »Du bleibst eh nicht in Freiburg.« Wobei ich ehrlich gesagt, Latein heute gern könnte, aber es flog mir damals eben nicht zu. Ich habe dann wenigstens meine Hausarbeiten mit allen lateinischen Floskeln garniert, deren ich habhaft werden konnte. In Jura gibt es ja für alles und jedes – aus dem römischen Recht kommend – lateinische Bezeichnungen. Ich war so verschwenderisch damit, dass mir ein Hamburger Professor im dritten Semester die gesamte Beurteilung meiner Hausarbeit auf Latein schrieb. Ich ging zu ihm hin, was denn das alles heiße? Er übersetzte mir das Wesentliche grinsend: »Wenn man kein Latein kann, soll man es lassen.« Das waren dann meine letzten lateinischen Zitate.

Parallel habe ich in den ersten drei Semestern noch Sport belegt. Ich war seinerzeit beste Sportlerin des Abiturjahrgangs, auch wenn man das heute vielleicht nicht mehr so direkt sieht. Aber ich habe das Fach nicht ernsthaft studiert, in Freiburg nur, um Trampolin zu springen und warm zu duschen – und vielleicht, weil die Sportstudenten optisch frischer waren als die von der juristischen Fakultät – mit Ausnahme meines neuen Freundes natürlich.

In Freiburg hatte ich wirklich ein schönes Jahr, und wahrscheinlich wären viele an meiner Stelle dort länger geblieben. Aber mich hat es zu einem Wechsel direkt gedrängt. Ich wollte Neues sehen und hören und keine Wiederholung des inzwischen Bekannten oder Bewährten erleben. Alles war zu gut. Zu einfach. Das Fach gefiel mir, Freiburg und die Umgebung gefielen mir, sogar mein Freund gefiel mir, aber ich hatte schon gegen Ende des zweiten Semesters das sichere Gefühl: Ich weiß jetzt schon, wie es hier weitergeht, ab dem nächsten Semester nur noch »da capo«.

Sobald ich den Eindruck habe, zu vieles wiederholt sich,

denke ich an eine Veränderung. Heute geht die Umsetzung
dann etwas langsamer, aber damals war ich fix und wollte
ab dem dritten Semester unbedingt in einer Großstadt wei-
terstudieren. Ich sah mir München an. Die Stadt gefiel mir
nicht. Keine Ahnung, warum. Ein Gefühl. Nach Westber-
lin wollte ich schon wegen der Insellage nicht. Auf einem
kleinen freien Flecken inmitten einer Diktatur wollte ich
nicht leben. Da ich gerne mein Maul weit aufreiße, will ich
mich durch nichts und niemanden einschüchtern lassen. Den
Wehrdienst zu umgehen war als Frau nicht mein Thema,
und es bestanden auch keinerlei persönliche Beziehungen zu
dieser Stadt, so dass mich nichts dorthin zog. Also blieb aus
meiner Sicht nur noch Hamburg als Großstadt übrig. Sicherheitshalber fuhr ich vorher nicht hin, um mir die Stadt und
die Universität anzuschauen, weil ich mich dadurch nicht in
meiner Entscheidung verunsichern lassen wollte. Wechsel ist
Wechsel. Da muss man durch.

Hamburg

Hamburg war eine ganz andere Welt. Großstadt eben. Keiner wartet auf dich. In Ettlingen war ich wer, in Freiburg
war alles schnell vertraut und behaglich gewesen. Und Hamburg? Laut, hektisch und abweisend – das war mein erster
Eindruck, als ich mit meinem Überseekoffer dort am Haupt-
bahnhof ankam. Und der Start war auch nicht besonders
glücklich. Weil der »Spiegel« berichtet hatte, dass es in Hamburg keine Studentenwohnungen mehr gebe, hatte ich vorab
telefonisch ein Zimmer gemietet. Das Haus roch altbacken,
die Vermieterin war es. Statt einer Begrüßung schnarrte sie:

»Damenbesuch bis zehn, Herrenbesuch überhaupt nicht.« Noch auf der Treppe nach oben habe ich zum Monatsende gekündigt. Dann wurde es aber verdammt eng mit einer Studentenbude. Ich fragte jeden, der aussah, als wisse er etwas. Von Bekannten hörte ich, dass in einer WG über dem Abaton-Kino etwas frei sei; da solle ich mich mal vorstellen. Ich habe mich in Schale geworfen, meine Mutter hatte mich gerade wieder frisch eingekleidet. Rodier in Lindgrün. Hosen, Rock, Pulli, alles lind, dazu ein Fischgrätmantel und eine Fohlenfellmütze. Ich fand mich schick. Die Hasch-WG fiel vom Glauben ab, als ich dort so aufschlug. Meine Bekannten versicherten gebetsmühlenhaft, dass ich nicht so sei, wie ich aussehe. Die WG sah es wohl als Experiment, und sie nahmen mich gnädig für vier Wochen auf. Dann hatte ich etwas anderes gefunden, indem ich einfach in jedes Haus ging, das so aussah, als ob ein Zimmer frei wäre. Dass fehlende Gardinen nicht »Zimmer frei« bedeuteten, war für mich bei der Wohnungssuche immer wieder überraschend.

In einem Haus direkt neben der Mensa fehlten fast alle Gardinen, weil es in ein paar Monaten für die Erweiterung der Universität abgebrochen werden sollte. Da bekam ich ein Zimmer mit Ofenheizung für die Zeit bis zum Abriss. Obwohl an sich nur an »Herren« vermietet werde, wegen der Perlonstrümpfe im Bad. Ich versprach, nicht zu waschen. Überhaupt war das mit dem Waschen so eine Sache. Nur samstags wurde der kupferne Badeboiler angeheizt, und ich war nach der Vermieterin, ihrem Sohn und dem Opa als Letzte dran. Für den armseligen Wasserrest war die Wanne zu groß. Deshalb kenne ich auch »öffentliche« Badewannen, die es damals noch in Hallenbädern gab. Kleine Räume in einer Reihe mit jeweils einer ziemlich rauen Badewanne und einem Hocker, nach oben offen. Leider konnte man kein

Heißwasser nachlaufen lassen. Eine Füllung musste reichen. Aber das neue Zimmer war wenigstens super groß. Nur auch super teuer: 175 Mark waren damit schon mal weg. Morgens um acht Uhr kam die Vermieterin rein, riss das Fenster auf, warf den Ofen an, und ich verkroch mich unter meine Decke. Nach einer halben Stunde schloss sie das Fenster und regelte den Ofen runter. Ich machte dann irgendwann den Zehentest. Wenn der Zeh richtig warm blieb, stand ich auf.

Erst nach längerer Zeit fühlte ich mich in Hamburg wohl. Dann aber richtig. Das Studentenleben war hier total anders. In Hamburg standen die Studenten nicht im Mittelpunkt wie in Freiburg, wo man sich unweigerlich traf. Hier Freunde zu finden war für mich deutlich schwerer und brauchte seine Zeit. Die Studentenschaft war zudem zweigeteilt. Wir, die wir zugezogen waren, gingen nachts aus und kamen morgens nicht aus den Federn, während die Einheimischen gleich nach dem Frühstück und von Muttern versorgt in der Universität auftauchten und gepflegt ab halb neun Uhr studierten. Es gab deshalb wenig Berührungspunkte mit diesen Heimatstadtstudenten, die nachmittags zum Tee und ihren Kindergartenfreunden nach Hause fuhren, wenn wir erst in die Uni kamen. So richtig an uns Neuen schienen sie auch nicht interessiert. Also blieben wir Zugereisten meistens unter uns.

Im vierten Semester kam es zu einem kurzen Kieler Intermezzo. Diesmal ging der Wechsel aber von meiner Freundin Ruthchen aus, die unbedingt ein Semester Meeresluft schnuppern wollte. Sie war in Freiburg geblieben, und wir hatten uns für ein Semester in Kiel verabredet. Es wurde ein wunderbarer Sommer auf dem Land. Wir wohnten im früheren Altenteil einer alten Wassermühle, das zu Ferienwohnungen ausgebaut worden war. Idyllische Alleinlage mit Familienanschluss. Weit weg von der Ostsee, aber mit KA-TA 70 waren wir ja mobil. Ruthchen orientierte sich landwirtschaftlich, und ich ruderte das Boot auf dem Mühlenteich in die Seerosen, klappte im Boot meine Liege auf, machte das Radio an und las. Sogar Krimis. Auch das prägt strafrechtlich. Die Universität sah uns selten, dafür der Tennisplatz umso mehr. Mit Mühe rafften wir uns auf, in letzter Sekunde die Hausarbeit für den großen Schein im Öffentlichen Recht zu schreiben. Statt drei Wochen haben wir fünf Tage an der Hausarbeit gesessen, dafür Tag und Nacht. Das ging gerade noch mal gut. Danach Kino und zwei Tage durchgeschlafen.

Zu jener Zeit – Anfang der Siebziger – bewegten im Kino Oswalt Kolle und in der Musik Led Zeppelin die Jugend. Mich allerdings nicht, denn ich war deutlich weiter als Kolle (zumindest der öffentliche) und musikalisch für Rock und Pop auch nicht mehr gut zu erreichen. Ich mochte noch die Beatles und die Stones, aber schon mit 17 habe ich mich aus der Popmusik im Wesentlichen verabschiedet. Seitdem sind Klassik, Jazz und Tom Waits angesagt. Davon komme ich anscheinend in diesem Leben auch nicht mehr runter. Aber man kam nicht immer am Zeitgeist vorbei. Ruthchen, die etwas schamhaft war, erinnerte mich neulich an Kopenhagen und an das Nacktduschen im Sleep-in: »Weißt du noch, Barbara, wie absurd das damals war, als wir 1972 zusammen in Dänemark im Urlaub waren und dann noch ein paar Tage Kopenhagen drangehängt haben? Da waren wir doch in diesem Sleep-in. Dieser Art Jugendherberge.« Klar weiß ich das noch. Nach den zwei Wochen in diesem sehr einfachen Ferienhaus mitten im Wald haben wir uns ziemlich nach einer Dusche gesehnt. »Eben. Aber Damendusche und Frauenschlafsaal waren im Sleep-in bereits aus der Mode. Schon im Schlafsaal haben wir reichlich Interessenten abwehren müssen. Dann mussten wir uns beim Duschen weiter entscheiden: Sauberkeit oder Anstand?« Das stimmt. Wir haben uns für die Sauberkeit entschieden. »Hinter mir duschte dieser Italiener, der immer meinen Rücken schrubben wollte. Wegen seiner anatomischen Bildungslücken konnte ich ihm fortlaufend sagen, dass vorne nicht mehr Rücken war. Und du hast plötzlich ganz herzlich einen splitterfasernackten jungen Mann begrüßt. Der wie du aus Ettlingen war. Dann waren wir zu viert unter der Dusche.«

Ruthchen und ich kennen uns fast von der ersten Stunde meines Studentenlebens an. Sie war zwei Semester weiter als ich. Wir haben uns auf ganz amüsante Weise kennengelernt. Sie wohnte auf der anderen Straßenseite. Ich kannte bis dahin nur ihre WG-Genossin Mara, die mir ihr Badezimmer angeboten hatte. Also klingelte ich, Ruthchen öffnete. »Tag, ich komm zum Baden.« »So?« »Ihr habt eine Badewanne, und Mara hat gesagt, ich könnte bei euch baden. Ich wohne gegenüber im Keller und habe nur ein Waschbecken mit Eiswasser.« »Okay, wenn Mara das gesagt hat, dann komm rein. Da ist noch Schaumbad.« So begann unsere Freundschaft. Die Chemie zwischen uns stimmte auf Anhieb.

Ruthchen und mich verbindet wirklich etwas Besonderes. Von der ersten Sekunde an. Wenn wir nicht zusammen waren, schrieben wir uns witzige Briefe und versuchen bis heute, uns gegenseitig mit Spitzfindigkeiten zu übertrumpfen. Ich habe nur wenige Freundinnen, denen ich mich so nah fühle und die mir bis heute derart sicherer Boden in meinem Leben sind. Wir besprechen vieles, und gerade in ganz wesentlichen Sachen hole ich mir immer ihren Rat. Sie unterstützt mich nicht nur, sondern schiebt mich auch durchaus mal in die eine oder andere Richtung. Ohne sie (und meinen Referendar) wäre ich zum Beispiel nicht beim Fernsehen gelandet. Zudem ist Ruthchen so etwas wie mein besseres Gedächtnis.

Ich habe nämlich ein extrem schlechtes Erinnerungsvermögen. Wenn ich zum Beispiel alles wiedergeben könnte, was ich im Laufe meines Lebens gelesen habe, vor allem in Sachen Geschichte, Kunst, Musik, Literatur und nicht zuletzt in Jura – ich lese täglich, eigentlich immer und viel –, dann hätte ich eine große Bibliothek im Kopf und könnte pausenlos zitieren. Wenn ich lese, dann höre und sehe ich nichts mehr um mich herum und versinke völlig im Text. Die letzte Ungereimtheit fällt mir auf, und wenn es nur die Schreibweise eines Namens ist, dem auf Seite 498 ein weiterer Buchstabe zugefügt wird. Aber wenn ich das Buch zur Seite lege, ist nur noch dessen Seele vorhanden. Alles andere ist samt Titel und Autor in die Tiefen meines Hirns gewandert, die sich nur dann öffnen, wenn zu einer Sache ein Stichwort fällt oder am besten gleich mehrere. Dann weiß ich, da war was, es dämmert. Ich schlage nach, und da ist es dann wieder. Sehr lästig. Mein Kurzzeitgedächtnis ist deutlich besser. Nur, es ist eben sehr kurz. Aber es reichte präzise für jede Verhandlung bis zur Rechtsmittelbelehrung.

Vermutlich waren es auch unsere ähnlichen Biographien, die Ruthchen und mich von Anfang an so verbunden haben. In unseren Familiengeschichten haben wir viele Gemeinsamkeiten, über die wir uns austauschen können. Ebenso die Prägung durch Mutter und Vater. Ruthchens Vater – ein Jurist – sah in ihr seine würdige Nachfolgerin, und ihm war sehr an ihrem Urteil gelegen. Unsere Mütter hätten uns lieber »damenhafter« gehabt. Ruthchen und ich waren immer ein bisschen zu direkt, zu schroff, zu geradeaus. Damit hatten übrigens auch die jungen Männer, die sich für uns interessierten, mitunter ihre Probleme. Es blieben ihre.

Zu der Zeit hatte ich eh alles andere im Kopf, als das Versprechen abzugeben: »Bis dass der Tod euch scheidet.« Mein

Leben war aufregend genug. Ich fand auch alles furchtbar modern und spannend, was ich so machte und um mich herum wahrnahm. Sehe ich mir die Bilder von früher an, muss ich meistens lachen. Das, was ich damals als auf der Höhe der Zeit empfunden habe, wirkt auf mich heute ziemlich angestaubt. Als ich zum Beispiel 1991 in Philadelphia meine amerikanische Patentante besuchte, schauten wir uns Filme an, die sie bei ihren Besuchen 1958 und 1968 in Deutschland gedreht hatte. Beim ersten Film meinte ich, der sei von 1958. Sie: »Nein, du irrst dich, du wirst es gleich sehen.« Der Film war tatsächlich von 1968. Denn wer kam um die Ecke? Ich, im KA-TA 70. Ich hätte geschworen, dass der Film die fünfziger Jahre gezeigt hätte.

Mein Hang zum Modernen äußerte sich auch im Geschmack bei Einrichtungsgegenständen. Schon zu Hause bei meinen Eltern hatte ich dafür gesorgt, dass die klassischen englischen Ledersofas, die die Gartenmöbel abgelöst hatten, mit modernem Design wie dem von Dieter Rams ergänzt wurden. Meine Mutter spielte voller Überzeugung mit, meinem Vater war es egal, wovon er seine Socken fallen ließ. Auf der elterlichen Terrasse versuchte ich mich auch mit der Marke Eigenbau und schreinerte 35 Kästen zusammen, mit denen ich meine gesamten Studentenbuden ausstaffierte. Sie kamen als Regale oder auch als Tisch- oder Bettuntergestelle zum Einsatz. Man konnte sie in alle Richtungen stapeln. Und sie waren stabil verleimt. Das fand ich damals unglaublich innovativ. Die letzten zwei Kästen habe ich erst jetzt bei meinem Umzug in mein neues Haus entsorgt.

Was mir am Studentenleben allerdings von Anfang an gründlich missfiel, war das, was man Studenten damals als Essen anbot. In der Freiburger Mensa – und außer Kiel unterschieden sich die anderen nicht sonderlich – konnte man allerhöchstens Spaghetti und Reisbrei ertragen. Und wenn dicke Damen mit Schwung große Kellen von Verkochtem auf dreiteilige, abgestoßene Teller klatschten, dann war ich schon satt. Also war selber kochen angesagt. Ich konnte aber nichts außer Spiegelei und Schokoladenpudding, was ich regelmäßig zu Hause »gekocht« hatte, wenn ich nachts spät heimkam. Ich besorgte mir das Doktor-Oetker-Schulkochbuch und fing an, für mich und meine Freunde zu kochen. Koteletts, Schnitzel, Steaks, Fondues. Ziemlich fleischlastig das Ganze, fett und in großen Mengen. Meine Mutter freute sich diebisch, dass ich endlich allein für alles zu sorgen hatte, was mir vorher abgenommen worden war, und das ich ohne besonderes Dankeschön als ganz normal und »selbstverständlich« empfunden hatte. Das galt übrigens auch für die Wäsche. Wie die anderen Studenten schickte ich zunächst einen Karton mit meiner Schmutzwäsche nach Hause. Mit einem kleinen Unterschied. Während die Mütter der anderen die Wäschepakete liebevoll mit sauberer Wäsche, einem Schokolädchen und einem kleinen Geldschein zurückschickten, kam mein Paket umgehend zurück mit einem Zettel von meiner Mutter, auf dem sie fragte, ob es denn in Freiburg keinen Waschsalon gebe. Ich nahm beim nächsten Besuch zu Hause aber wenigstens Bügelbrett und Bügeleisen mit. Denn ich liebe bis heute gepflegte und gebügelte Wäsche. Das bin ich so gewohnt. Neuanfänge in Ehren, aber nicht nach unten.

Eher nach oben – und zwar auf der Waage. Wir aßen einfach zu gut, zu gern und zu viel. Statt wie zu Hause ein Kotelett, verdrückte ich ohne Aufsicht gut und gerne mindestens zwei dicke. Dazu die Freiburger Weinlokale. Wir sind fast jeden Abend irgendwo eingekehrt. Das hatte bei mir sichtbare Folgen. Meine Skihose wurde zum Schluss nur noch von Hosenträgern gehalten, weil sie sperrangelweit aufstand.

Der Pullover war so gnädig, alles zu verdecken. Als ich nach den ersten beiden Semestern mit 13 Kilogramm mehr nach Hause kam, fanden meine Eltern das gar nicht lustig und meinten, ich sei krank. Das könne ja nur an der Schilddrüse liegen. Diesem Grund schloss ich mich sofort an, und dann haben sie mich ins Krankenhaus gebracht. Der Arzt fuhr zweigleisig. Meinen Eltern zuliebe ordnete er alle Untersuchungen an, setzte mich aber zugleich auf Nulldiät, weil er mich dazu ermuntert hatte, begeistert über meine Kochkünste zu reden. Anamnese geht auch so. 16 Tage gab es nix. Danach war ich wieder etwas dünner. Aber meine mangelnde Disziplin machte alles wieder zunichte. Mein Problem ist, dass ich eine gute Futterverwerterin bin und bis heute mit der Freiheit der Nahrungsaufnahme nicht eigenverantwortlich umgehen kann. Auch das zum Thema Neuanfang: Ich bin Weltmeisterin im Anfangen von Diäten.

Nach dem »Feriensemester« in Kiel ging ich nach Hamburg zurück und wurde wieder politisch aktiv. Weil mich inzwischen ein Mann überzeugt hatte. Ich trat nochmals in eine Partei ein (meine Mitgliedschaft bei den Jungdemokraten war irgendwie eingeschlafen). Dieses Mal in die SPD. Willy Brandt war 1969 Bundeskanzler geworden und hatte gerade für jüngere Menschen eine neue Zeit eingeläutet, das imponierte mir. Der erste sozialdemokratische Bundeskanzler verfolgte einen anderen Kurs als seine konservativen Vorgänger. Sein Kniefall in Warschau markierte einen Wendepunkt. Er wollte auch innenpolitisch mehr Demokratie wagen und für mehr soziale Gerechtigkeit sorgen. Er war einer, der für Aufbruch und Neuanfang stand. Aber an der Parteibasis der SPD sah die Welt etwas anders aus. Ich empfand, dass man dort zwar gut genug war, um Plakate zu kleben und Hilfsdienste zu verrichten, aber wenn man das Wort ergreifen wollte, ging es streng hierarchisch zu. Mit anderen Worten, man – oder zumindest ich – fand nicht das Gehör, das ich erwartete zu finden. Ich zog bald die Konsequenzen und hielt mich mehr und mehr mit meinem Engagement zurück. Bei den Jungdemokraten war es viel lockerer gewesen. Dort konnte ich immer mitdiskutieren. Es war eben auch ein viel kleinerer Kreis. Übrigens: Später, bevor ich Richterin wurde, trat ich aus der SPD wieder aus. Ich hielt ein Richteramt und eine Parteizugehörigkeit für unvereinbar. Im Nachhinein kann ich über meine Ansicht nur schmunzeln. Genau das Gegenteil ist der Fall. Für eine Karriere bei Gericht kann eine Parteizugehörigkeit erforderlich bzw. sinnvoll sein. Das ist eine vielleicht höflichere Umschreibung für »sehr nützlich bis notwendig«, denn ohne die sieht es bei höheren Beförderungen deutlich schlechter aus.

Mit politischen Parteien habe ich inzwischen so meine Schwierigkeiten. Natürlich gehe ich wählen, aber sie bedeuten mir nicht mehr so viel. Ich denke gern sachorientiert und schätze das freie Urteil und weniger die Parteiräson. Dieses ewige Schubladendenken, das oft nichts weiter ist als bequemes Beharren auf genehmen Vorurteilen, und die pauschale Einteilung in Farben oder Richtungen sagen mir wenig. Ich habe nicht selten Konservative erlebt, die in nicht wenigen Bereichen ausgesprochen frei dachten – nicht nur meine Eltern –, und Liberale oder Sozialisten, die stur und reaktionär waren. Wesentlich für mich ist, dass Verantwortungsethik vor Gesinnungsethik geht. Vor Konsequenzen und dem, was eventuell passieren könnte, wenn ich meine Meinung äußere, habe ich mich nie gefürchtet – außer ich war in Ländern, die Meinungsfreiheit als Gefahr für ihr System ansehen. Es darf keine Nachteile haben, offen zu reden. Harte Wortgefechte – die, von mir aus bis aufs Blut reizen – müssen immer möglich sein, nur körperliche Auseinandersetzungen und Gewalt lehne ich ab. Ich habe deshalb auch nie begriffen, wie Leute mit halbwegs klarem Verstand sich bei uns so für Baader-Meinhof und deren Nachfolger im Geiste einsetzen konnten. Morde sind durch nichts zu rechtfertigen. Weder von links noch von rechts. Für mich ist Meinungsfreiheit ein hohes Gut. Zuzuhören ist dabei ebenso wichtig wie zu reden. Und zu akzeptieren, dass das Gegenüber mit gleichem Recht eine andere Meinung haben darf. Wobei mir Letzteres nicht so leichtfällt, wie es hier steht. Ich bin gelegentlich emotional so beteiligt, dass mir dann die Pferde durchgehen und ich übers Ziel hinausschieße, ohne rechtzeitig gegensteuern zu können.

Charme muss reichen

Mein Diskussionsverhalten war ziemlich konträr zum Frauenbild jener Zeit. Das sah nämlich so aus: Die Frau sollte allen gefallen und niemandem auf den Schlips treten. Ein hitziges Engagement in der Sache gehörte sich in den siebziger Jahren für eine Frau noch nicht. Ruthchens Vater, der sie eigentlich immer unterstützt hat, warnte sie häufiger, sie solle sich nicht so ereifern und so dominant auftreten, sonst hätten die jungen Männer Angst vor ihr. Das sagte mir mein Vater natürlich nicht, aber in der Politik, in der Wirtschaft und auch sonst im öffentlichen Leben waren die Männer noch fast ausnahmslos die Entscheidungsträger und hatten das Sagen. Nur sie durften sich aufregen und klar Stellung beziehen. Aber mit dem geschickten weiblichen Durchlavieren hatte ich es nie. Das war nicht mein Ding.

Doch es war gar nicht so uninteressant, ab und an mal in das zu schlüpfen, was den Namen »weiblich« trug. Als ich in Kiel studierte, habe ich einmal ganz bewusst ein kleines Experiment in Sachen »äußere weibliche Wirkung« unternommen. Damals hatte ich sehr kurze Haare und wirkte schon dadurch recht burschikos. In meinem Kleiderschrank lag aber auch eine Langhaarperücke. Ganz nach der Mode. Mal sehen, wie die Welt auf eine langhaarige Blondine reagiert. Dafür waren die Mitarbeiter der Universitätsverwaltung die richtigen Versuchspersonen, denn mit denen hatte ich schon so meine Erfahrungen gesammelt. Kam ich mit meinen kurzen Haaren und meinem resoluten Auftritt dorthin und wollte etwas Spezielleres, hatte man eher unfreundlich bis ruppig reagiert. Nun, mit den langen, blonden Haaren, wurden alle Männer samtig: »Nehmen Sie doch bitte Platz, rauchen Sie?« Ich dachte nur: »Ah ja.« Da waren sie also auch, die kleinen feinen Unterschiede.

Weiblichkeit wurde anscheinend gern mit einem sexy Outfit gleichgesetzt. Das war jedenfalls immer eine Eintrittskarte. So zeigte man: »Ich spiele mit.« Das habe ich manchmal ganz bewusst genutzt, vor allem wenn ich merkte, mein männliches Gegenüber verlässt die sachliche Diskussionsebene. Ist man weiblich, Single und jenseits der dreißig, wird die Angriffsfläche einer »Altjüngferlichen« noch gnadenloser mit Äußerlichkeiten beschossen, wenn man sachlich nicht weiterkommt, falls man es überhaupt vorher noch ernsthaft versucht hat. Wozu sich fachlich auseinandersetzen, wenn man mit Sprüchen durchkommt? Ist doch so, meine Herren Kollegen, oder? Spürte ich je davon etwas, dachte ich: »Kinderchen, diese Abwertung wollen wir hier gar nicht erst weiterführen«, und wackelte mit dem Hintern, oder ich vertiefte kurz mein Dekolleté. Dann war Frieden, weil ich kurz mitspielte, aber danach bin ich zügig wieder auf das Sachliche zurückgekommen.

Ich beherrsche solche Spielchen noch heute ganz gut. Wenn ich will. Normalerweise bin ich allerdings zu faul dazu. Charme muss reichen. Ruthchen behauptet übrigens, dass ich eine spezielle Art habe, mit Schminke umzugehen. Wenn ich schon mal etwas auflege, dann habe ich mir spätestens nach zehn Minuten zum ersten Mal durch die Augen gerieben. »Barbara hat auch nie was zum Nachschminken dabei. Das ist die einzige Frau, die ich kenne, die keinen Puder, keinen Lippenstift, keinen Kamm bei sich hat. Nie.« Meine Eitelkeiten liegen offensichtlich woanders. Es ärgert mich sogar, wenn einer sagt: »Ach Gott, was siehst du gut aus, du solltest dich öfter schminken.« Natürlich steht es mir gut, wenn ich meine Augen betone, denn ich habe relativ blasse Haut und helle Augenbrauen und Wimpern. Aber schon aus Protest und Ärger, weil es die Männer nicht machen müssen, verzichte ich meistens darauf. Männer bleiben ungeschminkt, wie sie sind, tragen bequeme Kleidung und sind immer im besten Alter. Diese Freiheit eines Mannes beanspruche ich auch für mich. Ein Tropfen Parfüm reicht mir im Alltag. Übrigens hier ohne Neuanfänge. Immer Guerlain. Seit ich 13 bin.

Ich habe mich nie über mein Aussehen definiert. Auch nicht als junge Frau, als ich das Äußere noch öfter eingesetzt habe, weil das auf die Schnelle einfacher war. Selbst um den Preis, auf meinen High Heels schlechter laufen zu können, und dass einem im Kino schwarz um die Augen würde. Was mich aber grundsätzlich daran stört, ist, dass man sich als Frau »verkleiden« muss, um einerseits akzeptiert, aber dann zugleich auch darauf wieder reduziert zu werden. Daran hat sich leider bis heute nichts geändert. Im Gegenteil: Ich finde, dass sich junge Frauen mehr denn je über ihr Äußeres definieren, unabhängig von Bildung und Herkunft. Wenn sich eine 18-Jährige statt einer Weltreise eine Brustvergrößerung wünscht und Model der Traumberuf Nr. 1 vieler junger Frauen ist, dann hat das wenig mit Selbstbestimmung zu tun. Und dass Mädchen derzeit von ihren Müttern und Vätern und der Spielzeugindustrie flächendeckend zu rosa Prinzessinnen gemacht werden, ist eine Zumutung für ihre Entwicklung. Ich bin ohne solche geschlechtsspezifischen Beschränkungen als gleichwertiger Mensch aufgewachsen und habe mir als junge Frau eher unbewusst, aber eben selbstverständlich dieselben Rechte genommen wie junge Männer auch.

Deshalb habe ich damals auch noch keine Veranlassung gesehen, mich in der Frauenbewegung zu engagieren. Erst als die Frauen auf dem »Stern«-Cover vom 6. Juni 1971 mit der Selbstbezichtigungskampagne »Wir haben abgetrieben!« die Republik schockierten, bin ich auf die Frauenbewegung aufmerksam geworden. Alice Schwarzer hatte als Journalistin in Paris eine ähnliche Kampagne gesehen und die Diskussion darüber auch in Deutschland lostreten wollen. Dazu mobilisierte sie 374 bekannte und unbekannte Frauen zu einem Geständnis. Ich glaube, wer damals alt genug war, erinnert sich noch genau an die Fotos der Frauen und an den gelb unterlegten Schriftzug. Frauen, von denen man niemals gedacht hätte, dass sie damit in die Öffentlichkeit gehen würden, waren dabei wie Romy Schneider und Senta Berger. Ein Tabu war gebrochen, und alle redeten endlich wieder öffentlich über den Paragraphen 218. Eine Abtreibung war damals in jedem Fall illegal und nicht selten lebensgefährlich. Die Not der Frauen ist oft genug so groß gewesen, dass sie sich auf den Küchentisch einer »Engelmacherin« legten und alle Risiken eingingen. Mir hat dieses völlig unerwartete Titelthema im »Stern« endlich die Augen geöffnet. Ab dem Zeitpunkt habe ich angefangen, mich wenigstens punktuell mit Frauenfragen zu beschäftigen. Vorher hatte ich dafür keine Augen und Ohren. Die Kampagne hatte letztlich Erfolg, aber es war ein zäher Kampf. Drei Jahre später beschloss der Bundestag endlich eine Fristenlösung, die aber 1975 von Karlsruhe für verfassungswidrig erklärt wurde. Sie ging der Mehrheit der Verfassungsrichter zu weit. Deshalb wurde ins Gesetz aufgenommen, dass man bestimmte Beratungsgespräche und eine Bedenkzeit nachweisen muss. Das ist bis heute so.

Generell wundert mich in Sachen Gleichberechtigung seitdem aber nichts mehr. Es ist auch noch nicht so lange her, dass man behauptete, Frauen könnten noch nicht einmal die Ernsthaftigkeit ausstrahlen, um die »Tagesschau« zu moderieren, bis Dagmar Berghoff als erste Tagesschausprecherin das ab 1976 endlich widerlegen konnte. Und trotzdem, mir persönlich war als Studentin die ungleiche Behandlung der Geschlechter kaum begegnet. Aber vermutlich habe ich sie nur nicht wahrgenommen, denn mir gegenüber gab es immer so eine »Vorsicht-die-wehrt-sich-Haltung«. Ich fuhr auch ziemlich gut auf der Kumpelschiene und hatte meine Ruhe. Es gab aber genug Ungleichheit, genug Diskriminierung, das hörte ich ja von Mitstudentinnen. An den Universitäten lehrten noch reichlich Dozenten und Professoren, nicht nur in den juristischen Fakultäten, die Frauen am liebsten eigenhändig aus ihren Vorlesungen geworfen hätten.

Kleines Beispiel? Ruthchen saß Ende 1968 in der Einführungsvorlesungsreihe Strafrecht AT (allgemeiner Teil). Es ging um den Versuch und wann man davon strafbefreiend zurücktreten kann. Mal in Kladde gesprochen heißt das, man geht straffrei aus, wenn die Tat im Versuchsstadium steckengeblieben ist und man freiwillig aufgehört hat. Es ist ja im Interesse des Opfers, dass ein Aufhören »belohnt« werden kann. Nur war es bestimmt nicht im Interesse der Studentinnen, dass diese Fragen ausgerechnet an folgendem Fall diskutiert werden sollten: Eine Frau hatte ihre Periode. Der Mann, der eigentlich vorhatte, sie zu vergewaltigen, konnte deshalb mit ihr nicht verkehren, weil er keine Erektion mehr schaffte, da er sich vor dem Menstruationsblut ekelte. Wäre das dann ein freiwilliger Rücktritt vom Versuch? Wirkte das strafbefreiend? Nein, tut es nicht, weil sein Körper ihm einen Strich durch die Rechnung gemacht hat und von freiwilligem Rücktritt keine Rede sein kann. Aber dieses Beispiel hatte der Professor extra gewählt, um alle Studentinnen aus der Vorlesung zu ekeln. Hat funktioniert, alle sind hinausgegangen bis auf eine. Ruthchen blieb knallhart sitzen. Ab da sprach der Herr die Studenten bei den nun folgenden weiteren Erläuterungen selbstverständlich nur noch mit: »Meine Herren« an. Die einzige Studentin im Auditorium sah er dabei empört und mit zusammengekniffenen Augen an, weil sie es gewagt hatte, trotz seines Verdrängungsbeispiels in der Vorlesung zu bleiben. Es war damals allgemein bekannt, dass dieser Professor Frauen als Studentinnen nicht haben wollte. Er war damit als Universitätsprofessor an sich ungeeignet. Artikel 3 Grundgesetz galt ja schon länger. Seit 1949. Auch für ihn. Aber solche Typen kamen damals noch überall damit durch. Wo waren da die Dekane und Rektoren der Universitäten? Es gab keine Beschwerdewelle. Nur den stummen Protest einzelner Frauen.

Von der Universität Kiel ging ich zurück nach Hamburg und machte noch schnell den letzten Schein. Ich hatte damit in fünf Semestern alle zusammen und gönnte mir ein weiteres Feriensemester in der Großstadt. Nur, das dehnte sich dann ziemlich lange, denn ich entdeckte auch noch meine Liebe zum Theater. Die Universität sah mich in der Zeit so gut wie nicht mehr. Tagsüber jobbte ich, und abends kam man mit Studentenkarten ganz preiswert überall in die Theater und in die Oper hinein. Meine Freunde arbeiteten als Schauspieler im Thalia-Theater oder am Schauspielhaus – in kleinen Rollen. Ich war erst Zuschauerin, und danach feierte ich mit ihnen. Es war wieder eine neue Welt. Eine Welt mit Menschen, die mich faszinierten in ihrer Besessenheit, ihrem »Sich ganz und gar nur auf eine Sache einlassen«. Nichts anderes als Theater zählte für sie. Morgens wurde Text gelernt, mittags geprobt, abends der Auftritt, an gefühlten 365 Tagen im Jahr. Gleichzeitig war ich fassungslos darüber, wie man sich so ausschließlich nur einer Sache verschreiben konnte. Ich konnte mir für mich ein solch einseitiges Engagement nicht vorstellen, abgesehen davon, dass es oft noch nicht einmal von dem Erfolg gekrönt wurde, den es verdient gehabt hätte. Bei aller Bewunderung für meine Schauspielfreunde, ich hätte nie mit ihnen tauschen wollen. Ich hatte noch zu viele Hummeln im Hintern, im Kopf oder sonst wo.

Nach zwei Jahren lockeren Lebens rief mich mein Vater an und erkundigte sich, ob ich denn so langsam gedächte, Examen zu machen. »Ja, jetzt dann so«. Schade. Das war dann das Ende meines bummeligen Studentenlebens. Also besorgte ich mir die Karteikarten des Repetitoriums, das am Ende des Studiums als Wiederholungs- und Examensvorbereitungskurs von fast allen besucht wurde. Auf diesen Karten war das Wesentliche der einzelnen Rechtsgebiete zusammengefasst; das herauszuschreiben konnte ich mir damit schon mal schenken. Und auch das Auswendiglernen. Denn 1974 gehörte ich zu den ersten Jahrgängen – Glück muss Frau haben –, die bei den Examensklausuren Kommentare benutzen durften. Für Nichtjuristen: Kommentare sind Bücher von durchaus stattlicher Anzahl und Stärke, die zur Freude der Autoren und des »einzig wahren Verlags« auch fortlaufend überarbeitet und neu aufgelegt werden müssen; ein teures Vergnügen. Kommentare beinhalten die einzelnen Paragraphen der Gesetze, die dann Paragraph für Paragraph umfassend erklärt werden, was man unter ihnen alles zu verstehen hat und was die Rechtsprechung (Bundesgerichtshof) und die Lehre (Universität) dazu sagen. Früher hatte man in den juristischen Staatsexamina nur die »nackten« Gesetzestexte gehabt. Also musste man alles nahezu wortwörtlich im Kopf haben, was es dazu zu wissen gab. Das konnte man sich nun – in Hamburg jedenfalls – schenken, wenn man fix mit Kommentaren umgehen konnte. Und das konnte ich. Also habe ich mir viel geschenkt. Nicht geschenkt habe ich mir noch einen Unfall, denn mitten während des Examens fiel ich rückwärts von einem Stuhl, auf dem ich stand, um mir ein Buch aus dem Regal zu holen, was Gehirnerschütterung, Krankenhaus und eine längere Unterbrechung bedeutete, bis ich wieder halbwegs frei von quälenden Kopfschmerzen war. Dann brachte ich das erste Staatsexamen hinter mich.

Teil 2
Die Juristin

Gute Vorsätze

Ich war jetzt 24 Jahre alt, hatte mehr schlecht als recht mein erstes Staatsexamen hinter mich gebracht und war voller guter Vorsätze, was die Referendarzeit anbelangte. Vielleicht ein erster Anfang, erwachsener zu werden? Jedenfalls wollte ich nicht mehr so schludrig in den zweiten Ausbildungsabschnitt gehen.

Wo wollte ich das Referendariat machen? Ich war immerhin schon wieder drei Jahre in Hamburg. Sollte ich wieder in die Heimat? Sollte ich zurück nach Baden-Württemberg gehen? In der Referendarzeit werden ja oft berufliche Weichen gestellt. Und da ich keinerlei Beziehungen zu Juristen hatte, die ich für einen Einstieg hätte nutzen können, wäre es vielleicht nicht schlecht, die Referendarzeit da zu machen, wo man beruflich anfangen will, hatte ich mir jedenfalls mal so überlegt. Also erst mal sehen, was sie dort im Süden anzubieten hatten.

Die Referendarausbildung liegt organisatorisch bei den Oberlandesgerichten. Also bin ich zum OLG nach Karlsruhe gefahren. Zu einem ungemein freundlichen Richter, der mich unterbrach, als ich nach fünf Minuten Sprudeln, was ich so alles plane, doch einmal Luft holen musste: »Mädle, du brausch gar ned weider rede, du wirsch do oigsezd, wo mir was habe. Du muschd dich ned um ebbes kümmere.« Da habe ich nur gedacht: »Na, Prost Mahlzeit« und habe das Gespräch, so schnell es die Höflichkeit erlaubte, abgebrochen.

Flächenländer wie Baden-Württemberg verschicken nämlich aufs Land. Beliebte Standorte muss man sich in Jahren erdienen. Oder erheiraten, wie meine Schwester, die nach ersten Studienjahren in Bochum in Heidelberg gelandet war, dort ihren Zahnmedizin studierenden Ehemann hatte und deshalb ihre Referendarzeit als Lehrerin für Sport, Geographie und Deutsch schön am Neckar machen konnte. Aber ich? Und auch noch unverheiratet. Da scheinen die Behörden zu vermuten, dass man nur einen Koffer hat und sich über jede Versetzung in entlegenste Gebiete freut. So gern ich neu anfange, aber sich als junge Frau alle paar Monate in eine entfernte kleine herzige Landesecke verschicken lassen? Nein, danke. Junge Männer gelten ja überall als Ehekandidaten. Frauen eher als Gefahr für Ehen. Was gab es also ohne Beamtenlandverschickung? Nur die Stadtstaaten Hamburg, Berlin und Bremen. An der Berliner Insellage hatte sich nichts gebessert. Also schied Berlin weiter aus, und Bremen wäre mir zu klein gewesen. Obwohl, und das war sehr verführerisch, Ruthchen inzwischen dort als Referendarin gelandet und sehr glücklich war.

Am Ende beschloss ich, erst einmal keinen Ortswechsel vorzunehmen. Hamburg gefiel mir inzwischen ja gut. Nach längerer Eingewöhnungszeit, denn die Mentalität in Norddeutschland war doch deutlich anders als meine süddeutsche. Auch die Lebensqualität im Alltag war für mich lange Zeit nicht so hoch wie im Süden. Einen klaren Pluspunkt hatte die Freie und Hansestadt Hamburg aber: Dort gab es bis zur Wiedervereinigung die größten Gerichte und die größte Staatsanwaltschaft Deutschlands. Das stand für interessante Fälle. Selbst kleine Außengerichte wie Blankenese und Bergedorf lagen, gut erreichbar, allenfalls vierzig Kilometer auseinander, und mein damaliger Freund und ich wohnten eh mitten im Zentrum Hamburgs. Direkt hinter dem Rathaus in einer Zehner-WG über »Cölln's Austernhandlung«, wo mittags die Politprominenz in kleinen Stuben tafelte, wenn sie aus den Bundesländern angereist kam. Die Limousinen mit den Blaulichtern und Chauffeuren warteten dann ganz schön lange. Die Austernhandlung als Mensa im Politikbetrieb fand ich nicht schlecht. Mein Vater – seine Steuergelder! – hätte einen Tobsuchtsanfall bekommen, wenn er das gesehen hätte, denn ich nehme mal an, dass die Rechnungen dort nicht privat beglichen wurden.

Der Rest im Haus waren Büroräume. Wir konnten ungeniert Krach machen. Unsere Feiern und Faschingspartys waren berühmt. Jeder durfte aber nur zehn Leute einladen, denn dann waren wir schon hundert. Es gab zwei Küchen und zwei Duschen. Die beiden Küchen lagen nebeneinander und waren mit einem fensterartigen Durchbruch versehen, so dass man von Tisch zu Tisch gut mit der anderen Truppe tratschen konnte. Wir waren zwei Pärchen, kochten vernünftig und hatten gewisse Vorstellungen von Sauberkeit, die anderen sechs von gegenüber waren da flexibler. Ein Telefon stand für uns alle auf dem Flur. Immer dann, wenn ich telefonierte, war reger Flurverkehr, bis ich mir das verbat. »Reg dich ab, uns interessiert überhaupt nicht, was du sagst. Nur wie du es tust.« Mit zu Hause und Süddeutschland sprach ich selbstverständlich im breiten badischen Dialekt.

Ich liebe noch heute Dialekte. Man kann so viel mehr sagen, ohne dass es gleich hart klingt. Wenn jemand in meiner Gegenwart Dialekt spricht, dialekte ich ganz schnell auch, ohne es unbedingt zu merken. Als ich in meiner beruflichen

Anfangszeit in Hamburg Staatsanwältin war, hat mir das einmal in der Verhandlung einen Heiratsantrag des etwas beschränkten Angeklagten eingebracht: »So was Liebs wie die Frau Schdaadsanwäldin, des dät isch gern heirade.« Leider hat das Gericht wenig von der Schweigepflicht gehalten, und meine Kollegen haben mich immer wieder nach neuen Heiratskandidaten unter meinen Angeklagten gefragt.

In Hamburg war die Referendarausbildung sehr liberal. Das wusste ich von meinem damaligen Freund, der schon in der Ausbildung ein Jahr weiter war. Gut für Leute wie mich, die Wahlmöglichkeiten schätzten, aber nicht so einfach für junge Leute, die noch Vorgegebenes brauchten, die waren damit gelegentlich überfordert. In der damals noch zweieinhalb Jahre dauernden Referendarzeit absolvierte man insgesamt sechs Stationen in den verschiedensten Rechtsgebieten bei Gericht, Verwaltung, Anwaltschaft und gegebenenfalls Wirtschaft. Immer etwas Neues nach ein paar Monaten. Unser zweiteiliges System in Deutschland aus universitärer und praktischer Ausbildung dauert zwar lange, aber ich finde es sehr gut. In Frankreich beispielsweise genügt erst einmal ein Examen. Nur die, die Richter werden wollen, machen noch eine weitere Ausbildung, die aber ziemlich verschult ist. Bei uns hat man erst nach dem zweiten Examen die »Befähigung zum Richteramt«, und die braucht man hier auch, um Anwalt zu werden. Ich finde es positiv, dass man auch als Anwalt weiß, wie es bei Gericht zugeht, und umgekehrt.

Die Wartezeit auf das Referendariat betrug damals vier Monate. Was machen? Reisen? Ich hatte kein Geld gespart und auch keine Lust dazu. Ich wollte endlich mit echter juristischer Arbeit anfangen. Herrgott nochmal, bevor meine guten Vorsätze zusammenschmolzen – ich bin generell nicht sehr vorsatzstark. Also habe ich mir eine Stelle bei einem Rechtsanwalt gesucht.

Viele Referendare haben nebenbei beim Anwalt gearbeitet, aber meistens erst ab der Anwaltsstation, also später. In der Anwaltskammer gab es immer Stellenanzeigen mit solchen Offerten. Zwei gefielen mir, obwohl die Ausschreibungen einer großen Kanzlei und eines Einzelanwaltes nicht direkt auf mich zutrafen. Ich war ja noch nicht mal Referendarin und wurde als Frau sowieso nicht direkt angesprochen. Aber immerhin hielt man es inzwischen für möglich, dass auf »Referendar gesucht« auch eine Referendarin auftauchen konnte. Zuerst bin ich zu der großen Kanzlei, aber dort hätte ich nur Rechtsgutachten machen dürfen und keinen Gerichtskontakt gehabt. Deshalb habe ich mich für den Einzelanwalt entschieden. Er gefiel mir, sein Anwaltsbüro gefiel mir. Klar und schnörkellos, bis hin zum Briefbogen. Und nicht zuletzt war seine Praxis bei uns in der Straße. Ich konnte ihn von meinem Zimmer aus in seinem hellblauen Käfer morgens eintrudeln sehen, und wir kamen dann beide gleichzeitig am Fahrstuhl zu seinem Büro an.

Bei diesem Anwalt konnte ich mich ausprobieren, und er ließ mich gewähren. Erst einmal auf Probe für vier Wochen, denn alle Rechtsanwälte nahmen natürlich lieber Referendare, die schon ein Jahr Referendarzeit hinter sich hatten, die wussten einfach mehr. Er wies mir das Hinterzimmer zu und seine gesamten Querulanten. Querulanten sind der Sargnagel der Justiz. Dagegen sind Hypochonder harmlos. Engzeilig auf dünnem Papier schreiben sie seitenweise Text, total in ihre Sachen verbohrt, aus welchen Gründen auch immer. Es mag gut sein, dass ihnen irgendwann einmal Unrecht geschehen ist. Aber sie kosten unendlich Zeit und bringen nichts an Geld. Die Gebühren, die sie zahlen, stehen in diametralem

Gegensatz zum Aufwand, den sie verursachen. Aber für mich waren sie ein wunderbares Übungsfeld, und ich bin gut mit ihnen ausgekommen, solange ich keinen Zeitdruck hatte.

Mein Anwalt hatte nur ein Problem. Er kam morgens nicht immer aus den Federn. Dann kam der Anruf: »Frau Salesch, übernehmen Sie den Termin.« Übrigens Frau und nicht Fräulein, wie es damals in den Behörden noch üblich war. Ich bin dann runtergesaust in eine andere Kanzlei im Haus, mit der er zusammenarbeitete, und habe mir eine Vollmacht geholt. Auf dem Weg ins Gericht las ich im Taxi die Akte. Bei Gericht konnte ich dann gleich erste, sehr interessante Erfahrungen machen – sowohl mit Anwälten als auch mit Richtern. Viele waren sehr freundlich zu mir, so nach dem Motto: »Wir haben alle mal angefangen«, aber manche waren richtige Widerlinge. Dann dachte ich: »Man begegnet sich immer zweimal im Leben.« Nach vier Monaten war ich bestens gerüstet, um mit der Referendarzeit zu beginnen, und sah mich in Zukunft in Anwaltsrobe durch die Säle eilen. Eine Richterlaufbahn war für mich damals außerhalb jeder Vorstellung.

Die Referendarzeit war erst einmal wunderbar. Alle paar Monate folgte ein neues Rechtsgebiet. Mein erster Richter – Amtsgericht Strafsachen – war sehr freundlich, auch im Umgang mit den Angeklagten. Mit mir auch. Ich bekam gute Noten für meine Urteile und auch für die Anklagen, die er mich zur Übung schreiben ließ, und er war sehr angetan davon, wie sicher ich den Gerichtsstil schon traf. Warum sollte ich ihn nicht treffen? Es lagen auf den Geschäftsstellen in den Regalen doch genügend Akten, also »Muster«, herum. Er gab sie mir zwar nicht, aber ich habe mir immer alles, was ich brauchte, dort besorgt. Geschäftsstellen sind die Sekretariate der Gerichte, und ich habe mich immer mit ihnen gut gestellt. Mein ganzes Leben übrigens. Einmal aus beruflichem Interesse: Wie wird denn das umgesetzt, was wir Juristen so anordnen? Zum anderen auch menschlich, denn ich habe keinen akademischen Dünkel. Mir sind auch am Arbeitsplatz alle gleich viel wert. Und mit dieser Einstellung bekam ich von meinen Geschäftsstellen viel zurück. Nur die Akten nicht so schnell, wie ich sie erwartete, weil sie bei mir auf Verständnis hofften, was sie bei unbeliebten Kollegen nicht bekamen und deshalb lieber dort Krach vermieden. Das fand ich dann nicht so witzig.

Als Referendarin verdiente ich zum ersten Mal richtig Geld – so hatte ich jedenfalls den Eindruck. Die Überweisung von meinen Eltern fiel ab da natürlich weg, aber ich bekam gleich zu Monatsbeginn um die 1200 Mark. Zudem noch die 400 Mark von meinem Anwalt, bei dem ich noch ein Jahr weiter nebenbei arbeitete. Ich fühlte mich reich. Es hielt aber nicht lange an. Im Umgang mit Geld war ich noch nie gut. Ich gab immer alles aus, was ich hatte – und noch ein bisschen mehr. Dabei hatte man mir als Kind eine große ökonomische Karriere prophezeit, weil ich mir eine Unmenge Bares erbettelt hatte. Sobald ich Geld klingeln hörte, egal in welcher Tasche, auch in der von Kunden meiner Eltern, kam ich mit meiner roten Metallspardose angerannt. Ich liebte es, sie nebenan bei der Sparkasse öffnen zu lassen, und dann wurden dort alle Münzen zu Türmen gestapelt, gezählt und alles ganz genau ins Sparbuch eingetragen. Mit sechs oder sieben Jahren hatte ich schon mindestens 1500 Mark auf meinem Sparbuch. Danach kam nicht mehr viel dazu. Ich hatte gelernt, wie man mit einer Häkelnadel wieder etwas herausangeln kann. Als ich zum Studium nach Freiburg ging, nahm ich in einem unbeobachteten Moment mein Sparbuch aus dem Schrank meiner Mutter und haute es ziemlich bald für eine Tennisausrüstung auf den Kopf. Das war das letzte Sparbuch meines Lebens.

Die Einführung der Scheckkarte war für mich auch nicht ohne. Wie gesagt, ich liebe alles Neue und habe die Karte sofort und intensiv genutzt. Eine EC-Karte, wenn auch nur mit einem zarten Dispo, war brandgefährlich für mich. Ich dachte immer, es sei alles in Ordnung, solange der Geldautomat mir das Geld nicht verweigerte. Dem war aber wohl nicht so. Ich kannte meinen Banksachbearbeiter vom Jazz her und war völlig arglos, als er mich hoch in sein Büro bat. »Hast du deine EC-Karte dabei?« »Ja, warum«? »Zeig mal!« Und weg war sie erst einmal.

Mein gefühlter Reichtum als Referendarin hielt also nicht lange an, bald kamen wieder die roten Zahlen. Ich passe mich eben zu schnell an ein gutes Polster an. Das sollte bei mir immer so bleiben. Das hat erst beim Fernsehen aufgehört, denn als Frontfrau vor der Kamera verdient man richtig gut. Dahinter nicht.

Nach drei Monaten Strafrecht der Wechsel zum Amtsgericht in Zivilsachen. Super. Endlich Zivilrecht. Die Krone der Schöpfung, wie die Zivilisten glauben, zu denen ich damals noch voller Überzeugung gehörte. Wir waren zu zweit. Mein Referendarkollege schrieb immer wohlformulierte Urteile. Ich weniger. In meinen stand zwar auch alles drin, und es war juristisch korrekt, aber vom Aufbau und Stil her Kraut und Rüben. Ich hatte aber auch nicht so viel Zeit wie andere. Ich war ja nur zu Sitzungen und Besprechungen im Gericht, ansonsten saß ich tagsüber bei meinem Anwalt in meinem »querulatorischen Hinterzimmer«. Abends dann kurz die Urteile und ab 22 Uhr Kneipe oder Jazz, da muss man schnell sein.

Nach einiger Zeit merkte ich, wie mein liebenswerter

Kollege an mir vorbeizog, denn seine Arbeiten wurden deutlich besser bewertet als meine. Logisch. Nur lasse ich mich nicht so gern in gleicher Sache von jemandem überholen, da bin ich eigen. Also Stärke zeigen. Nur wo? Bei Verhandlungen. Die schätzen Referendare meistens nicht so. Man muss ja spontan reagieren können. Ich fragte scheinheilig bei meinem Richter nach, wann er uns denn verhandeln ließe. »Wollen Sie? Es ist eigentlich noch nicht vorgesehen.« »Ja, klar.«

Er gab mir eine ziemlich schwere Beweisaufnahme. Vielleicht nach dem Motto: »Dann hat sie genug«. Von wegen. Meine erste eigene Beweisaufnahme. Innen zitterig, nach außen cool. Sein Richtersessel im Verhandlungssaal war total durchgesessen. Überhaupt hielt es sich mit der Ausstattung der Justiz sehr im Rahmen. Ich konnte also bei der Beweisaufnahme nicht so recht über den Richtertresen schauen. Macht sich nicht so gut, wenn das Gericht mit dem Kinn auf dem Tisch hängt. Also habe ich den »Schönfelder« genommen, diese dicke rote Gesetzessammlung, die überall herumsteht, ihn auf den Sessel gepackt und mich draufgesetzt. Das Gesetz als Unterlage hat offensichtlich geholfen, jedenfalls war die Beweisaufnahme gut, und ich schloss wieder zu meinem Kollegen auf, der sich so einem Härtetest verweigerte.

Nach vorne zu gehen und unbekannte Sachen anzupacken, davor habe ich mich nie gefürchtet. Und die Fähigkeit, etwas wegzuschaffen, hat mir bei meinem juristischen Fortkommen auch immer sehr geholfen, genau wie später beim Fernsehen. Manchmal denke ich: »Warum haben Menschen solche Angst vor Neuem?« Oder zumindest vor neuen Bereichen? Natürlich kann man auch mal auf die Schnauze fallen und sich ordentlich blamieren, das gehört sogar dazu und tut auch weh, aber normalerweise sind die Mitmenschen großzügig bei Fehlern, wenn es um die Versuche eines Neulings geht. Woher soll man es denn auch perfekt können? Mit der Zeit wird man sicher genug.

In einem war ich mir aber von Anfang an sicher: Ich habe einen Erbschaden in Sachen Verwaltung. Die »Lobreden« meines Vaters auf alles Bürokratische sind nicht spurlos an mir vorbeigegangen. Deshalb hatte ich mir als Verwaltungsrechtsstation extra die Landeszentralbank ausgesucht. Eine Station, auf die ich mich ganz besonders gefreut hatte, dachte ich doch, damit geschickt die Baubehörde oder andere Verwaltungsbehörden zu umgehen, vor denen mir graute. Leider wurden meine erblichen Vorurteile sogar in der LZB bestätigt. Der erste Monat war spitze, da wurden wir Referendare im Bankbereich überall herumgereicht, richtig mitarbeiten konnten wir da natürlich nicht, dazu fehlte uns die Ausbildung, aber als Überblick war es spannend. Dann mussten wir aber in die Rechtsabteilung. »Grau, grauer, ganz grau.« Die einfachsten Schreiben, in der Art »Wir bestätigen den Eingang Ihres Schreibens vom Soundsovielten und kommen umgehend darauf zurück ...«, wurden zig Leuten vorgelegt, die daran immer noch etwas zu verbessern hatten. Das war nichts für einen effizient denkenden, ungeduldigen Menschen wie mich. Bei Nebensächlichkeiten habe ich null Toleranz. Mir stellen sich – beruflich – die Nackenhaare hoch, wenn es nicht zügig um das Hauptsächliche geht. Danach kam die Wahlstation beim Arbeitgeberverband der Druckindustrie. Mit Streiks und Aussperrungen. Da war wieder viel los und ich in meinem Element.

Richterin? Warum eigentlich nicht?

Das Oberlandesgericht Hamburg war 1978 die letzte Station in meiner Referendarzeit, und es sollte für mich die entscheidende werden. Ich hatte mir den Familiensenat ausgesucht und als persönlichen Ausbilder den Richter, der mich in meinem Leben am meisten und wirklich schon von der ersten Sekunde an in allem fasziniert hat. Er nahm mich überallhin mit und scheute sich auch nicht, bei den Beratungen im Senat spontan zu fragen: »Hatten Sie die Akte nicht neulich gelesen? Dann referieren Sie mal.« »Ehm ... ja ... hm ... also ...« Und ab ging die Post.

Das ist nur ein Beispiel dafür, wenn ich vom Mut zu Neuem und der Nachsicht derer schreibe, die die Dinge schon beherrschen: Natürlich konnte ich spontan nicht einen fehlerfreien Aktenvortrag liefern. Darum ging es auch nicht. Es ging einfach nur darum, sich zu einer Sache zu äußern. Anzufangen, loszulegen. Und dass ich dabei auch mal Wesentliches übersehen habe, war nicht wichtig. Sie wussten ja, dass es unvorbereitet war.

Mein Ausbilder und ich verstanden uns blendend. Seine kompliziertesten Akten lagen auf seiner Fensterbank – meine dann später auch. Ich griff mir die eine oder andere, weil ich sie unbedingt für ihn erledigen wollte. Missionarisch, wie ich war. Ich brachte sie dann nach einer Woche mit einer Lösung zurück, die er dann nach einer weiteren Woche als »schön falsch« bezeichnete. Er hatte einen sehr ähnlichen Humor wie ich. Solche Akten lagen nicht umsonst auf den Fensterbrettern.

Die Stimmung im Senat mit dem Vizepräsidenten des Oberlandesgerichts war erstaunlich locker. Man nahm mich auch immer gern zum Essen in die Kantine mit. Wobei das nicht üblich war, denn die Richter bekamen aus der Küche der Untersuchungshaftanstalt abgezählte Essensportionen. Nur Kartoffeln und Gemüse waren reichlich da. Deshalb schnitt jeder Richter ein Stück von seinem Fleisch für mich ab und legte es auf meinen Teller. Ich hatte dann einen ziemlichen Berg davon, und am Ende schoben mir die Herren sternförmig ihre Nachtische zu. Die einzige Richterin im Senat kam übrigens so gut wie nie zum Essen mit. Bei ihr sah ich ein wichtiges Prinzip, was ich bis dahin nur von Männern kannte: »Wenn du etwas werden oder bewegen willst, darfst du dich nicht in den Niederungen des beruflichen Alltags verzetteln.« Aber das habe ich erst später verstanden. Sie nahm auch nur an den Beratungen teil, bei denen sie Berichterstatterin war. Den Rest erledigte sie schriftlich. Damit hatte sie mehr Zeit für ihre Arbeit in Kommissionen im Deutschen Juristinnenbund, dessen Vorsitzende sie später war. Auf das Engagement dieser Richterin geht beispielsweise auch zurück, dass Richterinnen mit Kindern in Hamburg und auch in den anderen Bundesländern endlich halbtags arbeiten durften. Bis dahin gab es nur die Möglichkeit, voll zu arbeiten, oder man wurde ohne Rückkehrmöglichkeit entlassen. Sie selbst hat noch bei ganzer Stelle drei Kinder im Wesentlichen alleine großgezogen. Später war sie Justizsenatorin in Hamburg und in Berlin, und sie ist noch heute in einer großen Anwaltskanzlei tätig. Chapeau.

Während der Zeit beim Oberlandesgericht fing ich so langsam an, mich ernsthaft um meine berufliche Zukunft zu kümmern. Mein damaliger Freund war in einer Verbindung, und Verbindungstreffen sind gute Stellenmärkte. In erster Linie für die Verbindungsstudenten, aber auch für mich. Ich nahm also wie immer am Damenprogramm teil und wies bei den Ehefrauen der Juristen ungeniert darauf hin, dass ich demnächst Examen machen werde und eine Stelle als Anwältin suche. Einen kleinen Hinweis, man möge doch auf mich zukommen, falls jemand einen Tipp habe, schob ich noch zur Sicherheit hinterher. Und es klappte. Einer der Ehemänner rief wenig später bei mir an. Er war Rechtsanwalt und Herausgeber eines juristischen Kommentars. Er bat mich, für ihn eine Zusammenfassung vom Juristentag zu machen, zu dem ich sowieso wollte. An dem Bericht feilte ich ausnahmsweise lange. Seine Antwort kam schnell: »Stellen Sie sich in unserer Kanzlei vor.« Die Seniorchefin der Kanzlei suchte einen Nachfolger für ihr Fachgebiet, noch lieber eine Nachfolgerin. Nach zwei Treffen sagten sie mir zu extrem vorteilhaften Bedingungen zu. Ich sollte sogar innerhalb von fünf Jahren ohne eigene Einlage volle Sozietätsbeteiligung bekommen. Aber trotzdem, auf jeder Rückfahrt von der Sozietät nach Hamburg hatte ich ein komisches Gefühl: »Wenn du das jetzt machst, bindest du dich für ewig.« Zudem lag die Kanzlei in einer kleineren Stadt, und es wurde schon erwartet, dass man sich mit den Honoratioren und Wirtschaftsspitzen traf. Das waren ja auch gute Klienten, aber ich lasse mir ungern meinen Umgang mehr oder weniger deutlich vorschreiben.

Vielleicht habe ich aber auch deshalb gezögert, weil ich in der Zwischenzeit Gefallen am Richterberuf gefunden hatte. Richterin. Warum eigentlich nicht? Ich war bei meinem Richter auf einen Menschen getroffen, der juristisch brillant, aber zugleich extrem locker war, voller Humor, chaotisch, und der trotzdem früh Karriere gemacht hatte. Und bei dem ich das erste Mal ganz bewusst gesehen habe, wie unabhängig ein Richter in seinem Beruf ist. Inhaltlich und persönlich. Das war es doch, worauf es mir immer angekommen war: die Unabhängigkeit. Natürlich fand ich es auch besser, beide Seiten gleichermaßen hören zu können, als überwiegend die In-

teressen einer Partei zu vertreten. Das konnte ich derart uneingeschränkt nur als Richterin. Der Verdienst war mir egal.
Zum anständigen Leben reichte er. Als Rechtsanwältin hätte
ich mit Sicherheit ein Mehrfaches meines Richtergehalts verdient. Samt Loft und Cabrio. Dass ich später das finanzielle
Minus als Fernsehrichterin wieder ausgeglichen habe, stand
damals noch nirgends geschrieben.

Als mein Ausbilder merkte, wie sehr ich mit dem Richterberuf schwanger ging, warb er ganz offen darum, ich müsse
zur Justiz kommen. Das war dann das Ende meiner noch
nicht begonnenen Anwaltskarriere. Ich sagte der Kanzlei ab.
Das war ziemlich mutig, denn ich hatte zu diesem Zeitpunkt
ja noch kein zweites Staatsexamen. Und bei meinen bisherigen Leistungen war nicht davon auszugehen, dass ich unbedingt ein gutes Examen hinlegen würde, was Voraussetzung
für eine Einstellung als Richterin ist. Gute Beurteilungen
hin oder her, Pauken war ja nicht mein Ding, und ich war
auch viel zu beschäftigt mit nebenberuflichen Arbeiten. Als
absolut blauäugig (grünäugig) könnte man mein Vorgehen
auch bezeichnen. Die Sache hätte leicht schiefgehen können.
Dann hätte ich schön dumm dagestanden und wäre weder
Richterin noch angehende Sozia in einer guten Kanzlei gewesen. Aber irgendwie brachte ich die nötige Zuversicht und
Gelassenheit auf, die Dinge reifen zu lassen.

Und es ging auch alles gut. Vor allem im mündlichen Examen konnte ich überzeugen. Meine freie Rede, die passenden
untermauernden Gesten und mein direktes Hinwenden zum
Angesprochenen haben meine Prüfer zusätzlich zu meinen
Argumenten beeindruckt. Das war auch nötig, denn ich hatte
mich im Aktenvortrag für das Gegenteil von dem entschieden, was der Bundesgerichtshof in einem vergleichbaren Fall
gesagt hatte. Mit einem Prädikatsexamen verließ ich den Saal.

Erwartet von meinem OLG-Ausbilder, den die Unruhe vor den Prüfungssaal getrieben hatte. Schlichter Kommentar von ihm: »Na, also. Geht doch. Und jetzt bewerben Sie sich bei uns.« Danach weiß ich noch eines, bevor Feiern angesagt war: Ich stand allein mitten auf der breiten Treppe vor dem Oberlandesgericht, das imposante Gebäude hinter mir, atmete tief und genussvoll durch und sagte laut und deutlich: »Das war's. Ich bin mit allem durch. Das war die letzte existentielle Situation in deinem Leben.« Wie herrlich naiv. Eine Woche später ging der nächste Stress los.

Das waren dann die Vorstellungsgespräche für die Einstellung als Richterin. So existentiell wichtig wie das Examen. Die erste Hürde war der für die Einstellungen zuständige Richter am Oberlandesgericht. Ich hatte nur vor einer Frage wirklich Angst, aber das war die zentrale: »Warum wollen Sie Richterin werden?« Durch meinen Kopf holperte ein Begründungsversuch nach dem anderen, aber so wirklich Druckreifes fiel mir dazu nicht ein. Ich wollte es einfach und war mir absolut sicher. Nicht eine Sekunde meines beruflichen Lebens habe ich es bereut, egal wie sauer ich gelegentlich mal auf alles und jeden war. Aber ausgerechnet danach wurde ich nicht gefragt. Weil ich zu spät zum Vorstellungsgespräch kam.

An jenem Nachmittag war ich beim Amtsgericht gegenüber als Zeugin geladen. Verschieben ging nicht. Es dauerte ewig, bis ich drankam. Mein Anwalt wollte eine Handwerkerrechnung nicht in voller Höhe bezahlen, weil der Handwerker deutlich kürzer da gewesen sei, als er später berechnet habe. Dafür hatte er mich einfach so als Zeugin benannt. Da ich den Handwerker nicht zu bezahlen hatte, hatte ich noch nicht einmal gemerkt, dass überhaupt jemand an den Heizungen im Büro war. Der Richter, der die Verhandlung führte, ging dann ziemlich ruppig und unfreundlich mit mir um. Eine gute Erfahrung für mich. Ich stand zum ersten Mal auf der anderen Seite des Richtertresens. »Wie muss es erst einem normalen Menschen gehen«, habe ich mich da gefragt, »wenn ich mich, als fertige Juristin und mit fast dreijähriger praktischer Erfahrung mit Schwarzkitteln, schon so unsicher und zugleich abgekanzelt fühle?« Ich empfand die Art seiner Zeugenvernehmung als nachhaltig unangenehm bis unverschämt und war entsprechend geladen, als ich endlich beim Oberlandesgericht zum Vorstellungsgespräch ankam. Typisch für mich: Statt einer Entschuldigung platzte ich damit heraus, was ich eben als Zeugin erlebt hatte. Der für die Einstellung zuständige Richter am Oberlandesgericht und ich sprachen über eine Stunde über den Umgang mit Zeugen bei Gericht. Dann brach er kurz und bündig ab: »Jetzt muss ich arbeiten. Wir wollen Sie. So schnell wie möglich.«

Die Frage war dann nur noch, wo. Das entschied sich ein paar Tage später in der sogenannten Teerunde mit den Gerichtspräsidenten und dem Generalstaatsanwalt. Heute heißt so etwas Assessment Center. Der Tee in unseren Tassen wurde ziemlich kalt, aber es waren keine lauen Unterredungen. Am Ende fragten sie mich, wo ich hinwolle. Es gebe derzeit nur eine freie Stelle, und zwar am Landgericht. Beim Amtsgericht, das ich eigentlich bevorzugt hätte, sei in den nächsten Monaten noch nichts frei. Am Landgericht könnte ich sofort eingestellt werden, müsste mich aber auf der Stelle entscheiden, ob ich in eine Strafkammer gehen oder erst einmal zur Staatsanwaltschaft abgeordnet werden wolle. Ich dachte, dann nehme ich doch die Staatsanwaltschaft. Da war ich noch nie. Beim Gericht bist du eh noch dein restliches Berufsleben. Wichtig war mir in dem Moment nur eines: »Bring's hinter dich.« Gemeint war das Strafrecht. Da musst du durch. Die machen für dich keine Ausnahme. Man begann nämlich in der Hamburger ordentlichen Gerichtsbarkeit immer mit eineinhalb Jahren Strafrecht. Egal wo. Danach käme dann endlich das Zivilrecht. Wie gesagt, die Krone der Rechtswissenschaft. Sagen die Zivilrechtler. Ich meinte das damals auch. Und entwarf bis zur Einstellung als Richterin und dem Dienstantritt noch für den Arbeitgeberverband eine Klage- und Klageerwiderungsschrift in Sachen Streik und Aussperrung, die bundesweit Verwendung finden konnte. Dass dies für über zwanzig Jahre meine letzte zivilrechtliche Arbeit war, wäre mir allerdings zu diesem Zeitpunkt noch nicht einmal im Traum eingefallen.

Neu anfangen ist eng mit Loslassenkönnen verbunden. Ich wollte Anwältin werden, wurde Richterin. Wollte Zivilrecht, bekam Strafrecht. Ich habe diesen Wünschen nie nachgetrauert. Wenn man wirklich etwas neu anfangen will, dann muss man sich ganz und gar darauf einlassen und sich von dem Bisherigen verabschieden. Je älter man wird, desto schmerzhafter kann das sein, weil man spürt, die Zeit wird überschaubar und man kann nicht mehr so vieles auf ein unbestimmtes Später verschieben. Aber gerade dann sollte man auch konsequent sein und sich für eine Sache entscheiden. Eine meiner langjährigen Bekannten zum Beispiel plant schon, seit ich sie kenne, nach ihrer Pensionierung zu ihrer Cousine nach Südamerika zu ziehen. Daneben steht aber immer auch im Raum, mit einigen Freunden und deren Familien hier ein Mehrgenerationenhaus zu beziehen. Jetzt hat ihr letztes Jahr im Schuldienst begonnen, und beide Projekte scheinen in weite Ferne gerückt zu sein. Warum? Ich weiß es nicht. Vielleicht weil nur eins davon realisierbar ist und sie sich von dem anderen nicht verabschieden kann? Es sind meistens gar nicht so viele Gründe, die für die eine oder andere Richtung wirklich wesentlich sind, wenn man sie mal alle zusammenfasst und auf den Punkt bringt. Ich halte es in solchen Fällen mit der Vernunft und versuche zu vermeiden, mich in Details zu verzetteln. Man kann eh nicht so viel vorhersehen, wie man glaubt. Wenn es nicht so eintrifft, wie erwartet, dann muss man später weitersehen. Das kann man aber erst dann und nicht im Voraus. Ich bin da einfach Pragmatikerin.

Start als Staatsanwältin

Februar 1979. Nach insgesamt fast zehn Ausbildungsjahren endlich die erste Berufstätigkeit als Volljuristin. Wieder ein wesentlicher Anfang. Dieses Mal aber in dem Bewusstsein, meinen Platz in der Justiz gefunden zu haben. Abwechslung würde ich noch genug in den einzelnen Gerichten und Sachgebieten haben. Aber ehrlich gesagt, machte ich mir darüber nicht wirklich Gedanken. Das Leben soll ruhig auf mich zukommen. Hauptsache, ich habe genügend Freiraum und kann so viel gestalten wie möglich. Deshalb war mir zu Beginn die Abordnung als Staatsanwältin in eine allgemeine Abteilung auch lieber. Man bearbeitet dort nach sechs Monaten die Ermittlungsverfahren alleine, was in der Selbständigkeit mehr dem Amtsgericht entspricht, an dem ich an sich hätte anfangen wollen. In einer Kammer beim Landgericht hat man seinen Vorsitzenden, einen älteren Beisitzer und stellt sich hinten an, zumindest als blutige Anfängerin, und hofft, dass man mit den beiden klarkommt. So eine Kammer ist eine kleine Gruppe, aus der man nicht so einfach ausbrechen kann. Das schien mir damals nicht ohne Risiko. Ich kenne mich.

Ich kam zur Staatsanwaltschaft nach Hamburg-Altona. Eine kleine, feine und ungemein kompetente Außenstelle. So sahen die Altonaer sich. Für das Mutterhaus in der Stadt hielt sich unsere Kompetenz im Rahmen. Jedenfalls war das Amtsgericht Hamburg-Altona, in dem wir untergebracht waren, schon mal nicht weit von meiner Wohnung entfernt, denn mein Freund und ich waren inzwischen aus der später mäuse- und kakerlakenüberlaufenen WG hinter dem Rathaus geflohen und in der Bernadottestraße in Ottensen gelandet. Wobei wir uns inzwischen getrennt hatten, kaum dass wir beide alle vier Examina, schön immer um ein Jahr versetzt, in trauter Zweisamkeit miteinander erledigt hatten. Wir blieben über viele Jahre gute Freunde, und manchmal waren Freundschaft und Beziehung auch nicht so genau auseinanderzuhalten. Für Außenstehende eh nicht. Ich zog in die Dachwohnung – 108 Stufen Altbautreppe ersetzen Sport –, und dort blieb ich bis zu meinem Weggang zum Fernsehen nach Köln. Meine erste richtige Wohnung alleine. Ich habe sie geliebt. Nach all den Umzügen wurde ich nun erst einmal sesshaft. So prickelnd fand ich Umzüge nicht mehr, dass ich alle Jahre ein neues Treppenhaus gebraucht hätte. Außerdem war die neue Wohnung sehr günstig. Das ließ mir genug »Spielgeld« für meine Interessen und mein tägliches Leben. Wie schon gesagt, feste finanzielle Bindungen schmälern die Entscheidungsfreiheit.

Mit dem Oberstaatsanwalt, der die Abteilung in Altona leitete, hatte ich das große Los gezogen. Ich hatte überhaupt – mit wenigen Ausnahmen – in Hamburg durchweg Vorgesetzte, mit denen ich glänzend klarkam. Sie schätzten mich, und ich schätzte sie. Sie waren so um die zwanzig bis fünfundzwanzig Jahre älter als ich, hatten ihre beruflichen Vorstellungen weitestgehend verwirklicht und waren entspannt genug, aber noch nicht so gelangweilt wie kurz vor der Pensionierung. Chefinnen und Chefs, die Ende vierzig bis Mitte fünfzig waren, fand ich deshalb die einfachsten. Man hat nicht immer die Wahl, aber wenn, dann empfehle ich diese Altersklasse.

Mein Oberstaatsanwalt hatte erst einmal gründlich zu tun, mich auf den Pfad der Genauigkeit zu führen. Er war gefürchtet ob seiner Pingeligkeit. Wollte man einen jungen Kollegen vor seiner Lebenszeiternennung noch loswerden, schickte man solche Kandidaten gern zu ihm, denn dann verließen sie die Behörde ganz freiwillig. Und nun wir zwei. Der Genauigkeitsfanatiker und ich, die Generalistin, der das Wesentliche genügte. Das hätte auch schiefgehen können. Ich war anfänglich im Strafrecht wirklich nicht fit. Details waren mir – wie gesagt – oft nicht so wichtig, mir kam es immer auf das große Ganze an. Ging es zum Beispiel um schweren Raub, interessierten mich Begleitdelikte wie Körperverletzung, Waffengesetz oder Beleidigungen nicht mehr im selben Maß. Die Mindeststrafe betrug doch schon fünf Jahre und hätte sich durch die anderen Delikte nur noch wenig erhöht. Ich musste also erst einmal lernen, einen Fall vollständig und gründlich zu bearbeiten. Nach sechs Monaten stand ich meinem Chef in Sachen Genauigkeit nicht mehr viel nach, und er gab mir seine Vertretung in Arzneimittelsachen. Ich empfand es als Ehre, die anderen waren erleichtert, dass die Mehrarbeit sie nicht traf. Dieser Oberstaatsanwalt beschrieb unsere Arbeit übrigens kurz und bündig gerne so: Als Strafrechtler müsse man die Genauigkeit eines Oberbuchhalters haben und die Phantasie einer Puffmutter. Zu Letzterer: Es sollte einem nichts fremd sein, und man sollte sich alle Bösartigkeiten und Schweinereien vorstellen können, die überhaupt möglich sind. Und darüber hinaus.

Das Einzige, was ich vom ersten Tag an konnte, waren

Hauptverhandlungen – und vor allem die Plädoyers. Und zwar so, dass die Richter bei meinem Chef anriefen und sagten, so etwas hätten sie bei jungen Kollegen noch nicht erlebt. Nicht immer druckreif, aber überzeugend locker, sogar die Angeklagten haben in aller Regel genickt. Das Mündliche war wie immer meine Visitenkarte, bis das Schriftliche deutlich später hinterhergehinkt kam. Ich habe übrigens nur einmal ein Plädoyer schriftlich ausgearbeitet. Das war das schlechteste, was ich je gehalten habe, denn ich versuchte krampfhaft, meine so wunderbar vorformulierten Sätze anzubringen. Besser war meine übliche Methode: Ich lief bei großen Sachen abends um meinen Küchentisch herum und plädierte so vor mich hin. Dabei merkte ich, was zog oder wo ich auf dem Holzweg war. Da ich seit der Trennung von meinem Freund allein lebte, war der Weg um meinen Küchentisch frei.

Meine junge Kollegin und ich hatten in Altona das sogenannte Jungmädchenzimmer. Allein unter dem Dach neben dem riesigen offenen Dachboden mit den ganzen Akten aus Jahrhunderten. Sie war beruflich schon ein Jahr weiter, saß mir gegenüber, las meine Erstergüsse Korrektur und richtete schon mal das Nötigste. Dann gingen meine Aktenstapel zum Oberstaatsanwalt. Nicht selten holten wir – also ich – uns ganz schön Kritik ab, was bedeutete: wieder Stapel, und zwar zum zweiten Durchgang. Man wird als junge Dezernentin nicht geschont. Genauer: ziemlich verheizt. Nach drei Monaten hat man das volle Pensum, also dieselbe Anzahl an Akteneingängen wie jeder erfahrene Staatsanwalt, zu dessen Erfahrung einem aber noch Jahre fehlten. Ich habe die ersten eineinhalb Jahre fast jedes Wochenende durchgearbeitet.

Gelegentlich kam unser Abteilungsleiter höchstpersönlich in unser Zimmer. Zum Beispiel, wenn ich ihn zur Rücksprache bestellt hatte. Ich hatte ihn telefonisch nicht erreicht, deshalb die Akte auf seinen Stapel geworfen und schriftlich um Rücksprache gebeten, weil es eilig war. Er erschien brav mit der Akte unter dem Arm und meldete sich bei mir mit: »Zur Rücksprache.« Meine Kollegin errötete für mich. Ich verstand erst gar nicht, was daran falsch sein sollte. Ich hatte es doch zuerst bei ihm versucht. Vom Einhalten einer Hierarchie verstand ich nicht viel. Ein Untergebener darf halt nie seinen Chef zu sich bestellen. Meinetwegen. Aber dieser Oberstaatsanwalt legte Gott sei Dank keinen Wert darauf. Er fand das erfrischend und unbefangen. Ich kann nur sagen, ich bin mein ganzes Leben lang mit dieser Art gut gefahren. Wichtig ist, dass man geradlinig ist und klar sagt, was man denkt. Unter Wahrung gewisser Gepflogenheiten. Ich bin ja keine Selbstmörderin.

Man kann sich seine Vorgesetzten übrigens auch mit Knoblauch vom Leib halten. Wenn wieder stapelweise Akten zu besprechen waren, fragte er regelmäßig am Telefon: »Waren Sie gestern beim Griechen?« Wir waren jeden Abend beim Griechen. Da traf sich die gesamte Nachbarschaft in dem damals noch recht schroffen Stadtteil Ottensen. Die Schickeria war noch nicht da. In vielen Kneipen war man schneller an einer Ohrfeige als an einem Bier. Also gab es auch fast jeden Abend Zaziki. Passt zum Bier. Seine Antwort auf mein »Ja-sicher-Warum?« war immer ein Stöhnen und der Satz: »Na ja, ist nicht so eilig.« Zu seiner Schonung schob ich mir vor seiner Tür Pfefferminzbonbons in den Mund. Das hat er sich dann aber verbeten, weil zusätzlich zu meinem Duft meine Aussprache unerträglich sei.

Ich hatte wirklich Glück mit ihm. Andere Abteilungsleiter hätten sich vieles energisch verbeten. Auch kleine Meutereien wie die folgende: Bei mir lagen langsam immer größere Aktenstapel auf der Fensterbank. Er: »Was sind das für Akten?« »Das sind die Akten, bei denen Sie eine andere Meinung haben. Alles § 153a StPO. Die mache ich, sobald ich nächsten Monat allein entscheiden kann.« Für Nichtjuristen: Bei § 153a StPO (Strafprozessordnung) geht es um die Möglichkeit, bei kleineren Straftaten ein Verfahren einzustellen, und zwar gegen Zahlung einer Buße oder zum Beispiel durch Schadenswiedergutmachung. Das ist eine wunderbare Möglichkeit, die Welt vor Verfahren zu verschonen, und alle haben sich wieder lieb. So meine naive Sicht. Er grinste nur: »Sie werden Ihre Freude daran haben.« Hatte ich dann auch. Nichts hat geklappt, wie ich es mir vorgestellt hatte. Die Leute haben mir alles versprochen, Hauptsache, ich klagte sie erst einmal nicht an. Nach ein paar Monaten voller Mahnungen habe ich den Zirkus beendet und zwei Wochenenden mit Anklageschriften verbracht. Da hatte er seine Freude. Danach machte ich genau das, was er und alle anderen machten: Anklagen und § 153a StPO in der Hauptverhandlung. Sobald ein Angeklagter vom Gericht gesagt bekam: »Sie zahlen 500 Mark, und danach sehen wir uns nicht wieder«, floss Geld. Anscheinend müssen die meisten Leute eine Robe sehen, damit sie den Ernst der Angelegenheit begreifen.

Der erste Mordprozess

Nach einem Jahr bekam ich den ersten Mordprozess. Sehr früh für eine Anfängerin, aber man traute mir inzwischen vieles zu. In allen Richtungen. Ein Mann hatte seine Freundin erstochen, weil sie sich von ihm trennen wollte. Der lange Flur war voller Blut. Überall ihre blutigen Handabdrücke, an der Wohnungstür waren ihre Hände dann nach unten gerutscht. Weiter kam sie nicht mehr. Und wieder die übliche Ausrede: »Sie hat mich schwer beleidigt und in meiner Mannesehre gekränkt.« Damit wollte sich der Täter vom Vorwurf des Mordes befreien, um über den minder schweren Fall des Totschlags eine geringere Strafe zu bekommen. Leider hat das damals noch zu oft die Schwurgerichte überzeugt. Zumindest glaubten sie zu leicht, dass das nicht zu widerlegen sei. Überlebten die Opfer, blieb es in aller Regel beim Mordversuch, denn die angegriffenen Frauen schilderten eine ganz andere Version, nämlich die, dass er einfach die Trennung nicht hatte akzeptieren wollen. In einem Fall hat das Herausreden aber nicht funktioniert. Ein Täter, der seine Ehefrau getötet hatte, hatte aus der Untersuchungshaft einem Freund geschrieben, er heiße X und komme deshalb wegen seines Namens zum Schwurgericht Y. Mehr als zweieinhalb Jahre bekomme er dort für seine Alte nicht. Das sei billiger als eine Scheidung. Die Post wurde kontrolliert. Das Schwurgericht Y vergab erstmalig acht Jahre für eine solche Tat.

Als Verteidiger in meinem ersten Mordprozess hatten Freunde des Täters einen Münchener Prominentenanwalt beauftragt. Na, Prost Mahlzeit. Man wünscht sich Anfänge etwas leichter. Ich habe mich da schon ein bisschen fester in den Stuhl gedrückt und mich ein bisschen besser als sonst vorbereitet. In der Hauptverhandlung hielt sich der prominente Kollege aber ziemlich bedeckt und las zuletzt sogar vom Blatt ab; ich sprach wie immer frei. Das war so ziemlich das letzte Mal, dass ich Respekt vor Berühmtheiten hatte, bevor ich sie persönlich kennenlernte. Danach hatte ich durchaus vor nicht wenigen Achtung, aber Vorschusssorgen habe ich mir nach dieser Erfahrung nicht mehr gemacht. In der

Regel waren die »Berühmtheiten« zudem umso normaler, je besser sie waren. Zur Vertretung schickte dieser Verteidiger übrigens gelegentlich einen jungen Kollegen, der damals noch nicht so bekannt war wie heute, aber ein Spitzenjurist und revisionsrechtlich mit allen Wassern gewaschen. Das war ein anderes Kaliber. Da musste man sich echt wärmer anziehen.

Im Strafrecht tobte das pralle Leben. Mit all seinen Stärken und Schwächen. Vor allem Schwächen. Das gefiel mir inzwischen über alle Maßen. Ich konnte mir nach eineinhalb Jahren nicht vorstellen, gerade jetzt die Staatsanwaltschaft zu verlassen, wie es vorgesehen war, und in eine Zivilrechtskammer beim Landgericht zu wechseln. Frühere Pläne hin oder her, was interessierte mich das, was ich damals gedacht hatte? Ich war so voller Schwung dabei und fing gerade erst an, meinen eigenen Stil zu entwickeln. Als angehende Richterin bei der Staatsanwaltschaft zu bleiben war übrigens ziemlich ungewöhnlich. Zwar ist die Bezahlung die gleiche, so knapp unter 3000 Mark bekam ich damals ausbezahlt, meine ich. Aber viele hielten die Staatsanwaltschaft, weil sie »weisungsgebunden« ist und damit eben nicht unabhängig sei, für weniger wert als ein Gericht. Das sehe ich heute noch nicht so. Es sind einfach andere Aufgaben, die man zu erledigen hat. Und mit der Weisungsgebundenheit ist das so eine Sache. Die wird überschätzt. Anweisungen sind extrem selten, denn normalerweise scheuen sich Vorgesetzte davor, Anweisungen zu geben. Wer anweist, muss nämlich danach auch die Verantwortung dafür übernehmen, dass er etwas anderes gewollt hat als von den sachbearbeitenden Staatsanwälten vorgeschlagen. Zudem sind die Verfahren, die ein Staatsanwalt zu bearbeiten hat, deutlich vielfältiger. Er prüft erst einmal, ob es überhaupt für eine Anklage reicht oder ob er das Verfahren schon selbst mit einer Einstellung beendet. Wenn es reicht, dann klagt er je nach zu erwartender Strafhöhe an und vertritt die Anklage bei den unterschiedlichsten Gerichten, einschließlich der Berufungskammern. Zudem kommt noch die Strafvollstreckung dazu, die der Staatsanwaltschaft obliegt. Meine Begeisterung für die Staatsanwaltschaft hatte aber sicher auch etwas mit meiner Abteilung zu tun. Wir fünf aus Altona waren nämlich eine unzertrennliche Truppe, der Chef, sein Vize und wir insgesamt drei Mädels. Und ich hatte inzwischen schriftlich, dass »Fräulein Salesch« zu den »erfreulichen Nachwuchskräften« der Behörde gehörte, was immer das heißen mochte. Ich verlängerte also um weitere eineinhalb Jahre und ließ mich entgegen meiner ersten Vorstellung erst einmal nicht zur Richterin, sondern zur Staatsanwältin auf Lebenszeit ernennen. Man kann ja später noch wechseln. Es hat übrigens noch einiges an Umwegen gegeben, bis ich dann als Richterin gearbeitet habe, von denen ich da noch keine Ahnung hatte. Also was sollte all die Planung? Einfach auf sich zukommen lassen. Es bleibt dann spannend.

Wie zum Beispiel die Nachtdienste. Alle zwei Monate etwa hatte man als Staatsanwältin nachts Dienst. Dazu bekommt man einen halben Schrankkoffer mit nach Hause, voll mit Sammlungen darüber, was man beachten muss, wenn man beispielsweise Organentnahmen von Unfallopfern zustimmt. Man ist an solchen Tagen ab sechzehn Uhr bis zum nächsten Morgen um acht Uhr für alle Eilsachen zuständig, die sich in Hamburg so ereignen. Es ereignet sich genug. Gleich mein erster Nachtdienst war nervenaufreibend. Schon gegen achtzehn Uhr rief die Polizei an: Ein Japaner, der mit seiner Ehefrau in Dänemark gelebt habe, habe das gemeinsame Kind entführt und sich mit ihm in einer Pension auf St. Pauli verbarrikadiert. Ob man stürmen solle? Ich dachte zuerst an einen Scherz. Erster Nachtdienst, da lassen sich Kollegen schon einmal etwas einfallen. Aber die Ticker im Hintergrund klangen echt. Ich rief nur ins Telefon: »Ich rufe zurück.« Hektische Versuche meinerseits, die Kollegen meiner Abteilung zu erreichen. Keiner ging ans Telefon. Ich sah mich schon am nächsten Tag in der Zeitung. Schlagzeile entweder: »Junge kinderlose Staatsanwältin entreißt unschuldigem Vater kleines Kind.« Oder: »Unter den Augen einer unerfahrenen kinderlosen Staatsanwältin bringt böser Vater sein unschuldiges Kind um.« Ich blätterte die Gesetze durch, die in Frage kommen konnten, und las die passenden Kommentare. Nichts war geklärt. Hatte er das Recht, mit seinem Kind zu reisen, oder nicht? Auch Ehefrauen behaupten gegenüber Behörden nur das, was sie wollen. Gab es einen Scheidungskrieg? Jedenfalls rief ich nach gewisser Zeit bei der Polizei zurück. Und, o Wunder, der Vater war mit dem Kind etwas essen gegangen, und das dänische Generalkonsulat war inzwischen eingeschaltet worden. Hamburg hatte damals nach New York die höchste Dichte an Konsulaten, dem Himmel sei Dank, und die dänische Mutter war inzwischen am Flughafen in Kopenhagen und auf dem Weg nach Hamburg. Erstes Aufatmen meinerseits. Dann warten. Es löste sich bald alles in Wohlgefallen auf.

Nur so etwas wollte ich bitte nicht noch einmal allein durchstehen. Beim nächsten Nachtdienst habe ich eine Kollegin und zwei Kollegen zum Essen eingeladen. Zur Sicherheit. Die Anfragen der Polizei wurden in Ruhe beantwortet. So ging das erst einmal unter uns vieren, die wir befreundet waren und sind, reihum. Nur: Während bei meiner Freundin und mir es immer gut zu essen gab, versuchten die beiden Herren, sich mit Schnittchen herauszuwinden. Das Herauswinden klappte dann auch ganz schnell. Sie waren draußen. Das heißt, sie wurden von uns beiden schlicht »rausgeschmis-

sen«, und die rein weiblichen Nachtdiensttreffen waren geboren. Wir haben dann auch ältere Kolleginnen dazugebeten,
und wir wurden immer mehr. Jede Neue nahmen wir auch
auf. Es war keine Verpflichtung, aber so um die zehn Frauen
saßen dann gern um den Tisch herum. Einfach, wer Zeit und
Lust hatte. Schwer hinterfragt von den Herren, was man denn
so mache? Und nur unter Frauen? Man fürchtete Aufstände
und Konspiration. Dabei waren wir – leider! – echt harmlos.

So langsam kamen auch immer mehr Frauen zur Staatsanwaltschaft. Als ich anfing, waren es immerhin schon um
die zehn Prozent. Die meisten hat man in die arbeitsträch-
tigen allgemeinen Abteilungen abgeschoben. Für Beförderungen waren ganz bestimmte Abteilungen nötig, und die
behielt man geschlechtsneutral den Männern vor. Nur, das
zu sehen, dazu war ich noch zu neu. Unser Altonaer Außen-
posten wurde dann aufgelöst und wir ins Zentrum versetzt.
Verwaltungen müssen ja ihre Existenz rechtfertigen. Wir
waren davon nicht so angetan. Ich jedenfalls hatte keine Lust
auf einen Wechsel in die Innenstadt. Aber gut war er für mich
trotzdem, denn im Zentrum mit etwa 180 Staatsanwälten sah
und hörte man einfach mehr.

Wenn ich rauskomm, biste tot

Wer kriminelle Machenschaften aufdeckt, macht sich unbe-
liebt. In den Augen vieler Täter sind nämlich nicht mehr sie
selbst schuld, sondern diejenigen, die ihnen die Verantwortung
zuweisen. Verkehrte Welt, es ist aber überall so. Auch außerhalb des Strafrechts. So erhielt auch ich meine erste Drohung.
Nach meinem Plädoyer hörte ich nur: »Wenn ich rauskomm,

biste tot.« Der Angeklagte war so wütend, weil ich ihm, der beinahe hundert Kilogramm Industriegold aus einem Werk herausgeschmuggelt hatte, nicht die »Vorteile der Tat« ließ. Dabei hatte er sich solche Mühe gegeben und immer ein paar Löffelchen davon in seiner Gürtelschnalle durch alle Kontrollen geschleust. Klar, dass der Metalldetektor bei so einem Löwenkopf piepst. Dass der hohl war und sehr goldig innen, fiel über lange Zeit niemandem auf. Zusammen mit seinem Hehler hatte er das Industriegold – sieht aus wie Torf – einträchtig in Jachten, Schmuck und neue Küchen angelegt. All das und noch mehr hatte ich für die geschädigte Firma beschlagnahmt. Seine Drohung hat mich aber nicht wirklich beunruhigt. Ich dachte, das dauert sowieso erst einmal eine Weile, bis er wieder in Freiheit ist. Im Vollzug hat er Zeit genug, darüber nachzudenken, wer die Verantwortung für seine Strafe trägt, und beruhigt sich. Hat er dann wohl auch.

Doch nicht jeder Straftäter hat sich beruhigt. Einer, der im Rotlichtmilieu mindestens fünf Auftragsmorde begangen hatte, beruhigte sich ganz und gar nicht. Er brachte seine Verteidigerin dazu, seiner Ehefrau dabei zu helfen, zur Vernehmung im Polizeipräsidium eine geladene Pistole im Schritt einzuschmuggeln. Durch ein Missverständnis wurde die Ehefrau, die mit dem Staatsanwalt das Gebäude betrat, nicht kontrolliert. Ein tödlicher Fehler. Auf der Toilette legte sie dann die Waffe in ihre Handtasche und positionierte sie so, dass ihr Mann danach greifen konnte. Bevor er seine Frau und am Ende sich selbst tötete, erschoss er noch den ihn vernehmenden Staatsanwalt. Ich kannte diesen Staatsanwalt gut. Wir beide waren gemeinsam mit einem anderen Kollegen für die Referendarausbildung im Strafprozessrecht zuständig, und er war für mich einer der menschlichsten und fähigsten Beamten der Behörde. Viel gefährdeter sind normalerweise aber diejenigen Richter und Behördenmitarbeiter, die in Sozialbereichen tätig sind, in denen es ans existentiell Eingemachte geht. Zum Beispiel um die Wohnung, das Sorgerecht für Kinder, den Bestand der Ehe. In diesen Bereichen versteigen sich manche in die fixe Idee, es löse sich alles in ihrem Sinne, wenn nur dieser Beamte tot sei.

Langsam wuchs ich wirklich in die Rolle einer Staatsanwältin hinein. Im Strafrecht muss man vor allem auch lernen, mit Gewalttaten umzugehen. Es sind nun einmal keine Kinofilme mit Kunstblut, die da ablaufen, und die Ermittlungsakten sind keine Drehbücher. Hinter jeder Akte stehen die Schicksale von Opfern und Tätern. Man muss auch lernen, die Tatort- und Spurenmappen sorgsam anzuschauen und aus ihnen zu lesen – so fürchterlich sie auch sein mögen. Und ich kann versichern, dass die Fotos grausam detailreich waren. Ich habe später als Richterin weder Verfahrensbeteiligte noch Zeugen damit verschont und die Verletzungen nicht nur umschrieben, sondern sie gezeigt. Zudem habe ich Wert auf saubere Aussagen gelegt. Das beliebte »Mir ist nur die Hand ausgerutscht« habe ich selbst in kleineren Fällen nicht durchgehen lassen. Klare Worte für klare Taten. Das hat nichts damit zu tun, was am Ende als Strafe herauskommt und ob die Hintergründe die Tat ansatzweise erklären können.

Nur einmal bin ich vor so einer Mappe geflohen. Ich war freitagabends noch spät allein im Altonaer Gericht und schlug aus Neugier eine neue Akte auf. Ich hätte es besser wissen müssen. Es stand ja »Todesermittlungsakte« drauf. Ich sah als erstes Foto die Totalaufnahme eines durchtrennten Halses. Die Balken auf dem riesigen Dachboden knackten. So schnell habe ich noch nie ein Gericht verlassen.

Dann kamen Obduktionen dazu. An denen muss immer

ein Staatsanwalt teilnehmen, um gegebenenfalls weitere An-
ordnungen zu treffen. Mein Abteilungsleiter war einer der
drei Oberstaatsanwälte, die in Hamburg dafür zuständig
waren. Er hieß deshalb auch Leichen-K. – zur Unterschei-
dung von Porno-K., einem Kollegen mit demselben Nach-
namen, der das Sonderdezernat für Pornographie hatte und
sich immer beeilte zu versichern, dass er die Heftchen nur
amtlich durchblättere, wenn jemand Neues in sein Zimmer
kam. Gelegentlich begleitete ich meinen Abteilungsleiter zu
den Obduktionen. An meine erste erinnere ich mich noch
heute sehr genau. Eine traurige Geschichte. Ein junges
Mädchen war von zu Hause weggelaufen, wusste nicht, wo
es bleiben sollte, und hatte sich einer Gruppe Obdachloser
angeschlossen. Vor ihrem Tod hatte sie Linsensuppe ge-
gessen und war später an ihrem Erbrochenen erstickt. Die
Männer hatten sich noch nicht einmal durch den Todeskampf
des Mädchens beeindrucken lassen und seelenruhig weiter
Karten gespielt. Offensichtlich hatte das Mädchen sie dabei
sogar noch gestört, denn unter ihrer Kopfhaut fanden sich
frische Blutungen von Schlägen. Ein so sinnloser Tod. Und
was gab's nach der Obduktion in der Kantine? Linsenein-
topf. Mein Oberstaatsanwalt und ich haben dann ein »Lina-
Sch.-Gedächtnisessen« für sie veranstaltet. Davon erzählte
ich ganz lapidar meinen Eltern. Sie waren entsetzt und haben
sich solche Ausdrücke verbeten. Auch Formulierungen wie
»kalte Platte« fanden sie entsetzlich, aber so hießen Obduktionen nun mal bei uns. Ich muss noch heute aufpassen, dass
ich in diesen Bereichen nicht zu plakativ formuliere. Aber
in solchen Momenten hilft oft nur Zynismus, um Abstand
zu gewinnen. Dass er nur zur Distanzierung dient, verstehen
andere nicht unbedingt. Für mich ist es nie einfach gewesen,
solche Sachen auszuhalten, aber sie gehören zum Beruf dazu.

Bei einer Obduktion trennte der Rechtsmediziner einfach die Gebärmutter heraus, hielt sie direkt vor mich hin, schnitt sie in wahnsinniger Geschwindigkeit mit einem Messer in feine Scheiben und fächerte sie vor mir auf: »Das interessiert Sie doch bestimmt als Frau.« Mich interessierte nur noch, wo der nächste Stuhl war. Serien über Gerichtsmedizin reizen mich nicht weiter. Krimis und Polizeiserien auch nicht. Ich habe genug echtes Blut gesehen.

Echtes Blut kannte inzwischen auch meine Freundin Ruthchen, die Staatsanwältin in Nordrhein-Westfalen geworden war und sich dort dem Obduktionsdienst auch nicht entziehen konnte. Wie kam meine Freundin zur Staatsanwaltschaft? Ich habe sie nicht angesteckt. Sie wollte eigentlich Rechtsanwältin in Bremen bleiben. Sie hatte ja eine eigene Kanzlei mit einem Kollegen gehabt. Aber sie hat sich dann für ein anderes Lebensmodell entschieden. Das einer alleinerziehenden, voll berufstätigen Mutter. Diese Pflichten waren damals einfach nicht mit ihrer Selbständigkeit und dem Aufbau einer jungen Kanzlei zu vereinbaren. Als ihr Sohn 1979 geboren wurde und sie ihn Horst-Hendrik nannte, mokierte ich mich gründlich in der Kantine über den »Horst«. Wie soll man so einen Namen rufen? »Ho, Ho, Hoho Horschd?« Weitere Variationen folgten. Betretene Gesichter bei meinen Kollegen, nur einer grinste mich an – mein Oberstaatsanwalt. Er hieß Horst.

Arbeit und Lust

Arbeit und Lust? Ja, bei mir schon. Ich habe durch meine Ausbildung das Privileg, Existenzsicherung mit Neigung verbinden zu können. Leider haben viele, gerade Frauen, diesen Vorteil nicht. Sie arbeiten oft in anstrengenden, schlechtbezahlten (Teilzeit-)Stellen zur reinen Existenzsicherung, mehr bleibt nicht übrig, und sie sind danach fertig. Dazu die Familie. Ich stand als junge Studentin übrigens auf dem Standpunkt, wer nur körperlich arbeitet, der könne abends noch etwas für seinen Kopf tun. Im dritten Semester war ich von dieser verbreiteten akademischen Sichtweise geheilt. Nach sechs Wochen Weihnachtsgeschäft in der Glasabteilung eines Kaufhauses. Abgesehen davon, dass ich die Hälfte der Entlohnung – die übrigens für uns Aushilfskräfte höher war als für die Festangestellten – in vermeintlich bequemeres Schuhwerk anlegte, war ich abends völlig kaputt. Meine Zimmerwirtin bat mich sogar in ihr Wohnzimmer, stellte mir einen Stuhl zum Füßehochlegen hin, schob mir einen Teller mit Schnittchen und die Bildzeitung zu. Anderes konnte ich nicht mehr leisten. Meine Verkaufskolleginnen in der Glasabteilung hatten nach der Arbeit noch alle ihre Familie.

Viele Frauen arbeiten auch unter ihrem Potential. Das muss nicht heißen, dass man, um glücklich im Beruf zu sein, ein Studium braucht. Eine meiner Freundinnen hat mit Mitte vierzig einen Käseladen aufgemacht und ist mit Leib und Seele dabei. Sie hatte die Möglichkeit, auch die finanzielle, ihren Traum zu verwirklichen. Aber ich glaube, es gehört mehr dazu als das nötige Geld. Nämlich ein gesunder Egoismus.

Frauen, auch jüngere, stellen ihre beruflichen Wünsche hintan, auch aus einem schlechten Gewissen heraus, sonst nicht mehr voll für eine Familie da sein zu können. Nur, man kann nicht immer »Everybody's Darling« sein. Fürsorgliche Tochter, hingebungsvolle Mutter, attraktive Gattin, perfekte Gastgeberin, durchorganisierte Elternbeirätin, hilfsbereite Nachbarin, engagierte Mitarbeiterin, aufgeschlossene Kollegin, verantwortungsbewusste Vorgesetzte, innovative Chefin – das alles in einer Person sein zu wollen, und das an 24 Stunden volle 365 Tage im Jahr, das ist absurd. Dieser universelle Perfektionismuswahn ist oft die größte Bremse für einen Neuanfang. Denn will man etwas Neues beginnen, muss man damit rechnen, auf anderen Gebieten nachzulassen. Wenn man sich selbständig macht oder die erste Zeit in der neuen Arbeit steckt und das gut machen möchte und auch muss, dann kann man eben keinen Kuchen für das nächste Nachbarschaftsfest backen, dann wird der Vorgarten verwildern und die Familie sich eine Zeit lang von Fastfood ernähren müssen. Das heißt, man wird in manchen Punkten angreifbar, und es wird Kritik geben. »Wie, du hast nicht … das geht aber nicht …« Aber in der Regel sitzt die größte Kritikerin in einem selbst. Dabei gibt es eh zu viel Kuchen, Wildwuchs kann auch sehr schön sein, und wenn Mann und Kinder irgendwann keine Hamburger oder Pizza mehr sehen können, fangen sie an, sich selbst etwas zu kochen. Neu anfangen heißt nämlich auch loslassen können von den eigenen Ansprüchen an sich und von Verantwortlichkeiten. Das heißt ja nicht, dass die Kinder ausgesetzt werden und die Wohnung verwahrlost, sondern nur, dass von anderen etwas eingefordert wird, was Frauen bislang freiwillig und umsonst geleistet haben. Das muss man sich ganz bewusstmachen, denn hat man sich jahrelang aufgeopfert, gerät man immer wieder in die Situation »für alle anderen da sein zu müssen« nur nicht für sich selbst. Wie oft habe ich gehört: »Wenn die Kinder aus dem Haus sind, der Hund nicht mehr lebt, das Haus abbezahlt ist, dann will ich endlich …« Aber es gibt immer wieder neue alte Aufgaben, dann werden die längst erwachsenen Kinder oder deren Kinder versorgt. Wobei es irgendwann auch bequem werden kann: »Ich würde ja gerne, aber die anderen …« Manchmal wird Familie auch als Grund vorgeschoben, keinen beruflichen Neuanfang wagen zu müssen.

Wie auch immer, jedenfalls stand ich nie vor der schwierigen Entscheidung, zwischen Familie oder Karriere wählen zu müssen oder mir eine volle Doppelbelastung aufzubürden, wie es meine Freundin Ruthchen getan hat. Auch meine Schwester hatte sich ihren Familienalltag leichter vorgestellt. Sie hatte sich von ihrem Ehemann getrennt, als ihre Kinder ein und drei Jahre alt waren. Es wurde zwar alles einvernehmlich geregelt, aber die Doppelbelastung durch die Dreiviertelstelle und letztlich volle Kindererziehung war wirklich hoch. Daran änderte auch nichts, dass die Kinder Verwöhnwochenenden und -ferien beim Vater hatten. Es sind wunderbare Kinder geworden, da bin ich als Tante ganz objektiv. Wobei »die Kinder« jetzt auch schon auf die dreißig zugehen.

Für mich waren Veränderungen übrigens selten durch äußere Gegebenheiten bestimmt, die schwer oder unerträglich waren. Meine Lust auf Veränderung hatte meistens etwas mit dem zu tun, was man Wiederholung nennt. Ich langweile mich nicht, nie, aber mein Interesse lässt irgendwann nach. Ich gehe mit Begeisterung irgendwohin, aber wenn sich die Dinge zu oft wiederholen, dann werde ich unruhig. Das wird mir zu monoton. Andere lieben gerade das. Viele meiner Kollegen richteten es sich nach den beruflichen Anfangsjahren bequem ein. Man kennt seine Akten, hat sein Dezernat im Griff und hält es möglichst klein, das heißt bei uns Juristen, dass der Zahl an Eingängen mindestens eine vergleichbare Zahl an Ausgängen gegenüberstehen muss. Und wenn dann Kinder und Haus dazukommen, der Sportverein einen neuen Vorstand braucht oder was weiß ich, rückt der Beruf etwas aus dem Zentrum des Interesses. Dafür habe ich Verständnis. Es ist auch nicht immer vorteilhaft, sich zu viel oder sogar ausschließlich über den Beruf zu definieren. Das habe ich später selbst erfahren müssen. Aber viele Jahre tickte ich erst einmal so: Erstes Jahr einarbeiten, zweites Jahr mit leichterer Hand die Arbeit durchziehen, drittes Jahr zurücklehnen, die Früchte genießen, mehr Freizeit haben und zum Ende hin mit den Hufen scharren und nach Neuem Ausschau halten. Ich sehe den Reiz eines Wechsels zudem als Optimist, freue mich auf Neues und verschwende wenig Gedanken an die damit auch verbundenen Unbequemlichkeiten und Risiken, wie es ein Pessimist täte.

Die ersten drei Berufsjahre als Staatsanwältin waren schnell um. Und wohin jetzt? Das Landgericht hatte angeklopft, ob ich nicht so langsam kommen wolle. Schließlich hätten sie mich seinerzeit eingestellt. Landgerichtspräsident war inzwischen ein Richter geworden, der mich schon als Referendarin kannte, weil ich bei ihm meine Arbeitsgemeinschaft im Familienrecht absolviert hatte. Dieser Präsident hatte auch nur Arbeit zu verteilen, aber er schaffte es mit seiner offenen und unkonventionellen Art immer, den großen Hamburger Richterhaufen zusammenzuhalten. Mehr als zwei Richter sind an sich unregierbar. Schon das kleinste Stirnrunzeln wird als Eingriff in die richterliche Unabhängigkeit gewertet. Er war jedenfalls bei den fast 250 Richterinnen und Richtern am Landgericht wirklich beliebt, und er wollte mich in einer Kammer haben; er hatte es mir nicht übelgenommen, dass ich ihn einmal vor versammelter Mannschaft angeblafft hatte, er solle gefälligst seine persönlichen Scheidungserlebnisse aus der Diskussion um das neue Scheidungsrecht heraushalten.

Starke Frauen

Auf dem Weg zum Landgericht kam wieder der Zufall dazwischen. Das Landgericht musste noch weitere drei Jahre
auf mich warten. Weil ich in Berlin am Juristentag teilgenom-
men hatte. Dort hatte mich das Thema interessiert: »Emp-
fiehlt es sich, die Mordmerkmale neu zu fassen?« Und? Ja,
das empfahl sich schon deshalb, weil durch das Mordmerkmal »Heimtücke« Frauen als Täterinnen massiv benachteiligt
waren. Frauen greifen, um vorsätzlich zu töten, ihr Opfer
meist »von hinten« oder im Schlaf, also nicht offen, an. Das
ist Heimtücke, denn sie nutzen damit »die Arg- und Wehr-
losigkeit« des Opfers aus. Für ein anderes Vorgehen fehlt ihnen meist die nötige Kraft. Die juristische Folge ist zwingend:
Mord und lebenslänglich, und zwar ganz unabhängig davon,
was das Opfer ihnen und auch der Familie vorher über Jahre
an Gewalt angetan hat. Männer dagegen kommen von vorne,
mangelnde Stärke ist im Allgemeinen für sie kein Problem.
In vielen Fällen behaupten sie zudem – oft unwiderlegbar –,
dass sie unmittelbar vorher vom Opfer in ihrer Ehre gekränkt
worden seien, und kommen dann sogar mit Totschlag in einem minder schweren Fall durch und nur für einige Jahre
ins Gefängnis. Und? Wurden die Mordmerkmale inzwischen
geändert? Nein. Aber wenigstens ist die Rechtsprechung in
dem Bereich der Heimtücke beweglicher geworden. Für jedes
Tatbestandsmerkmal muss auch Vorsatz nachgewiesen werden. Also muss bei dem Mordmerkmal Heimtücke auch das
»Ausnutzungsbewusstsein« nachgewiesen werden. Und das
kann nach neuerer Rechtsprechung fehlen, wenn die Täterin
in plötzlich aufsteigender Wut und Verbitterung oder in einer
verzweifelten und affektiv angespannten Lage gehandelt hat.
Damit entfällt Mord, und die Strafe kann aus den milderen

Vorschriften über Totschlag entnommen werden. So kann endlich das vorherige jahrelange und nicht nur behauptete Leid bei der Strafe angemessen berücksichtigt werden.

Jedenfalls saß bei dieser Tagung in Berlin eine Frau hinter mir, und wir kamen ins Gespräch. Sie war in Hamburg Abteilungsleiterin in der Justizbehörde – in Flächenländern Justizministerium genannt – und leitete die Abteilung Gnadenwesen. Früher war sie übrigens Staatsanwältin gewesen. Eine der ersten drei in Hamburg nach dem Krieg. Was sie mir später davon erzählte, habe ich nicht für möglich gehalten. Zu ihrer Anfangszeit, Ende der fünfziger Jahre, hatte es beispielsweise Anrufe von Kammervorsitzenden beim Leiter der Staatsanwaltschaft gegeben, man habe am nächsten Tag eine komplizierte Sache, man möge deshalb keine Frau schicken. Ich fand sie jedenfalls ausgesprochen sympathisch und interessant, und als ich ein paar Wochen später hörte, dass in ihrer Abteilung eine Stelle frei wurde, meldete ich mich erst einmal bei ihr. Warum auf dem Weg zum Gericht nicht noch einen kleinen Umweg machen? Bis zu meiner Pensionierung mit 65 würde ich dort schon ankommen.

Meine nächsten drei Berufsjahre als Referentin in der Gnadenabteilung brachen an. Es waren wieder sehr prägende Jahre. Weniger strafrechtlich wie in den ersten drei Jahren, vielmehr politisch. Meine Abteilungsleiterin und ich gingen drei Jahre lang fast jeden Tag zusammen zu Mittag essen. Ich habe von ihr ungemein viel über menschliche Eigenheiten, politische Zusammenhänge, Verwaltungsdenken und vor allem über Frauen und Frauenrechte gelernt. Uns verbindet noch heute eine tiefe Freundschaft.

Angeregt durch unsere Gespräche, begann ich ziemlich bald, mich neben meiner Arbeit in der Gnadenabteilung – was das überhaupt ist, dazu komme ich noch – mit Juristinnen zu befassen, die in der Geschichte eine Rolle gespielt haben. Vorbilder für Juristinnen, wo waren sie? In der Universität war dieses Thema damals unbekannt. Inzwischen könnte da vielleicht ein mühsames Umdenken angekommen sein. Aber Vorsicht, ein paar Präsidentinnen machen noch keinen Sommer.

Dabei haben Frauen für das Rechtsleben schon früh eine Rolle gespielt. Spätestens seit der zweiten Hälfte des 19. Jahrhunderts kämpften sie vermehrt um ihre Rechte und strebten endlich auch die Zulassung zum universitären juristischen Examen an. Ich kann nur allen Frauen, und vor allem auch den jüngeren raten, sich einmal mit der Geschichte der Frau in den jeweiligen Berufszweigen und natürlich ganz generell mit Frauenrechten zu beschäftigen. Ich war jedenfalls erstaunt zu erfahren, welche Kämpfe es um Dinge gegeben hat, die für mich völlig selbstverständlich waren, und dass diese Auseinandersetzungen auch noch gar nicht so lange zurückliegen.

Marie Raschke war eine der bedeutendsten Juristinnen der frühen Frauenbewegung. Sie wurde Mitte des 19. Jahrhunderts geboren und hat als eine der ersten deutschen Juristinnen in der Schweiz ihr Examen gemacht. In Deutschland war dies erst Jahre später möglich. Sie war eine der Mitbegründerinnen des Deutschen Juristinnenvereins, der 1914 ins Leben gerufen wurde. Er besteht bis heute als Deutscher Juristinnenbund weiter – natürlich bin ich Mitglied – und hat nicht nur die Gleichberechtigung der Frauen in den juristischen Berufen zum Ziel. Er setzt sich für die Gleichberechtigung und Gleichstellung der Frauen in allen gesellschaftlichen Bereichen ein, wird als Verband bei Gesetzesvorlagen gehört und bringt auch eigene Gesetzesentwürfe ein. Zwei weitere Mitbegründerinnen waren Marie Munk und Margarete Berent, ebenfalls herausragende Frauen ihrer Zeit. Marie Munk, die Ende des 19. Jahrhunderts geboren wurde, war die erste Richterin Deutschlands. Sie war Jüdin und wurde 1933 nach neun Berufsjahren von den Nationalsozialisten aus dem Amt gewiesen. Die wenigen Frauen, die es bis dahin überhaupt geschafft hatten, zu Richterinnen ernannt zu werden, wurden ab 1934 aus ihren Ämtern gedrängt. Oft mit Unterstützung der Ende der zwanziger Jahre beginnenden Hetze gegen das Doppelverdienertum, die 1932 Eingang ins Gesetz fand, wonach Beamtinnen, also auch Richterinnen, jederzeit aus dem Amt entlassen werden konnten, wenn ihre wirtschaftliche Versorgung anderweitig gesichert schien. Kaum waren ein paar Juristinnen in der Justiz, waren sie also auch schon wieder draußen. Noch lange hielt man die Zulassung einer Frau zum Richteramt sowieso für schlicht unmöglich. Heute kann man amüsiert nachlesen, was sich seinerzeit gestandene Richter alles haben einfallen lassen, und aus Veröffentlichungen von Richtertagen zitieren, die sich nicht entblödeten, Menstruation und Wechseljahre gegen die Arbeit von Juristinnen ins Feld zu führen. Abgesehen davon, dass der deutsche Mann natürlich unmöglich von einer Frau verurteilt werden könne. Erst nach 1945 bekamen Juristinnen wieder Zugang zu Gericht und Staatsanwaltschaft. Die Frauen fingen in der Justiz also erst nach 1945 richtig an. Margarete Berent war eine der ersten Rechtsanwältinnen Preußens. Sie promovierte über »Die Zugewinngemeinschaft der Ehegatten«, und ihre schon 1914 dazu erarbeiteten Ergebnisse flossen 1958 in die »neuen« Eherechte ein.

Es waren starke Frauen, die sich dem Geschlechterbild ihrer Zeit mit nachhaltigem Erfolg entgegenstellten. So war zum Beispiel auch Camilla Jellinek, geboren 1860 in Wien, eine österreichische Vorreiterin, deren Ideen Jahrzehnte später noch in anderen deutschsprachigen Ländern aufgegriffen wurden. Sie war eine der ersten Juristinnen, die sich für die Abschaffung des Paragraphen 218 und die Rechte unehelich geborener Kinder einsetzte.

Wie sehr die Juristinnen ihrer Zeit voraus waren – und nicht nur im Hinblick auf ihre Frauenrolle –, sieht man an Anita Augspurg. Sie wurde in den 1850ern geboren, trug kurze Haare – schon das kam damals einer Revolution gleich –, und sie hatte auch noch eine Lebensgefährtin, zu der sie offen stand. Anita Augspurg war die erste promovierte Juristin des deutschen Kaiserreichs und kritisch genug, sich später von den Nationalsozialisten um Adolf Hitler nicht in den Bann ziehen zu lassen. Schon 1923 war er ihr durch seine volksverhetzenden Parolen aufgefallen. Daraufhin beantragte sie beim bayerischen Innenministerium seine Ausweisung – leider ohne Erfolg. Heute vergibt die Stadt München jährlich den Anita-Augspurg-Preis zur Förderung der Gleichberechtigung von Frauen.

Eine sehr bedeutsame Sache für die Gleichstellung ist Artikel 3 Absatz 2 unseres Grundgesetzes. Dort heißt es schlicht und klar: »Männer und Frauen sind gleichberechtigt.« Die Juristin und Politikerin Elisabeth Selbert, eine der »Mütter des Grundgesetzes«, hatte diese Formulierung vorgeschlagen. Was uns heute so selbstverständlich klingt, war es bei Beschlussfassung des parlamentarischen Rates absolut nicht. Erst sollten den Frauen nämlich nur in Absatz 2 dieselben staatsbürgerlichen Rechte und Pflichten zugestanden werden. Damit wäre gegen die patriarchalischen Strukturen zum Beispiel des Familien- und Arbeitsrechts nichts gewonnen gewesen. Dann sollte der Absatz 2 von Artikel 3 sogar ganz verschwinden. Erst wäschekörbeweise Protestbriefe aus allen Bereichen haben die Ausschussmitglieder die Fassung von Elisabeth Selbert letztlich beschließen lassen. Wobei die

Umsetzung der Gleichberechtigung mehr als zögerlich anlief. Elisabeth Selbert durfte ihre eigene Anwaltspraxis damals nur mit der Unterstützung zweier Männer eröffnen. Das Deutsche Beamtengesetz von 1950 enthielt schon wieder die unselige Fassung, dass eine Frau ohne Rücksicht auf Lebensalter oder Dienstzeit im Falle ihrer Eheschließung entlassen werden kann, wenn ihre wirtschaftliche Versorgung dauernd gesichert ist. Diese Klausel, »Zölibatsklausel« genannt, verschwand erst 1953 wieder.

Die Beschäftigung mit der Rolle der Frau in der Justizgeschichte hat mir als junge Juristin die Augen geöffnet. Nicht alles ist immer so selbstverständlich gewesen, wie ich es empfunden hatte, weil ich es in meiner Jugend und meiner Ausbildung persönlich so erlebt habe. Ich wurde deutlich sensibler für die vielen Ungerechtigkeiten, die nach wie vor bestehen. Seitdem ich Augen und Ohren offen habe für die Gleichstellung der Frau, sehe ich kleinste Veränderungen. In alle Richtungen. Und ich muss leider sagen, die Pfeile der Entwicklung zeigen schon lange nicht mehr überwiegend nach oben. Die Richtung nach unten, also gegen Gleichstellung, ist deutlich stärker geworden.

Hat sich durch Juristinnen die Rechtsprechung verändert? Ich bin mir da zwar sicher, belegen kann ich es aber nicht. Wirklich aussagekräftige Untersuchungen dazu kenne ich nicht. Verbesserungen werden gern geschlechtsneutral gewertet. Sicher ist, dass Juristinnen in den Bereichen, von denen Frauen konkret betroffen sind, viel angeschoben und durchgesetzt haben, also in den Bereichen von Ehe und Familie. Für mich ist das übrigens keine Abwertung. Denn es geht um die Rechte der Hälfte der Bevölkerung, die weiterhin in vielen Bereichen bis heute benachteiligt wird. Auch bei uns.

Im Bereich der Sexualdelikte ist auch viel geschehen. Heute sind Juristen – aber nicht nur die männlichen – nicht mehr so ungeschützt und frei in ihren abenteuerlichen Folgerungen: »Sie hatte einen zu kurzen Rock an. Kein Wunder, dass …« »Wie soll ein Mann ahnen, dass sie nicht will?« »Frauen sagen ja oft nein.« Solche ungeschminkt sexistischen Aussagen kann man sich nicht mehr leisten, weil derart diffamierende Äußerungen mittlerweile geahndet werden und eine Sensibilität sowohl bei den Fachleuten als auch in der Öffentlichkeit dafür entstanden ist. Mit Sicherheit prägt es, dass inzwischen um die fünfzig Prozent der juristischen Stellen bei Gericht und bei der Staatsanwaltschaft mit Frauen besetzt sind.

Gnade nach Recht

1982 fing ich in der Gnadenabteilung an. Im Gegensatz zur Arbeit von Gericht und Staatsanwaltschaft, über die man so seine Vorstellungen hat, weiß man recht wenig über das Gnadenrecht. Gnade, den Begriff kennt man natürlich. Begnadigen. Macht das nicht der Bundespräsident? Ja. Davon liest man gelegentlich. Aber er begnadigt nur in ganz wenigen Fällen. Dann, wenn der Täter erstinstanzlich über die Bundesanwaltschaft angeklagt worden ist, wie bei Terroristen etwa. Wenn es sich also um die Justiz der Bundesrepublik handelt. In dem Fall hat er als Staatsoberhaupt das Begnadigungsrecht. Justiz ist aber normalerweise Ländersache. Also haben die jeweiligen Länderchefs das Begnadigungsrecht. Oft sind es die Ministerpräsidenten. In Hamburg ist es der gesamte Senat. Nun hat der Senat noch anderes zu tun und die Gnadenentscheidungen deshalb delegiert und eine Gnadenabteilung geschaffen, die damals bei der Justizbehörde als eigene Abteilung angesiedelt war. Mit einer Abteilungsleiterin, einem Referenten aus der Verwaltung und einer weiteren Volljuristin als Referentin. Die wurde also jetzt ich. Dazu gehörten die Geschäftsstelle und das Sekretariat. Bei etwa 2000 Entscheidungen im Jahr waren wir nicht unterbeschäftigt. Jeder kennt ja den Begriff »Gnade vor Recht«, in der Bedeutung, dass Gnade im Rang über dem Recht steht. Vom Ablauf her müsste es heißen: Gnade nach Recht. Denn erst einmal bedarf es einer rechtskräftigen Entscheidung durch die Gerichte der jeweiligen Länder. Deshalb war bei uns erste Voraussetzung, dass es sich um eine Entscheidung der Hamburger Gerichte gehandelt hat. Da gab es genügend.

Und was kann man in einem Gnadengesuch wollen? Fast alles. Bei einer Freiheitsstrafe zum Beispiel eine Bewährung für eine über zweijährige Strafe, denn mehr als zwei Jahre dürfen von den Gerichten gesetzlich nicht zur Bewährung ausgesetzt werden. Man kann eine erneute Bewährung oder einen Vollstreckungsaufschub beantragen, Haftunterbrechung für eine bestimmte Sache oder Erlass der Reststrafe überhaupt. Bei Geldstrafen zum Beispiel Stundung, Ratenzahlung, Erlass und sogar Bewährung. Dazu Aufschub von Fahrverboten, Abkürzung von Sperrfristen in Führerscheinsachen usw. Also, was auch immer man geändert haben will. Wobei nicht die gerichtliche Entscheidung abgeändert wird, sondern nur deren Vollstreckung. Und es müssen bereits alle anderen rechtlichen Möglichkeiten ausgeschöpft sein. Viele Bereiche der Vollstreckung sind inzwischen recht detailreich gesetzlich geregelt, deshalb muss man sich als Referentin erst einmal bestens mit dem Vollstreckungsrecht auskennen, aber es gibt immer wieder Bereiche, in denen eine Vollstreckung zu unbilligen, gesetzlich nicht gewollten Härten führt. Dann kann die Gnadenabteilung im Einzelfall abhelfen und etwas tun, was das Gesetz entweder nicht vorsieht oder sogar direkt oder indirekt verbietet. Es gibt aber keinen Anspruch auf Gnade. Es muss sich schon um eine wirklich begründete Ausnahme handeln.

Gnadenabteilungen waren übrigens immer Vorreiter in der Justiz. Sonst ist Justiz von der Sache her eher reaktiv. Es braucht Phantasie und den Willen zu Vollzugsverbesserungen, ohne dass man erst auf gesetzliche Vorgaben wartet, wenn man dort arbeitet. Die ersten Bewährungen wurden beispielsweise im Gnadenweg gewährt, so lange, bis sie nach vielen Jahren 1953 endlich gesetzlich geregelt wurden. Heute ist Bewährung eine Selbstverständlichkeit. Was sich über Jahre in Gnadenentscheidungen der einzelnen Länder als gut herausstellt, wird irgendwann einmal Gesetz.

Als ich in die Gnadenabteilung kam, hatte Hamburg zum Beispiel noch kein Maßregelvollzugsgesetz, das unter anderem erste Ausgänge und Urlaube von in geschlossenen Kliniken untergebrachten Straftätern regelt. Auch wenn die Öffentlichkeit dafür wenig Verständnis hat: Man kann Straftäter nicht erst jahrelang wegsperren und sie dann von heute auf morgen entlassen. Eine Entlassung muss immer in kleinen Schritten vorbereitet werden über begleitete Ausgänge, dann unbegleitete, sonst sind Rückfälle ziemlich wahrscheinlich. Inzwischen ist jenes Gesetz Gott sei Dank in Kraft, und die Ärzte in den Psychiatrien müssen diese Entscheidungen eigenverantwortlich und allein treffen. Mir war oft nicht wohl bei solchen Erprobungen. Man musste sich zu sehr auf ärztliche Stellungnahmen verlassen, und die hatten mehr ihre Patienten als die Allgemeinheit im Blick. Es ist nie etwas passiert, aber wir haben immer am nächsten Tag aufmerksamer als sonst die Zeitungen verfolgt, bis zum Beispiel der Proband, der gern Augen ausstach, wieder zurück in der Klinik war.

Ich lernte bald auch jede Drogen- und Alkoholtherapieeinrichtung kennen, ob stationär oder ambulant. Es war uns klar, dass Therapie vor Strafe oder statt Strafe gehen sollte, denn wenn die Ursache für Straftaten nicht beseitigt wird, ist bei Abhängigkeiten der Rückfall vorprogrammiert. Also haben wir im Gnadenweg die Vollstreckung aufgeschoben, solange der Betreffende in einer Einrichtung war und die Therapiezeit auf die Strafe angerechnet, oder den Aufschub eben abgebrochen, wenn außer Versprechungen nichts kam. Inzwischen ist das alles in den §§ 35 ff. BtMG (Betäubungsmittelgesetz) geregelt.

Das Gnadenverfahren ist übrigens ein schriftliches Verfahren. Persönliche Anhörungen finden sehr selten statt. Zur Abklärung der vorgetragenen Umstände – Papier ist ja geduldig – setzten wir die Gerichtshilfe, also Sozialarbeiter, ein. Man muss ein Händchen haben bzw. es schnell entwickeln, um zu erkennen, welche Täter es schaffen könnten, welche nicht. Denn wenn in der Zeit neue Straftaten begangen werden, dann ist das nicht nur aus Sicht der Opfer unverantwortlich. Es wird schnell ein Politikum, vor allem dann, wenn Gericht und Staatsanwaltschaft, die dazu angehört werden, aber an deren Stellungnahmen wir nicht gebunden waren, dagegen gestimmt hatten.

Ich weiß noch gut, als ich an einem Sonntag von der Polizei angerufen wurde. Ein Strafgefangener, der Hafturlaub im Gnadenwege hatte, hatte seiner Ehefrau die Kehle durchgeschnitten. Ich bin sicherlich gegen alle Verkehrsregeln in die Behörde gehetzt. Was war Sache? Wir hatten ihm weiter Hafturlaub gegeben, obwohl er für die Pflege seiner sterbenskranken Ehefrau schon das ihm gesetzlich zustehende Kontingent verbraucht hatte. Und nun hatte er seine kranke, vor Schmerzen schreiende Frau auf deren Flehen hin getötet. Je schlichter die Verhältnisse, desto brutaler sind manchmal die Mittel. In besseren Kreisen hätte man vielleicht gleich mehr Schmerzmittel verabreicht. Oder man hätte gesagt: »Sie dürfen nur so und so viel von dem Morphium hier spritzen, sonst ist es zu viel und der Kranke stirbt.« Und dann hätte man sich einfach in der Menge »vergriffen«, ohne rechtliche Konsequenzen. Dieser Mann bekam acht Monate Freiheitsstrafe wegen Tötung auf Verlangen.

Und dann waren – natürlich – wieder die Frauen entscheidend. Nicht als Täterinnen. Mit ihrem Anteil von 25 Prozent an Tatverdächtigen, 16 Prozent an Verurteilten und fünf Prozent an Strafgefangenen spielen sie keine Hauptrolle. Statistisch gesehen sind sie die besseren oder die klügeren Menschen. Im Gnadenbereich waren Frauen aber nötig, um aus einem – strafrechtlich gesehen – manchmal schon sehr verkorksten männlichen Leben wieder etwas »Normales« zu machen. Sie waren entscheidend dafür: »Das sozialisierende weibliche Element«.

Wenn eine Partnerin auftauchte, die in der Lage war, ihrem Liebling abends zum Fernsehen drei Flaschen Bier hinzustellen und ihn morgens aus dem Bett zu einer Arbeit zu treten, dann funktionierten die schlimmsten Finger plötzlich. Die Herren der Schöpfung sind strafrechtlich ziemlich gefährdet in der Zeit zwischen Elternhaus/Mutter und fester Partnerschaft oder Ehe, in der die Partnerin oder Ehefrau die Aufgaben einer Mutter dann meist mit übernimmt. Dazwischen wird mit Kumpels um die Ecken gezogen. Geld dafür wird wie auch immer beschafft. Für und unter Alkohol oder Drogen werden Straftaten begangen.

Kam jemand mit einer Frau in der Gnadenabteilung an, die ihr Leben im Griff zu haben schien, dann habe ich gern die

Tür aufgemacht und vieles ermöglicht, damit die Strafvollstreckung das zarte Änderungspflänzchen nicht gleich im Keim erstickte. Präsentierten die Gesuchsteller mir aber eine Frau mit Problemen, die so dringend ihrer männlichen Hilfe bedürfe, weil sie sonst mit allem und den vielen Kindern verschwundener Väter überfordert sei, dann blieb die Tür bei mir zu. Das konnte nicht gutgehen. Die Probleme, die der Mann sowieso schon hatte, vervielfältigten sich mit den ihrigen ins Unbewältigbare. Es gab aber auch Damen mit Helfersyndrom, die ihre Zuneigung zu Inhaftierten entdeckten. Da musste man dann vorsichtig sein. Denn Wickelkinder waren nicht zu vergeben. Ich erinnere mich an eine davon, die ich sogar mündlich ausdrücklich vor dem Mann gewarnt hatte. Na ja, es war irgendein Jubiläum gewesen, und es ging nur um ein paar Tage. Also habe ich gegen meine Überzeugung ihrem neuen Freund einen Straferlass gewährt. Zwei Tage später war sie wieder da und saß mir mit Verband um den Kopf am Schreibtisch gegenüber. Aus ihrer Handtasche zog sie eine Art Skalp und schob ihre Haare mit reichlich blutiger Kopfhaut dran zu mir herüber. Ich solle ihren Freund wieder »einbuchten«. Ich schob ihr ihr »Haarteil« zurück: »Packen Sie es ein, und gehen Sie zur Polizei. Sie haben ihn gewollt. Nun müssen Sie sich selbst darum kümmern, wie Sie ihn wieder loswerden. Ich kann nach dem Erlass nichts mehr für Sie tun.«

Auch in der Gnadenabteilung blieb ich meinem Drei-Jahres-Rhythmus treu. Aber etwas war anders. Ich hatte schon nach ein paar Monaten gewusst: das wird eines Tages deine Abteilung. Diese Freiheit, in Kenntnis der Gesetze zu handeln, aber eben nicht daran gebunden zu sein, wenn Ausnahmen es erforderten, faszinierte mich. Phantasie zu entwickeln, was im Einzelfall Sinnvolleres möglich sein könnte, lag mir. Meine damalige Chefin unterstützte mich auf dem Weg zu ihrer Nachfolgerin voll und ganz. Dass es dann viel früher als erwartet dazu kam, ist ein erfreulicher Planungsfehler meinerseits gewesen. Denn meine Ernennung zur Leiterin der Gnadenabteilung war mit einer sehr frühen Beförderung verbunden. Aber jetzt wollte ich nach sechs Jahren endlich einmal als Richterin arbeiten. Sechs Jahre Umweg reichten, auch wenn sie noch so lehrreich und prägend waren.

Trauen Sie sich ein Großverfahren zu?

In welche Kammer am Landgericht wollte ich nun gehen? Zivilrecht? Nein. Das hatte ich inzwischen abgehakt. Ich entschied mich für eine Große Strafkammer mit der Spezialzuständigkeit »Betäubungsmittel«, also Drogen. Da das Landgericht erst ab Freiheitsstrafen von vier Jahren zuständig ist, geht es dort um Drogenhandel größeren Stils und nicht um die kleinen Tütchen zum Eigenkonsum. Die Vorsitzende der Kammer war eine Frau. Sie hatte keinen besonders guten Ruf, was das Menschliche betraf, galt fachlich aber als kompetent. Ich habe das bald anders gesehen. Großes Theater zur Einschüchterung, aber Einknicken, sobald Gegenwind zu spüren war, das entsprach nicht meinen Vorstellungen von einer Führungspersönlichkeit. Aber das hatte ich anfangs nicht gewusst, sonst hätte ich mir diese Kammer nicht extra ausgesucht. Eine schwierige Kammervorsitzende, die schaffst du schon, hatte ich gedacht, überzeuge einfach fachlich, der Rest findet sich. Nein. Der Rest fand sich nicht.

Nicht jeder Neuanfang ist erfolgreich. Schon bei meiner Begrüßung erklärte sie in aller Öffentlichkeit, was sie von meinem Kommen hielt: »Eine Frau pro Kammer ist genug. Diese Frau bin ich.« Tatsächlich? Seit gefühlten Jahrhunderten hatte sie einen Beisitzer, der all ihre Launen stoisch hinnahm beziehungsweise sich damit arrangiert hatte. Von ihm konnte ich keine wirkliche Unterstützung erwarten. Erst als er nach ein paar Monaten ging und statt seiner ein junger Kollege dazukam – eine Große Strafkammer besteht immer aus drei Berufsrichtern –, da wurden die Karten neu gemischt. Denn obwohl die Vorsitzende ihn umschnürrte und ihm gegen jede Regel die Vertreterstelle anbot (vergeblich – ich war dienstälter), blieb dieser Kollege absolut in Ordnung und loyal. Wir haben uns das dann nicht mehr lange angesehen und sind zum Präsidenten des Landgerichts gegangen: »So nicht. Entweder sie verlässt die Kammer oder wir.« Beschwerden schadeten mir beruflich übrigens nie. Inzwischen war ich sogar schon für die jüngeren Richter ins Landgerichtspräsidium gewählt worden.

Wir bekamen beide die Stellen, die wir wollten. Mein Kollege ging zum Amtsgericht und ich in eine andere Strafkammer, bei der ein Großverfahren anstand. Das war nicht so selbstverständlich, denn ich hatte zu dem Zeitpunkt als beisitzende Richterin noch kaum Berufserfahrung. Sicher war ich inzwischen im Strafrecht gut, und Strafvollstreckung beherrschte ich zusätzlich, aber als Richterin hatte ich bis dahin erst knapp ein dreiviertel Jahr gearbeitet. Auf die Frage meines Landgerichtspräsidenten: »Trauen Sie sich das Großverfahren gegen einen Hamburger Rechtsanwalt zu?«, kam meine Antwort wie aus der Pistole geschossen: »Ja, sicher.«

Woher wusste ich das? Ich habe es einfach behauptet. Frauen machen nämlich bei solchen Anfragen – oder bei Bewerbungen generell – einen Fehler. Den muss man kennen und ihn vermeiden. Frauen antworten ehrlich: »Ich glaube schon, vermutlich, aber ich weiß es natürlich nicht so genau« und dergleichen mehr. Männer antworten: »Klar, mach ich. Kann ich.« Entweder haben sie tatsächlich nicht den geringsten Zweifel an sich, oder sie wissen einfach, wie es läuft. Denn wen nimmt man? Die Ehrliche? Nein, der vermeintliche Alleskönner kommt weiter und hat damit die Chance, sich erst einmal zu beweisen. Und wenn es nicht klappt, was soll's. Er sitzt jedenfalls schon mal auf dem neuen Stuhl und ist, falls überhaupt, nicht mehr, oder schlimmer, nur nach oben zu vertreiben – hochloben, nennt man das.

Ich habe immer versucht, das meinen Referendarinnen oder anderen Frauen, die ich kannte, beizubringen: »Sagt ja. Sagt einfach, das mache ich. Sagt, das kann ich, und zittert innerlich oder zu Hause. Hebt eure Zweifel für eure Freunde und Partner auf, und heult euch bei denen aus, wenn ihr euch überfordert fühlt« – meine Freundinnen kennen das von mir zur Genüge, bis heute – »aber ergreift erst einmal jede Gelegenheit, die sich bietet.«

Ich habe nicht selten »hier« geschrien und dann gemerkt, dass da mehr auf mich zukam, als ich wollte oder erst einmal konnte. Aber meistens legt sich das. Man wächst hinein. Wie jeder andere auch. Wie oft habe ich die Frauen hinterher sagen hören: »Das hätte ich auch gekonnt«, wenn sie sahen, wie lau der Neue kocht. Aber das ist dann sinnloses Hinterherheulen. Und sofort kommen die üblichen Entschuldigungen, von »Ich wollte ja eh nicht« über »die Familie« bis hin zu »Ich bin halt nicht so machtversessen«. O ihr Mädels, seid doch maßlos, traut euch was! Macht ist nichts Negatives, auch wenn wir zu oft erleben müssen, dass und wie sie missbraucht wird. Macht bedeutet, die Entscheidungshoheit zu haben. Und das ist das Wesentliche. Macht etwas daraus!

Blauäugig war ich übrigens nicht. Ich wusste, was in der

neuen Kammer auf mich zukommen würde. Der Knackpunkt war nicht der Vorsitzende, der war hervorragend, sondern der Beisitzer, der leider öfter wegen Krankheit ausfiel und dessen Arbeit dann mit übernommen werden musste, und so kam es dann auch mitten in der Verhandlung des Großverfahrens. Sonst stimmte in der Kammer fachlich und menschlich alles. Auch der Umgang mit den Angeklagten und Zeugen. Er war klar und sachlich, aber dennoch freundlich und zugewandt.

1985 war ich die erste Frau in der Kammer. Die Herren waren im Umgang mit mir etwas vorsichtig und hatten sich selbst schon einmal anzügliche Witze verboten, das Verbot aber später wieder gelockert. Im Umgang mit Eyelinern war der Vorsitzende allerdings unerfahren. Ich hatte mir so ein sündhaft teures Ding geleistet, und nach einer Woche war es weg. Wochen später machte ich die Postkontrolle an seinem Schreibtisch. Die Briefe an und von Untersuchungsgefangenen werden immer kontrolliert, sofern es sich nicht um Verteidigerpost handelt. Und was lag dort in der Schale: mein Eyeliner. Auf meine Nachfrage, was er damit angestellt habe, erzählte er mir ganz stolz, er habe die ganzen Akten des Großverfahrens damit beschriftet. Damit könne man so gut lesbar schreiben. Das Schriftbild sah wegen des zugespitzten Pinselchens, der Marke entsprechend, etwas japanisch aus. Ich habe ihm die Reste des Stiftes überlassen.

Während ich mich schon in das neue Verfahren einarbeitete, wickelte die Kammer noch das letzte Verfahren ab. Sie hatten die »Hitler-Tagebücher«, also das Verfahren gegen den Fälscher Konrad Kujau und den Verlagsmitarbeiter Gerd Heidemann, verhandelt. Deshalb habe ich auch einmal eines dieser Hitler-Tagebücher in Händen gehabt und ging später mit den Kollegen in den Film »Schtonk«. Ein wunderbarer

Film, und noch besser, wenn man ihn mit Leuten anschaut, die Fiktion und Realität trennen können.

Dann begann das Verfahren gegen den Hamburger Rechtsanwalt. So ein Großverfahren erfordert eine ganz andere Art zu arbeiten. Wir hatten Hunderte von Akten durchzuarbeiten, und die Verhandlung dauerte ein Jahr. Es war für die Staatsanwaltschaft nicht einfach gewesen, alles zusammenzutragen. Zwar hatte es vermehrt Anzeigen seiner Mandanten gegen ihn gegeben, aber die Anzeigen waren zum Teil inhaltlich einfach so abenteuerlich und durch nichts zu belegen, dass nicht viel dabei herauskam. So langsam zog sich zwar die Schlinge zu, aber so leicht ist es wegen der geschützten Vertraulichkeit nun auch wieder nicht, das Büro eines Rechtsanwalts zu durchsuchen. Da kam der Staatsanwaltschaft der Zufall zu Hilfe. Es hatte in der Kanzlei des Anwalts gebrannt. Jemand hatte versucht, mit Benzin die Büroräume abzufackeln, und ordentlich davon eingesetzt. Nur ist Brandstiftung so eine Sache, die auch schiefgehen kann. Genauer gesagt, man muss sie beherrschen, wenn Beweismittel vernichtet werden sollen. Die Kanzlei lag im obersten Stock eines Bürohauses, das ein Flachdach hatte. Bei der Explosion durch zu viel Benzin hob sich das Dach einfach etwas an, ließ die Druckwelle durch und senkte sich wieder. Dadurch war der Brand nicht so schnell wie gewünscht in Gang gekommen, und die Feuerwehr war rechtzeitig zur Stelle.

Stoßstange an Stoßstange hinter der Feuerwehr klebte der ermittelnde Staatsanwalt, der die Gunst der Stunde nutzen wollte, um sich in der Kanzlei gründlich umzusehen. Und er fand alles an Beweisen, was er für seine umfangreiche Anklage brauchte. Sogar im Papierkorb waren noch zerrissene Notizzettelchen, auf denen sich der Anwalt Summen notiert hatte. Es gab alles an Betrügereien, Unterschlagungen, Urkundenfälschung und Versicherungsbetrügereien, was man sich vorstellen konnte. Große Summen, kleine Summen, nichts war zu wenig oder zu anrüchig. Gegenüber dem Vater eines wegen Drogenhandels in Untersuchungshaft einsitzenden jungen Mannes hatte er behauptet, wenn er, der Anwalt, die Richter nur ordentlich schmiere, könne er dafür sorgen, dass sein Sohn in Freiheit komme. Der hatte das geglaubt und hohe Summen gezahlt. Nur, ohne diesen Notizzettel hatte man das als Phantasien eines verzweifelten Vaters abgetan. Jetzt belegten die Fragmente genau die Zahlen, die der Mann genannt hatte. Selbst gute Bekannte und Unfallopfer hatte dieser Rechtsanwalt nicht verschont. Am Ende bekam er eine Strafe im zweistelligen Bereich und als Lektüre ein Urteil von 600 Seiten mit.

Noch während des Großverfahrens begann ich mit dem Zusatzstudium Kriminologie. Irgendwie erhoffte ich mir davon bessere Erkenntnisse für meinen beruflichen Alltag. In den zwei Jahren Studium habe ich auch viel über allgemeine Zusammenhänge zwischen Tätern und Straftaten, über Ursachen und Wirkungen gelernt, nur eines blieb weiter offen: der Rückschluss auf den konkreten Fall. Auch wenn es in den meisten Fällen so und so läuft oder diese und jene Ursachen hat, dann heißt das im konkreten Fall trotzdem nicht, dass es hier auch so war.

Mal etwas ganz anderes

Als ich mit diesem Zusatzstudium begann, war ich 36 und wurde, wie die anderen Teilnehmer, von denen einige in der Justiz tätig waren, gefragt, ob ich mit meinem Beruf zufrieden sei oder mir etwas anderes konkret vorstellen könne. Zur größten Überraschung der anderen sagte ich: »Kinderdorfmutter.« »Du?« »Ja.« Das war kein Scherz.

Es war die Zeit, in der ich über den Sinn meines Berufs und seinen Nutzen für die Allgemeinheit nachdachte. Bei dem meist schlechten biographischen Hintergrund meiner Angeklagten, die als Kinder und Jugendliche in den Beschaffungsalltag ihrer suchtkranken Eltern einbezogen wurden, in Heime oder zu Pflegeeltern kamen, dann wieder herausgeholt wurden, wenn es den Eltern oder dem Jugendamt passte, und die oft massive Gewalt erlebt hatten – dort war Handlungsbedarf angesagt. Die Lebensläufe der Täter ähnelten sich ungemein. Wobei die große Mehrheit der jungen Menschen es trotz solch schlechter Startbedingungen schafft, ohne Straftaten durchs Leben zu gehen, sieht man von ein paar Jugendsünden ab. Aber dafür müssen sie deutlich mehr Willensstärke aufbringen als andere aus intakten Familien, die bei Problemen unterstützt und bei Misserfolgen wieder aufgefangen werden.

Irgendwann hatte ich mich mit dem Konzept der SOS-Kinderdörfer des Hermann Gmeiner beschäftigt. Aus den SOS-Kinderdörfern hatte die Justiz nie Angeklagte. Diese bieten den Kindern und Jugendlichen eine Art kleines Heim mit einer familiären Struktur. Eine Kinderdorf-Mutter, heute sind es eher Kinderdorf-Eltern, war damals für acht bis zehn Kinder zuständig, und sie erzog sie in diesem Familienverband. Nicht nur ich weiß, wie wesentlich Liebe, Vertrauen, Verlässlichkeit und Erziehung in der Kindheit und Jugend für das ganze Leben sind. Wenn das Kind schon in den Brunnen gefallen war, und das war bei vielen meiner Angeklagten der Fall, dann konnte auch mit Strafen nicht mehr wirklich viel in ihrer Persönlichkeit korrigiert werden. Bei der Weiße-Kragen-Kriminalität, deren Vertreter trotz guter Elternhäuser und Bildung den Hals nicht voll genug bekommen können und die vor Gier kriminell werden, hielt sich mein Mitleid dagegen immer in Grenzen.

Längere Zeit habe ich ernsthaft darüber nachgedacht, ob ich meine Kraft statt ins Strafrecht nicht lieber in etwas Sinnvolleres, weil präventiv wichtig, stecken sollte, statt Reaktion lieber Aktion wählen sollte. Zum Beispiel als SOS-Kinderdorf-Mutter. Das maximale Alter für den Berufseinstieg war damals 37 Jahre. Es war also nicht mehr so viel Zeit, um umzuschwenken. Bei diesen Überlegungen waren nicht Neubeginn und Abwechslung das Thema, sondern ich wollte etwas tun, was mir sinnvoller erschien, als einem Angeklagten zu sagen, was er alles nicht hätte tun dürfen, obwohl er das sowieso schon wusste.

Am Ende habe ich es doch nicht gemacht – was gut war. Es hätte mich total überfordert, weil ich einfach nicht die geborene Betreuerin bin. Aber ich bewundere bis heute diese Kinderdorf-Mütter, die fast ihr ganzes Leben hindurch eine solch wichtige gesellschaftliche Funktion ausüben.

Auch die Rechtssprache ist männlich

Nach Abschluss des Großverfahrens blieb ich erst einmal in dieser Kammer. Ich konnte von dem Vorsitzenden jede Menge lernen. Auch von seinem feinen Humor. Den brauchte er bei mir auch öfters. Ich bin ja manchmal in Sachen pingelig, die andere für total normal halten. Man wisse doch, was gemeint sei, wenn Angeklagte antworteten, ihre Mütter arbeiteten nicht. Mein sofortiges Unterbrechen des Vorsitzenden und Nachfragen beim Angeklagten, ob denn seine Mutter faul auf dem Sofa liege, beantwortete der Angeklagte dann natürlich mit Nein. »Was arbeitet Ihre Mutter denn?« »Ja, nur Haushalt oder so.« Diese verbale Missachtung von Frauenarbeit ging mir einfach auf den Senkel, und nicht lange danach wurden die Fragen dazu so korrekt gestellt und auch beantwortet, dass sogar die Ausbildung der Mütter – bis dahin interessierte das Gericht nur die der Väter – Erwähnung fand.

Mit der Sprache ist das überhaupt so eine Sache. Es ist hoch interessant, sich mit ihr zu beschäftigen. Ich meine jetzt nicht die Grammatik. Ich meine auch nicht den Inhalt, was gesagt werden soll. Ich meine, was schon allein die Sprache selbst über eine Gesellschaft und deren Geschlechterverhältnis aussagt. 1987 hielt eine Münchener Oberregierungsrätin den Eröffnungsvortrag zur Jahrestagung des Deutschen Juristinnenbundes in Hannover. Thema: »Die Rechtssprache ist männlich«. Sie müssen nicht glauben, dass der Inhalt des Vortrags heute veraltet wäre. Zwar hat sich inzwischen einiges verbessert, aber vieles ist bis heute beim Alten geblieben. Immerhin: Es gibt seit 2001 das Bundesgleichstellungsgesetz und die entsprechenden Gesetze der Länder. Rechts- und Verwaltungsvorschriften des Bundes beziehungsweise der Länder sollen die Gleichstellung von Frauen und Männern auch sprachlich zum Ausdruck bringen. Aber es heißt schon mal wieder »sollen«. Warum heißt es nicht »müssen«?

Als die großen Gesetzeswerke wie das BGB (Bürgerliches Gesetzbuch) und das StGB (Strafgesetzbuch) im 19. Jahrhundert kodifiziert wurden, wurde die Frau als Rechtssubjekt schon lange nicht mehr beachtet. Es handelten folgerichtig nur noch Männer, auch für Frauen. Entsprechend sind in den Gesetzen auch alle Begriffe männlich, vom Käufer angefangen über den Schuldner bis zum Gläubiger. Inzwischen haben sich Frauen längst eine andere Rolle erkämpft. Es gilt heute wenigstens schon einmal eines: Mit »Mann« kann auch immer eine Frau gemeint sein. Aber in den meisten Gesetzen werden Frauen – von wenigen neuen Ausnahmen abgesehen – weiter über die männliche Form angesprochen. Eben das macht es Frauen schwer, sich auch tatsächlich angesprochen zu fühlen. Linguistinnen wie zum Beispiel die Professorin Senta Trömel-Plötz haben in ihren wissenschaftlichen Forschungen schon längst nachgewiesen, dass die Sprache das Spiegelbild des Geschlechterverhältnisses in unserer Gesellschaft ist und sich in ihr die besonderen sozialen Zusammenhänge von der Dominanz des Mannes und der Unterordnung sowie Zurücksetzung der Frau ausdrücken. Forschungen im schulischen und im hochschulpädagogischen Bereich belegen, dass Frauen und Mädchen bessere Ergebnisse zeigen, wenn sie unmittelbar durch direkte Anrede oder Beispiele aus ihrem Lebensbereich angesprochen werden.

Dabei gab es durchaus Zeiten, in denen man Gesetze geschlechtsneutral formuliert hat. In Edikten aus dem 13. Jahrhundert für Heilberufe, für die Frauen zugelassen waren, finden sich dementsprechend geschlechtsspezifische Bezeichnungen. Man sprach dort von der Chirurgin und dem Chirurgen, der Kräuterkundigen und dem Kräutersammler, der Apothekerin und dem Apotheker. Als Mitte des 15. Jahrhunderts die Hebammenordnungen verfasst wurden, waren alle Berufsbezeichnungen weiblich, denn nur Frauen konnten diesen Beruf ausüben. Als sich männliche Ärzte in den Berufsstand drängten, wurden sie erst einmal mit dem Begriff »spezialisierte Personen« erfasst. Mit dem Hebammengesetz von 1985 wurde Männern der Zugang zu diesem Beruf offiziell ermöglicht. Und in der nächsten Sekunde erkannte

DER Gesetzgeber den Sinn und die Bedeutung geschlechterdifferenzierender Formulierungen. Er erfand eigens für Männer den Berufsbegriff des Entbindungspflegers. Es werden sich nun nicht gleich Tausende Männer in diesen Berufsstand gedrängt haben. Trotzdem wurden sofort und umfassend die Gesetze und Verordnungen geändert, und es wurde plötzlich fein zwischen Hebamme und Entbindungspfleger, Ärztin und Arzt, Schülerin und Schüler unterschieden. Es wäre ja auch eine unzumutbare Kränkung, wenn nur ein einziger junger Mann sich per Gesetzestext als Schülerin hätte bezeichnen lassen müssen. Bei allem gesetzgeberischen Fleiß, wenig später ist schon wieder nur noch von »dem Antragsteller« die Rede, der eine Ausbildung als Hebamme abgeschlossen hat. Komisch geht anders.

Noch ein Beispiel? Im Beamtengesetz eines Bundeslandes stand, dass der Beamtin auf Antrag Sonderurlaub gewährt werden könne. Es gab dann plötzlich »verfassungsrechtliche Bedenken«. Um auch Männer einbeziehen zu können, hieß es nun: »Dem Beamten kann Sonderurlaub gewährt werden.« Als die weibliche Bezeichnung im Gesetz stand, war es eine Verletzung von Artikel 3 Grundgesetz wegen Benachteiligung des Mannes. Eine ganz normale verfassungskonforme Auslegung, dass auch Männer gemeint sein könnten bei einer weiblichen Bezeichnung, wie es umgekehrt ständig der Fall ist, erfolgte nicht. Nachdem die männliche Form verwandt wurde, wurde kein Verfassungsverstoß mehr festgestellt, und die Frauen, die ganz überwiegend solche Anträge stellen, denn es geht dabei im Wesentlichen um Kindererziehung oder Pflege, dürfen sich nun wieder in alter Tradition männlich anreden lassen. Männer werden nicht gleichbehandelt, sprich gleich schlecht behandelt. Sie erfahren in keinem Gesetz eine Definition über weibliche Begriffe. In der letzten

Neufassung der Straßenverkehrsordnung von 2013 wird zumindest mal versucht, geschlechtsneutrale Bezeichnungen zu verwenden.

Selbst das Grundgesetz ist nicht wirklich geschlechtsneutral. Es enthält zwar in dem Teil, in dem die Grundrechte behandelt werden, keine geschlechterdiskriminierenden Benennungen, kennt wenig später als Funktionsträger aber nur Männer. Man kann es auch nicht als eine Art »Gewohnheitsrecht« ansehen, dass die männliche Form einer Personenbezeichnung als Oberbegriff erachtet werden muss. So viel zur Gleichheit in der Gesetzessprache. Für die Alltagssprache gilt übrigens dasselbe. Als Richterin musste ich in der »Schreibstube« energisch intervenieren, da man dort von sich aus in meine Diktate eingegriffen hatte. Sie hatten die »Schöffin« und die »Richterin« einer Geschlechtsumwandlung in »Schöffe« und »Richter« unterzogen. »Machen wir immer so, dann geht alles in eine Zeile.« Das war das einzige Mal, dass ich in der Verwaltung gebrüllt habe. Wobei auch ich leider selbst zu oft nur männliche Begriffe für Berufe verwende, wenn beide Geschlechter gemeint sind.

Helmut Schmidt und ein Fehlurteil

Als Richterin wird man von Nichtjuristen gerne nach Fehlurteilen gefragt: »Was war dein schlimmstes?« Immer in der Vorstellung, man müsse in den vielen Jahren doch einige Menschen zu Unrecht weggesperrt haben. Wie könne man damit leben? Das kann natürlich geschehen, dass man jemand zu Unrecht verurteilt. Vor allem in Indizienprozessen. Oder gerade dann, wenn sich Zeugen abgesprochen haben, etwas zu behaupten, und das überzeugend durchziehen. Allerdings weiß jedes Gericht, dass Zeugen das schwächste Beweismittel sind, das es gibt. Also ist ein Richter in der Wertung der Aussagen sehr vorsichtig. Ich persönlich weiß glücklicherweise von keinem Fall, an dem ich mitgewirkt oder den ich später als Vorsitzende zu verantworten gehabt hätte, bei dem sich im Nachhinein eine Verurteilung als falsch erwies. Im Zweifel gilt ja immer der Grundsatz, zugunsten des Angeklagten zu entscheiden: »in dubio pro reo«. Deshalb sind auch die allermeisten Fehlurteile Freisprüche. Und zwar die Freisprüche, die »in dubio« erfolgen. Die Tat wurde ja begangen, das steht fest. Nur, war der Angeklagte wirklich der Täter? Oder ist es nicht doch irgendwie denkbar, dass ein anderer als Täter in Betracht kommt? Deshalb ist so ein Freispruch im Hinblick auf die wirkliche Lage und auf das Opfer oft ein Fehlurteil. Nur rechtlich ist er korrekt. Insofern habe ich sicher einige Freisprüche zu verantworten, die falsch waren, weil der Angeklagte doch der Täter war.

An einen »Freispruch« werde ich mich allerdings mein Leben lang erinnern. Wir hatten einen Täter, der zweifellos schizophren war. Deshalb war er auch nicht im klassischen Sinn angeklagt. Denn eine Anklage setzt immer voraus, dass der Täter bei Begehung der Tat nicht schuldunfähig war, § 20 StGB. Aber wenn die Tat, die so ein Mensch begangen hat, so schwerwiegend ist und die Gefahr besteht, dass er so etwas wieder tut, dann gibt es ein sogenanntes Sicherungsverfahren. Die Staatsanwaltschaft beantragt dann, den Täter in einer geschlossenen Einrichtung unterzubringen. Um so einen Fall hat es sich hier gehandelt.

Ein Amerikaner, um die dreißig Jahre alt, war der festen Überzeugung, dass Altbundeskanzler Helmut Schmidt sein Vater wäre, und er ihn deshalb unbedingt sprechen müsse.

Schmidt, damals Herausgeber der »Zeit«, sah hingegen keinen Gesprächsbedarf, als der Mann ihn in seinem Büro im Hamburger Pressehaus aufsuchen wollte. Nachdem er von den Sekretärinnen abgewiesen worden war, kam der Mann tags drauf wieder, rannte in verschiedene Räume und sprühte allen, die er packen konnte, Farbe ins Gesicht. Natürlich schaffte er es mit dieser Aktion erst recht nicht, zu Helmut Schmidt vorzudringen. Doch aufgeben wollte er auch nicht. Einen Tag später schüttete er im Empfangsbereich einen vollen Benzinkanister aus und legte so schnell Feuer, dass nur glückliche Umstände eine Katastrophe verhinderten. Die Polizei konnte den Mann überwältigen, und er wurde einstweilen in einer geschlossenen Anstalt untergebracht, weil er offensichtlich psychisch krank war.

In der dann folgenden Hauptverhandlung erlebte ich übrigens zum ersten Mal hautnah, wie mit Prominenten seitens der Presse umgegangen wird. Helmut Schmidt war als Zeuge geladen, denn es hatte sich herausgestellt, dass er in der Zeit, in der der Täter ungefähr gezeugt worden sein musste, in der Heimatstadt des Mannes einen Vortrag an der dortigen Universität gehalten hatte. Also konnten wir ihm das Kommen nicht ersparen. Blitzlichtgewitter, Geschiebe und Gedränge auf dem Flur, wenn die Tür auch nur einen Spalt aufging. Rauchen durfte der Altkanzler nun wirklich nicht im Saal, aber er nahm immer wieder Schnupftabak. Ich grinste meinen Vorsitzenden an. Bei jedem anderen hätte er das nicht zugelassen. Das war so seine Art der Entschädigung für die Umstände, die wir ihm machen mussten.

Dann kam das Entscheidende: Die Gutachten über die weitere Gefährlichkeit des Täters. Einstimmig hieß es: Er sei nicht weiter gefährlich. Man habe ihn über Monate beobachtet. Er sei auch nicht mehr auf die Vaterschaft von Helmut Schmidt fixiert. Er sehe seine Ahnen jetzt im Bereich der Hohenzollern. Und er sei frei von jeder Aggressivität. Der Gewaltausbruch sei eine einmalige Sache gewesen und es gebe nicht den geringsten Hinweis darauf, dass sich so etwas wiederholen könne. Aufgrund der Gutachten konnten wir die Unterbringung des Täters wegen Gefährlichkeit nicht anordnen, sondern mussten den Antrag der Staatsanwaltschaft ablehnen. Obwohl wir ein sehr ungutes Gefühl dabei hatten. Aber Gefühle haben in solchen Entscheidungen nichts zu suchen. Jedenfalls reichen sie nicht, um in so einem Fall gegen die Sachverständigengutachten zu entscheiden. Das Tragische: Zwei Jahre später hat dieser Amerikaner in Spanien zwei Menschen mit einer Machete erschlagen. Das belastet mich bis heute.

Zu früh gefreut

Es waren nun wieder fast drei Jahre bei Gericht vorbei. Das Arbeitsklima stimmte, wir hatten abwechslungsreiche Fälle. Ich war inzwischen 38 und fand nach der üblichen Einarbeitung wieder mehr Zeit für Oper, Ballett, Kunst und Reisen. Bei anderen Kammern, die mich hätten reizen können – Schwurgericht oder Wirtschaftsstrafkammer –, waren gerade keine Stellen frei. Gute Kammern bleiben oft viele Jahre, um nicht zu sagen Jahrzehnte, einvernehmlich zusammen. Kein Richter kann gegen seinen Willen einfach so versetzt werden, auch nicht mit dem Hinweis, Bewegung schade nicht, andere wollten auch mal.

Beruflich gesehen halte ich es für sehr wichtig, in jungen Jahren nicht nur auf einer Stelle zu verbleiben, weil es gerade so schön oder bequem ist, sondern öfter zu wechseln. Wobei ich nicht der Generation Praktikum das Wort rede. Diese Ausbeutung der jungen Leute heutzutage meine ich nicht. Ich meine die »normalen« Arbeitsstellen. Bei jedem Wechsel lernt man Neues hinzu. Ich musste mich immer wieder in neue Rechtsgebiete einarbeiten und mit anderen Menschen und anderen Umständen zurechtkommen. Sicher dauert es wieder, bis ein gewisses Spezialistentum entsteht, aber ich schätze nun mal – und das nicht nur bei mir – eine gewisse Bandbreite. Wechsel innerhalb eines größeren Arbeitsfelds bringt immer eine zusätzliche Qualifikation. Ich habe zudem jede freie Minute genutzt, meinen Schreibtisch zu verlassen, um mich auf Kongressen, Tagungen oder Studiengängen im In- und Ausland weiterzubilden. Ich war ja unabhängig. Niemand klammerte zu Hause, und wann ich meine Akten bearbeitete, das konnte ich mir recht frei einteilen, sofern ich nicht in Rückstand geriet.

Kindererziehung ist übrigens auch Weiterbildung. Was Frauen durch das Verbinden von Beruf und Familie lernen, ist Management vom Feinsten. Wenn ich in Ausschreibungen lese, was von Führungskräften an Organisationstalent, Einfühlungsvermögen, Deeskalationsfähigkeit, Durchsetzungsvermögen und Belastbarkeit gefordert wird, muss ich immer lächeln. Jede Mutter leistet das täglich, ohne dass gleich hochtrabende Formulierungen dafür gefunden werden. Leider gilt Erziehungszeit nicht als weiterführende berufliche Qualifikation. Heute ist es immer noch so, dass einer, der zum Beispiel zehn Jahre lang ganztags Urteile schrieb, als fachlich besser gilt als seine teilzeitarbeitende Kollegin, die zwar nur die Hälfte der Zeit bei Gericht anwesend war, aber daneben Kinder erzogen hat. Das kann ich nicht verstehen, denn Sitzfleisch ist für mich keine zusätzliche Qualifikation.

Plötzlich kam der Anruf meiner früheren Chefin aus der Gnadenabteilung. Sie hatte inzwischen geheiratet, und ihr Mann war nach Bayern versetzt worden. Die ewige Fahrerei wurde ihr langsam zu viel, und ganz gesund war sie auch nicht mehr. »Barbara, ich werde mich vorzeitig pensionieren lassen.« Au. Das war früh für eine Nachfolge. Mit unter vierzig schon eine Beförderungsstelle? Ohne Parteibuch? Und eine Einserjuristin war ich auch nicht gewesen. Also, wie sollten wir das bewerkstelligen? Der Zufall half.

Das Landgerichtspräsidium hatte der Ärmsten einige Zeit vorher einen Richter geschickt, der in der Gnadenabteilung überfordert war. Was vorherzusehen war. Denn wenn man es nicht beherrscht, zügig durchzuentscheiden, kann man dort bald sein Zimmer nicht mehr betreten. Die Akten türmten sich also meterhoch. Ich war an der Entscheidung, ihn dorthin zu versetzen, als Präsidiumsmitglied mitbeteiligt gewesen. Nun tat ich edel und betonte, dass wir das von uns angerichtete Chaos als Präsidium auch wieder ausbaden müssten. Mit meiner Erfahrung aus meiner Zeit in der Gnadenabteilung könnte ich das Schlimmste mal eben beseitigen. »Gehe ich halt für ein Jahr zurück, bis alles wieder läuft.«

Taktik ist bei Neuanfängen nicht verkehrt. Und man muss um Neuanfänge auch überlegt kämpfen, wenn man sie wirklich will. Ich wollte unbedingt diese Abteilung haben. Deshalb sorgte ich dafür, dass sich statt meiner nicht irgendjemand sonst in die Gnadenabteilung setzen konnte, dort an der Aufgabe Geschmack fand und am Ende auch noch seinen Hut um die Bewerbung der Nachfolge mit in den Ring warf. Man nennt das, was ich in diesem Fall gemacht habe, vielleicht am besten: die Ausgangsposition verbessern.

Also war ich erst einmal wieder Referentin in der Gnadenabteilung und wie schon in den früheren Jahren auch Stellvertreterin der Abteilungsleiterin. Ich hatte gut zu tun, denn kaum dass ich die Berge abgearbeitet hatte, reichte meine Abteilungsleiterin ihre vorzeitige Pensionierung ein und schlug mich als Nachfolgerin vor. Der Leiter des Justizamtes unterstützte den Vorschlag. Ich hatte ab da zwei Stellen, ihre – unentgeltlich – und meine – entgeltlich. Denn bis so ein Nachfolgeverfahren in die Gänge kommt, dauert es. Die Behörde spart gern. Nur, in so einer relativ kleinen Abteilung wie der Gnadenabteilung war das ziemlich hart. Was soll's. Ich wollte ja die Stelle. Also schreckte mich die Doppelbelastung nicht.

Doch sollte ich mich einfach nicht zu früh freuen. Beförderungsstellen wecken Begehrlichkeiten. In diesem Fall die der Staatsanwaltschaft. Man wollte dort eine gute Staatsanwältin zur Oberstaatsanwältin befördern, brauchte aber dafür einen gewissen »Erfahrungsumweg«. Ausgerechnet über den von mir anvisierten Posten der Abteilungsleitung in der Gnadenabteilung. Ich mache es kurz: Sie bekam die Stelle. Es sollte für ein Jahr sein, denn sie sollte und wollte zurück zur Staatsanwaltschaft. Immerhin. Mir wurde gesagt, ich sei noch zu jung. Ich solle erst einmal weiter die Stellvertretung machen. Klar, die Linie sollte ja wie gehabt weitergehen. Sie musste sich erst einarbeiten. Daraufhin habe ich mir einen Termin beim Justizsenator geben lassen und ihm bei einem sehr sachlichen und freundlichen Gespräch trotzdem in aller Deutlichkeit wortwörtlich gesagt, dass ich auch im kommenden Jahr nur um ein Jahr zu altern gedächte. Wenn ich dann wieder hören würde, dass ich noch zu jung sei, ginge ich jetzt sofort zum Gericht zurück. Nein, ich solle um Himmels willen bleiben. Sie wollten mich ja als Abteilungsleiterin haben. Der Amtsleiter nannte mich am nächsten Tag, auf dem grünen Gnadensofa sitzend, »krankhaft ehrgeizig«. Tatsächlich? Bei einem Mann hätte man von klarer Karriereplanung gesprochen. Das sind eben die feinen Unterschiede. Hab ich ihm auch gesagt.

Beim zweiten Anlauf hat es geklappt. Fünf Tage vor meinem einundvierzigsten Geburtstag wurde ich zur Vorsitzenden Richterin ernannt und sofort als Abteilungsleiterin zur Justizbehörde abgeordnet.

Endlich Chefin der Gnade

Tiefes Ein- und Ausatmen. Der erste Tag war ein ganz besonderer Tag, weil ich richtig körperlich gespürt habe, dass ich endlich das erreicht hatte, was ich seit Jahren gewollt hatte. An diesem Tag habe ich auch gar nicht weiter an die Zukunft gedacht, was jetzt in nächster Zeit so alles auf mich zukommen würde, sondern ich habe nur den Moment genossen. Vielleicht vergleichbar mit dem Gefühl wie von vor 13 Jahren, als ich nach dem großen Staatsexamen auf der Treppe vom Oberlandesgericht stand und dachte: »Jetzt bist du mit allem durch.« Ich habe jedenfalls meinen ersten Tag als Abteilungsleiterin schon ab frühmorgens, beginnend mit den offiziellen Feierlichkeiten, voll genossen und bin anschließend mit Freunden versackt.

Dann zog ich erst einmal um in das schöne große Chefzimmer mit den ledergepolsterten Türen und den beiden Sekretärinnen davor. Früher hat in dem Raum einmal der Polizeipräsident gesessen. Davon habe ich ausstattungsmäßig gut profitiert. Und die Möblierung aus den fünfziger Jahren liebte ich eh, einschließlich des riesigen geschwungenen, dunkelgrünen Gnadensofas.

Neu war, dass ich nun eigenverantwortlich eine ganze Abteilung im Blick haben musste. Das ist schon etwas anderes als nur eine Vertretung. Unangenehmes deutlich auszusprechen gehört dann plötzlich dazu. Und Kritik in konstruktiver Form zu üben. Zu versuchen, mit unterschiedlicher Leistungsstärke und unterschiedlichem Leistungswillen so umzugehen, dass alle zusammen eine funktionierende Einheit bilden. Das war zu Beginn für alle Beteiligten nicht so einfach. Meine Mitarbeiterinnen und Mitarbeiter kannten mich ja bis dahin nur als hilfsbereite Kollegin, die oft für andere eingesprungen war und die notfalls alles selbst übernommen und zurechtgerückt hatte. Sie kannten mich nicht als Chefin, die auch klar sagt, wo es langgeht und die Arbeit delegieren muss. Es war schon eine Umstellung, die etwas dauerte. Ich musste in diese Rolle auch erst einmal hineinwachsen, und die anderen mussten meine neue Position akzeptieren und respektieren. Dieser Rollentausch ist übrigens für Frauen oft viel schwerer als für Männer, die von früh an Hierarchien gewohnt sind. Schon kleine Jungs üben sich im ständigen Konkurrenzkampf, wer ist stärker, schneller, springt höher usw. Mädchen nehmen mehr die vermittelnde Position ein, wollen lieber überzeugen, die anderen argumentativ auf ihre Seite ziehen als die Machtkeule zu schwingen. Ich war als Kind da etwas anders gestrickt als viele meiner Schulkameradinnen und habe durchaus auf Rangordnung Wert gelegt. Vielleicht hat mir das geholfen, selbstverständlicher mit der neuen Position umzugehen.

Wenn ich in meiner Abteilung eine Stelle neu besetzen musste, suchte ich nach jungen Staatsanwältinnen oder Richterinnen, die dann für eine gewisse Zeit als Referentinnen in die Gnadenabteilung kamen. Und zwar wollte ich damit ganz bewusst junge Kolleginnen fördern. Ich habe versucht, ihnen die Freiheit bei Entscheidungen zu geben, die mir meine Abteilungsleiterin auch gelassen hatte. Wobei eine gewisse Linie einzuhalten war, damit keine Willkür entstand.

Meine Linie war die, sehr großzügig bei kleineren Straftaten zu sein und zu versuchen, die oft drogen- oder alkoholabhängigen Verurteilten ohne zu hohe Anforderungen bei ihrem Versuch zu unterstützen, aus ihrer Misere herauszukommen. Sicher bemühen wir uns in der Justiz um Gleichbehandlung, aber ich habe öfter das Sprichwort bestätigt gefunden: »Die Kleinen hängt man, die Großen lässt man laufen.« Gerade im Bereich der »Wirtschaftskriminalität« und auch ganz allgemein dann, wenn die Täter gebildeter waren, kamen sie im Vergleich zu einfacheren Leuten oft mit milderen Strafen davon. Das war jedenfalls mein Eindruck in den Fällen, die über meinen Schreibtisch liefen. Natürlich waren Gnadenerweise umso seltener, je höher die Strafen waren. In den Bereichen, in denen es um Gewalt ging, sahen das auch alle so, die am Gnadenverfahren beteiligt waren. Aber in den Bereichen der sogenannten Weiße-Kragen-Kriminalität wurde bei gleich hohen Strafen in den Gesuchen viel Druck ausgeübt. Man könne doch nicht diesen oder jenen verdienten Bürger, der allenfalls »fahrlässig« gehandelt habe, zu den Kriminellen stecken. Dabei ging es meist um Betrug oder Untreue im großen Stil, und diese Taten verlangen sogar absichtliches Handeln. Auch Gericht und Staatsanwaltschaft befürworteten in solchen Fällen viel öfter einen Gnadenerweis. Jedenfalls landeten solche Gnadenverfahren immer in der Senatskommission, die generell über Beschwerden gegen Ablehnungen der Gnadenabteilung zu entscheiden hatte. Die Kommission, bestehend aus vier Senatoren (Minister), Staatsrat (Staatssekretär) und Amtsleiter, tagte etwa einmal im Monat im Rathaus. Ich kam dann mit Fahrer und Bergen von Akten, die die Senatsdiener ins rot ausgeschlagene sogenannte Senatsgehege schleppen mussten. Das sind wunderschöne holzgetäfelte Räume. In einem liegt das Goldene Buch der Freien und Hansestadt Hamburg aus, und auch das Senatssilber wird dort aufbewahrt und ausgestellt. Jeder Senator muss übrigens am Berufsende eine Besteckgarnitur abliefern, was bei einem regen Wechsel an Senatoren den Besteckbestand stetig anwachsen lässt.

Ich referierte im Senatsgehege also die Beschwerden gegen unsere Entscheidungen oder trug die Fälle mit lebenslanger Freiheitsstrafe vor, denn die entschied die Senatskommission selbst, den Rest machten wir vorab. Während in Fällen von Gewalt und Drogenhandel wenig diskutiert wurde, hatte ich bei den Fällen der »besseren Leute« nicht wenig Mühe, die Senatskommission zu überzeugen, dass alltägliche Probleme und Schwierigkeiten kein Gnadengrund waren. Auch nicht, dass die Taten schon länger zurücklagen, denn dafür hatten die Verteidiger dieser Tätergruppe schon selbst gesorgt, indem sie jedes Mittel zur Prozessverzögerung ausgenutzt hatten.

Ruthchen war inzwischen übrigens auch in Gnadenangelegenheiten unterwegs. Sie war Gnadenbeauftragte an einem Landgericht in Nordrhein-Westfalen. Irgendwie ist es schon seltsam, wie sich unsere beruflichen Wege immer wieder ähnelten, ohne dass wir uns abgesprochen hätten. Wir haben beide anwaltlich gearbeitet, waren Staatsanwältinnen, Richterinnen und im Gnadenwesen tätig. Wir haben alle Seiten der Strafjustiz in der Praxis kennengelernt und gestaltet, was in dieser Erfahrungsbreite ungewöhnlich ist. Wir haben uns dann oft und gewinnbringend über unsere Arbeit ausgetauscht, einschließlich das Entwickeln von Formularen: »Wie macht ihr das?«

Die gläserne Decke

Nach drei Jahren als Abteilungsleiterin war es dann wieder so weit. Ich fing an, mich damit zu beschäftigen, wie es weitergehen sollte. An sich hatte ich da sogar schon länger ganz konkrete Vorstellungen. Mich interessierte dabei nicht eine gerichtliche Karriere, sondern ein Weg innerhalb der Justizbehörde. Ich wollte – wieder über den Weg einer Stellvertretung – am Ende die Leitung des Strafvollzugsamtes. Dieses Amt ist zuständig in allen Fragen der Strafvollstreckung und hat die Aufsicht über alle Hamburger Justizvollzugsanstalten und sonstige Vollstreckungseinrichtungen. Nur blieb der damalige Chef des Vollzugsamtes für mich leider nicht lang genug auf seinem Posten, sondern wurde der Leiter des Justizamtes.

Ab solchen Karrierestufen wird es aber »politisch«, das heißt, man braucht persönliche Förderer, die Entscheidungsträger sind, oder andere Unterstützung, meistens parteipolitische. Darauf hatte ich zu wenig geachtet. In meiner Naivität glaubte ich damals, es gehe auch weiterhin mit mir aufwärts, und zwar allein aufgrund meiner fachlichen Leistung. Jeder wäre froh und glücklich, wenn ich käme. Das waren sie auch, aber nur, wenn Arbeit zu verteilen war. Weitere Beförderung war anscheinend nicht mehr vorgesehen. Mein Schlüsselerlebnis in diesem Zusammenhang war, als meine Senatorin und die damalige Leiterin des Vollzugsamts – sie kam für einige Jahre über die kirchlich-politische Seitenschiene ins Amt – mir die Leitung von »Santa Fu«, also von Fuhlsbüttel, der größten und am schwersten zu leitenden Vollzugsanstalt von Hamburg, antrugen. Da liege so viel im Argen, da müsse man was ändern. Kein Wort dazu, wie es danach bei mir weitergehen solle. Erst recht kein Wort zum Vollzugsamt. Da gingen bei mir die Alarmglocken an: Außer ein gehöriges Mehr an Arbeit würde diese Stelle nichts weiter für mich bringen. Und nur so für andere die Kastanien aus dem Feuer zu holen, ohne finanzielle Verbesserung und berufliche Perspektive, das musste nicht mehr sein. Ich sah, dass ich den Punkt erreicht hatte, an dem ich nur durch meinen Einsatz nicht mehr weiterkam, und zog deshalb mit 45 die berufliche Konsequenz: Keine weitere Mehrarbeit als Investition in ungelegte Beförderungseier, zumal schon ein anderer für die Stelle der Leitung des Vollzugsamtes in den Startlöchern saß und sie dann auch bekam. Also Rückzug zum Landgericht mit weitaus freierer Lebensgestaltung.

Ich bedaure diese Entscheidung bis heute nicht, aber ich kann mir vorstellen, dass es anders gekommen wäre, wenn es Quoten für Frauen gegeben hätte. Was für ein wunderbarer Neuanfang wäre es, wenn Frauen in unserer Gesellschaft ihrer Leistung entsprechend nicht nur eingestellt, sondern auch weiter gefördert und auch befördert werden müssten. Oder glaubt etwa wirklich noch jemand ernsthaft, dass die Männer an den Schaltstellen sitzen, nur weil sie besser sind? So viele? Sie sitzen zu weiten Teilen nur deshalb dort, weil sie Männer sind. Demgegenüber ist die Frauenquote eine Qualitätsquote. Sie hat immer die Voraussetzung, dass Frauen erst bei gleicher Leistung vorgezogen werden, bis das Geschlechterverhältnis seinem Verhältnis in Ausbildung und Qualifikation entspricht, damit die statistisch seit ewigen Zeiten belegte Benachteiligung abgebaut wird. Seit Jahrzehnten werden Erhebungen gemacht. Vor jeder Wahl die unerwartet neue Erkenntnis, dass Frauen benachteiligt sind. In allen Bereichen. Jetzt müsse man doch mal endlich handeln. Natürlich freiwillig. Da capo bei jeder Wahl. Wie blöd sind wir Frauen eigentlich, das ewig hinzunehmen?

Könnte nicht mal ein weiblicher Ruck durch das Land gehen?

Die »djbz«, die Zeitschrift des Deutschen Juristinnenbundes, setzt sich in der Ausgabe vom Juni 2013 mal wieder ganz dezidiert mit der Notwendigkeit von Quoten auseinander. Es beginnt ja schon damit, dass Frauen in der freien Wirtschaft im Durchschnitt 23 Prozent weniger als Männer verdienen. Frauen sind auch in der Erwerbsarbeit einfach nicht gleichberechtigt. Schon tariflich werden die Weichen gestellt. Eine Verkaufstätigkeit im Einzelhandel mit dreijähriger Berufsausbildung wird schlechter bezahlt als ein Lagerarbeiter ohne Ausbildung. Wussten Sie das? Und warum? Weil im Einzelhandel überwiegend Frauen tätig sind. Es gibt einfach die gesellschaftliche Geringbewertung weiblicher Arbeit. Physische Anforderungen und Belastungen werden bei gewerblichen Tätigkeiten – überwiegend Männer – anerkannt und vergütet, aber nicht in den Dienstleistungsberufen wie etwa in der Altenpflege. Altersarmut ist nicht zufällig ein Problem weiblicher Lebensläufe. Die typischen weiblichen Biographien sind wegen Kinderbetreuung und Pflege der älteren Generation durch Diskontinuitäten, Teilzeitarbeit, Beschäftigung im Niedriglohnsektor und einer im Vergleich mit Männern schlechteren Bezahlung ausgezeichnet. Eine Prise Geschichte? Solange die Sekretäre männlich waren, war das ein geachteter Beruf. Als die Frauen in diesen Beruf kamen und überzeugten, gab es alsbald nur noch Sekretärinnen. Folge: Der Lohn sank, und die Männer verließen den Berufszweig, weil er unattraktiv für sie geworden war. Fürchten die Juristen eine Verweiblichung der Justiz, wenn zu viele gute Frauen Richterinnen und Staatsanwältinnen werden und damit die Justiz prägen? Verliert sie dann gesellschaftlich an Wert? Haben die Herren davor Angst?

Wahrscheinlich schon. Der frühere Präsident des Braunschweiger Oberlandesgerichts war so eitel, im »Spiegel« zu veröffentlichen, dass man die Bewerbungsnoten für die Einstellungen als Richter und Staatsanwälte um eine ganze Note habe senken müssen, damit nicht nur Frauen genommen werden müssten, sondern auch Männer wieder eine Chance hätten. Geht's noch? Hat schon irgendjemand gefordert, notfalls schwächere Frauen zu nehmen, nur damit es nicht länger so viele Männer in einem Bereich gibt? Und wer verlangt überhaupt, dass in der Justiz fünfzig Prozent der Richter und Staatsanwälte Männer sein müssen, damit das Verhältnis ausgeglichen ist? Ich dachte, es ginge nach Qualität und nicht nach Quantität?

In Führungspositionen sind Frauen so selten vertreten, dass von einer »gläsernen Decke« gesprochen wird. Übersetzt: Man sieht, dass es nach oben weitergeht, rechts und links ziehen die Männer vorbei, aber frau stößt mit dem Kopf an Panzerglas und kommt nicht weiter. Der Anteil der Frauen an der Belegschaft bildet sich in den Führungsebenen nicht ab. So ist es übrigens auch in der Justiz. Er sinkt zudem mit jeder Beförderungsstufe. Je höher die Führungsebene, desto niedriger der Frauenanteil. Darüber täuschen auch die wenigen Frauen nicht hinweg, die oben mitspielen. Wie gesagt, ein paar Schwalben machen noch keinen Sommer. Seit Jahrzehnten sind Frauen extrem gut ausgebildet, machen die besseren und höheren Abschlüsse an den Schulen. Sie schaffen noch den beruflichen Einstieg, danach ist Ende der Fahnenstange. Ausnahmen ändern an dieser Tatsache nichts. Das vergessen diese Ausnahmen selbst immer wieder, einschließlich der Kanzlerin.

Es geht um viel mehr, es geht um fünfzig Prozent der Bevölkerung, nicht um die wenigen, die es geschafft haben. Dazu kommt, dass geschlechtliche Diskriminierung historisch auch noch für wirtschaftlich effizient gehalten wird. Zu Unrecht. Unternehmen mit Belegschaften, die auf allen Ebenen gleichviel Frauen und Männer vorweisen können, sind ökonomisch erfolgreicher. Das belegen Statistiken schon lange. Nur, solange traditionelle Geschlechterstereotype über Aufstiegsmöglichkeiten entscheiden und Headhunter lieber Männer vermitteln, bleibt Frauen der Zugang zu Führungspositionen im Wesentlichen verwehrt. Dabei ist die Präsenz von Frauen in Führungspositionen ein Schlüssel zu wirtschaftlicher Stabilität. Auch die EU-Kommission tritt deshalb inzwischen für Quotierungen ein – und zwar nicht nur in Bereichen der DAX-geführten Unternehmen. Sie sind wichtig, aber allein sind sie Peanuts.

Die Quotengegner aus den Kreisen »der Schutz der Familie geht immer vor« mit einem ideologisierten Familienbild werden vielleicht irgendwann von der Realität – siehe Scheidungsraten – überrollt werden. Problematischer finde ich, dass zu viele jüngere und auch noch gut gebildete Frauen der Quote so skeptisch gegenüberstehen. Wobei, ich muss ehrlich zugeben, bis etwa Mitte dreißig sah ich sie auch eher als Makel denn als Chance. »Quotenfrau« heißt das diskriminierende Wort, das sich nahtlos einreiht in die Gruppe herabwürdigender Begriffe wie Karrierefrau und Rabenmutter.

Aber vor dreißig Jahren glaubte ich ja auch noch fest daran, dass allein Leistung zähle und man sich als Frau durch ein Mehr an Einsatz und Engagement immer durchsetzen könne. Freiwillig müssten die Veränderungen kommen, das könne man nicht gesetzlich vorschreiben. Fehlanzeige. Wie dringend nötig eine Quotenregelung ist, weiß ich inzwischen.

Mit »Flexiquoten« und Hoffen auf Freiwilligkeit bis 2020 kommen wir aber nicht weiter. Das ist eine absurde Zeitvorgabe, die wieder eine ganze Generation von Frauen opfert. Es gab doch bereits seit 2001 schriftlich die Selbstverpflichtung der Wirtschaft. Ohne statistisch nennenswerten Erfolg. Bislang hat sich übrigens keine Partei bei dem Thema »Quote« hervorgetan. Bei komfortablen Mehrheiten nach der Ära Kohl war es »Gedöns«. Jetzt soll es wieder die freiwillige Lösung richten, mit Ausnahme der »DAX-Frauen«. Warum schaffen es nicht wenigstens die Parlamentarierinnen, parteiübergreifend eine vernünftige Quotenregelung zustande zu bringen? Sie sehen doch, dass ohne die Quote so gut wie nichts läuft, damit die erwiesenen Benachteiligungen in der Breite deutlich abgebaut werden.

Könnte nicht 1997 Modell sein, als sich Parlamentarierinnen nach 25 Jahren vergeblicher Diskussion endlich parteiübergreifend zusammentaten und es schafften, die Vergewaltigung der Ehefrau auch als Vergewaltigung gesetzlich strafbar zu machen und nicht länger als Nötigung abzutun? Bis 1997 war Voraussetzung einer Vergewaltigung, dass eine Frau zum »außerehelichen« Beischlaf genötigt wurde. Der Körper der Ehefrau hatte dem Gatten fast uneingeschränkt zur Verfügung zu stehen. Man dürfe sich nicht in Ehen einmischen. Der Ehemann sei nicht darauf aus, Verbrechen zu begehen. Manche Männer seien einfach rabiater – und was es an politisch hanebüchenen Äußerungen dazu noch mehr gab. Wie »rabiat« Männer sind, zeigen 240000 gewalttätige Übergriffe auf Frauen im Jahr allein bei uns. Milde Urteile, vorurteilbehaftete polizeiliche Ermittlungen taten ein Übriges und behielten insgesamt ein ermutigendes Klima für gewalttätige Verhaltensweisen von Männern bei. Inzwischen ist auch in diesen Bereichen einiges besser geworden, aber es ist noch lange nicht gut. Auch neuere Gesetzte setzen noch falsche Zeichen. So entspricht der Strafrahmen des Gewaltschutzgesetzes – Geldstrafe oder Freiheitsstrafe bis zu einem Jahr – dem der Fischwilderei.

Das nur mal am Rande. Jedenfalls schürten damals diejenigen, die eine Strafbarkeit der Vergewaltigung in der Ehe verhindern wollten, Ängste, dass sich die Justiz bald nicht mehr vor falschen Beschuldigungen würde retten können oder dass plötzlich Vergewaltigungen behauptet würden, um legal abtreiben zu können. Nichts war absurd genug. Doch die Statistiken belegen bis heute, dass es auch in diesem Bereich nicht mehr falsche Beschuldigungen gibt als in anderen Bereichen auch, nämlich zwischen drei und sechs Prozent. Anscheinend war – und ist leider – noch immer nicht in den Köpfen, dass Vergewaltigung nichts mit Sexualität zu tun hat, sondern ein Gewaltdelikt ist. Es geht um Unterwerfung und Demütigung.

Deshalb hat Vergewaltigung auch nicht unbedingt etwas mit Bildung zu tun. In allen Schichten findet sie statt. Etwa drei Viertel der Opfer leben mit dem Täter in einem Haushalt zusammen. Man kann deshalb als Frau – statistisch gesehen – viel sicherer und ungeschoren durch dunkle Parks laufen als sich zum Beispiel vom Partner trennen. Gerade dann steigt nämlich die Gefahr einer Vergewaltigung signifikant an. Vergewaltigung ist ein grausames Mittel, die Frauen gefügig zu machen und zu zeichnen. Es geht ausschließlich um Macht und Brutalität. Das neue Gesetz musste endlich klar bezeichnen, dass Vergewaltigung in der Ehe als Vergewaltigung strafbar ist und kein Kavaliersdelikt.

Auf dem 25-jährigen parlamentarischen Weg gab es Behinderungen über Behinderungen, zuletzt Versöhnungsklauseln, Vollstreckungsklauseln und Widerspruchsklauseln, die alle den Sinn hatten, dass die Frauen der Staatsanwaltschaft das Verfahren wieder entziehen konnten. Und damit wären sie weiter dem Druck der Täter ausgesetzt gewesen. Bis den Parlamentarierinnen endlich die Hutschnur gerissen ist und sie für eine klare und übrigens dann auch geschlechtsneutrale Formulierung gesorgt haben. Seitdem können nämlich auch Männer vergewaltigt werden.

Ich wünschte, es gäbe jetzt nach den letzten 15 Jahren, die mit uneingelösten Selbstverpflichtungen, Absichtserklärungen und Freiwilligkeitsbehauptungen in Sachen Quote vertan wurden, einmal wieder eine fraktionsübergreifende Frauenkoalition, die existentielle Fraueninteressen über die von Männern dominierten Parteiinteressen stellt und eine klare Quotenregelung schafft.

Und noch etwas. Das kommt mir in allen Diskussionen über Frauenförderung und Quote zu kurz: Wesentlich wäre, dass die Zeit, die Frauen mit der Betreuung von Kindern und pflegebedürftigen Familienangehörigen aufwenden, als eine der jeweiligen vorherigen Berufstätigkeit gleichwertige Arbeit angesehen und bewertet würde. Denn Erziehung, Betreuung und Pflege, diese gesamtgesellschaftlich sehr bedeutenden und wesentlichen Arbeiten, werden weiterhin die Frauen überwiegend übernehmen. Freiwillig oder weniger freiwillig. Solange aber Erziehung und Pflege als geringerwertige Frauenarbeit angesehen werden, wird sich nicht viel an der Rollenverteilung ändern, Elternzeit für Männer hin oder her. Denn um Arbeiten, die gesellschaftlich gering bewertet werden, kümmern sich Männer nicht. Die volle Berufstätigkeit der Frauen führt so trotz vermehrter Betreuungsangebote nur zu einer noch höheren Belastung, die Männer in dieser Härte nicht kennen.

Meine Eltern brauchen mich

Was es bedeutet, die Betreuung und Pflege von Angehörigen zu übernehmen, welche persönlichen Einschränkungen und Kompromisse dies mit sich bringt und wie sehr das »ans Eingemachte« geht, habe ich selbst erlebt, als meine Eltern im Alter krank geworden sind. Meine Mutter und mein Vater haben meine Schwester und mich unser ganzes Leben lang unterstützt und gefördert. Und dann war es an uns, für sie da zu sein.

Gott sei Dank war ich damals in einer glücklichen beruflichen Situation. Denn nach viereinhalb Jahren Abteilungsleitung bei der Justizbehörde war ich Anfang 1996 zurück zum Landgericht gegangen und konnte meine Zeit viel freier einteilen. Als Vorsitzende Richterin hatte wieder ein neuer Abschnitt begonnen. Übrigens der letzte vor meinem Wechsel zum Fernsehen. Damals freute ich mich erst einmal, endlich allein als Vorsitzende einer Kleinen Strafkammer arbeiten zu können. Eine Kleine Strafkammer ist eine Berufungskammer gegen Urteile vom Amtsgericht und Schöffengericht, besetzt mit einer Vorsitzenden, also mit mir, die auch die Urteile allein schreibt, und zwei Schöffen für die Verhandlungen und die Urteilsberatung. Die Schöffen haben übrigens dasselbe Stimmrecht wie die Berufsrichter. Das wissen die wenigsten. Da bei allen Entscheidungen, die Angeklagte belasten, eine Zweidrittelmehrheit nötig ist, hätten sie mich auch jederzeit überstimmen können.

Oft werde ich in dem Zusammenhang gefragt, ob es sinnvoll sei, Laien zu Verhandlungen zu holen, die doch von der rechtlichen Seite eines Verfahrens keine Ahnung hätten. Meine Antwort darauf ist ganz klar: Ja, es ist sinnvoll. Das ist nicht nur eine gewisse Kontrolle der Justiz, sondern die

Schöffen bringen auch über Fragen und Erklärungen ihre Erfahrung und Sicht mit in die Verhandlung ein. Das ist vor allem bei der Beweisaufnahme hilfreich, in der festgestellt wird, von welchem Sachverhalt, also von welcher Geschichte das Gericht bei der Urteilsfindung ausgehen muss. Es ist dann eben die Aufgabe einer Vorsitzenden, den Schöffen in der Beratung die rechtliche Lage dazu so zu erklären, dass sie sie verstehen und bei ihrer Entscheidung berücksichtigen können.

So machte ich es übrigens in jeder Verhandlung, die ich führte. Ich erklärte und beschrieb alles so, dass keine Fragen offenblieben. Die Staatsanwälte schätzten mich deshalb in den Berufungsverhandlungen nicht so sehr, weil ich deutlich länger verhandelte als meine Kollegen. Mir war einfach wichtig, dass alle Verfahrensbeteiligten in Ruhe zu Wort kamen. Locker und frei, aber natürlich in geordneter Reihenfolge und nicht so dramaturgisch turbulent wie später im Fernsehen. Dabei war mir gleich, ob das, was Angeklagte oder Zeugen sagen wollten und was ihnen am Herzen, im Magen, auf der Zunge oder sonst wo lag, unbedingt rechtlich erheblich war. Viele meiner Kollegen machen den Fehler und brechen zu früh ab: »Das ist rechtlich nicht von Bedeutung.« Das wusste ich auch, dass es juristisch für die Entscheidung ohne Belang war. Aber für die Angeklagten oder Zeugen war es erheblich. Das war das Wesentliche. Ich fing sie schon wieder ein, wenn alles zu weit abglitt. Aber sie hatten alles sagen können, was für sie wichtig war. Es geht ja einerseits darum, das gerechte Urteil zu finden, aber andererseits soll der Betreffende auch mit dem Urteil leben können. Und der, der zu Wort gekommen ist und sich gewürdigt fühlt, kann das, auch wenn er mit seiner Berufung nicht durchgekommen ist.

Dazu kommt, dass ich immer dann, wenn ich nicht nur von Juristen umgeben bin, unsere Rechtssprache so allgemeinverständlich übersetze, dass sie jeder Nichtjurist versteht – wenn er es denn will. Aber meistens wollten sie es in den Verhandlungen, denn es betraf ja ihr Leben. Fachsprache gegenüber Laien hat viel mit Arroganz und der Demonstration von Macht zu tun. Ich habe als Richterin doch die Macht in der Verhandlung und treffe die Entscheidungen. Dann muss ich das nicht auch noch permanent zeigen. Bei mir brauchte deshalb niemand seinen Anwalt als Übersetzer. Wesentlich war, dass Angeklagte und Zeugen gespürt haben, hier sitzt jemand mit Interesse an ihnen und der Sache und will verstehen, was geschehen ist, und möglichst auch, warum. Zudem war ich bestens vorbereitet, hatte Stapel von früheren Verfahrensakten beigezogen, zum Leidwesen meiner Geschäftsstellen und des einen oder anderen Angeklagten, der es dann irgendwann aufgab, sich besser dazustellen, als er war, weil ich bei solchen »Übertreibungen« oder »Untertreibungen« dann gern mal in die Stapel griff und zitierte.

Schön waren übrigens auch Verhandlungen mit Betrügern. Die versuchen jeden einzuwickeln, und das können sie auch ganz gut, denn sie erfühlen fast, was ihr Gegenüber hören möchte. Das ist ja »berufliche« Voraussetzung für ihre Taten. Nur, das Einzige, was sie nicht können, ist, den Mund zu halten. Diese Gruppe von Straftätern musste man nur zum Sprechen bringen: »Das habe ich nicht verstanden. Erklären Sie es mir bitte einfach noch einmal?«, »Verstehe ich immer noch nicht, wie passt das mit der anderen Sache zusammen, da war es doch so, oder nicht?« Die Anwälte verdrehten die Augen, denn sie wussten, was kam, und da ließ ich mich auch nicht unterbrechen, irgendwann hatten sich ihre Mandanten um Kopf und Kragen geredet, und dann hatte ich plötzlich verstanden. Ganz anders war ein Häufchen Elend auf der Anklagebank zu behandeln als einer, den ich erst einmal in seinen Wutausbrüchen und in seiner Aggression dämpfen musste. Ich habe alle Möglichkeiten der Verhandlungsführung genutzt. War charmant, ein bisschen nachdrücklich oder sehr dezidiert, je nach Verhalten des Angeklagten.

War jemand rotzig, hatte ich damit auch kein Problem. Das nahm ich nie persönlich. Entweder ich stellte mich bis zu einem gewissen Grad auf eine lockerere Tonlage ein, oder ich grinste mir eins oder dachte: »Dich krieg ich später noch.« Manchmal spielte ich auch erst einmal mit und kam später mit meinen Beobachtungen heraus, die dann schon auf den Punkt gebracht saßen. Richtige Unverschämtheiten gab es übrigens mir gegenüber nie, die hätte ich auch nicht durchgehen lassen. Man kann Autorität besitzen, ohne autoritär zu sein.

Zwei Sachen sind letztlich bei der Verhandlungsführung wichtig zu wissen: dass man sich der Wahrheit nur nähern kann und dass es immer auch einmal anders sein kann, als man anfänglich dachte. Aber eines machte ich nie: Ich biederte mich nicht an und ließ in keinem Moment einen Zweifel daran, wer den Vorsitz hatte.

Meine Entscheidungen waren keinesfalls besonders milde, aber auch nicht sonderlich hart. Und wenn ich gegen Ende der Verhandlung, um abzukürzen, fragte: »Kann ich mal offen reden?«, dann wurde das geschätzt. Und ich kann eine Sache verdammt kurz und bündig auf den Punkt bringen. Einen Befangenheitsantrag hatte ich nie. Trotz aller klaren Worte. Auch so gut wie nie Beschwerden und im Verhältnis zu anderen Kammern mit Abstand die geringste Anzahl an Revisionen, die am Ende auch alle verworfen wurden. Mein schönstes Kompliment in dem Zusammenhang bekam ich von einer Geschäftsstellenmitarbeiterin einer anderen Kammer, die auch bei uns auf dem Flur residierte: »Ich weiß nicht, wie Sie es machen, Frau Salesch, aber die Leute kommen bei Ihnen lächelnd aus dem Saal. Es gibt keine abwertenden oder ärgerlichen Diskussionen auf dem Flur«. Ganz einfach: Ich hatte mir nur Zeit für sie genommen.

Nicht lange nach der Rückkehr zum Gericht arbeitete ich nicht mehr »ganztags« als Vorsitzende, sondern widmete die Hälfte meiner Arbeitszeit der Ausbildung von Rechtsreferendarinnen und -referendaren. Arbeitsgemeinschaftsleiterin war an sich nichts Neues. Schon lange unterrichtete ich Strafprozessrecht, korrigierte Examensarbeiten und gab Klausurenkurse. Mein früherer Ausbilder am Oberlandesgericht hatte mich schon 1982 in sein Team von Referendarausbildern geholt. Neu war jetzt nur, dass ich das wegen meiner kranken Eltern nicht mehr nebenberuflich in meiner Freizeit machen konnte, sondern alles so legte, dass es ab da zu meiner Arbeitszeit als Richterin gehörte.

Ich habe meine Referendarinnen und Referendare immer geliebt. Und sie mich auch – jedenfalls viele von ihnen. Waren das meine Kinder? Generell hatte ich einen ganzen Rattenschwanz junger Leute um mich. Ich brannte für meinen Beruf und wollte ihnen so viel wie möglich mitgeben. Zudem bekam ich auch von ihnen immer neue Anregungen, wie man auch anders an Dinge herangehen konnte. Rechtlich meistens »schön falsch«, wie seinerzeit bei mir, aber eben auch schön anregend. Junge Menschen sind überhaupt ein Quell der Inspiration, auch beruflich. Ihre Unvoreingenommenheit ist so herrlich erfrischend. Wir Älteren, »Professionellen« haben oft schon so die Schere im Kopf, so viele Gründe fallen uns ein, berechtigt oder nicht, dass etwas nicht geht, nicht gehen kann.

Meine Referendare sind übrigens für mich noch heute »meine Referendare«, auch wenn inzwischen die ersten längst die fünfzig überschritten haben. Denn zu Beginn waren sie ja nur unwesentlich jünger als ich. Mit einigen bin ich noch heute gut befreundet. Und sie grinsen immer noch, wenn sie sich an das erste Zusammentreffen mit mir erinnern, denn ich zog dazu grundsätzlich meine roten Lackstiefel an, setzte mich auf den Tisch und ließ die Beine baumeln. Damit nach der vorangegangenen Vereidigung in den heiligen Hallen des Oberlandesgerichts Bewegung in die Sache kam. Zudem waren die Referendare immer zuständig für meine »Technik«. Sie beschafften mir Handys oder Laptops und richteten sie auch ein. Ich bin zu ungeduldig dazu. Erst klicken und dann denken geht nicht immer gut aus. Wenn etwas nicht funktioniert, meistens wenn es eilig ist, werde ich fuchtig. Manchmal hilft ein Schlag auf das Gerät, aber leider immer seltener.

Dem Landgericht war es übrigens auf Dauer nicht so recht, dass ich mich beruflich quasi aufs Altenteil zurückgezogen hatte. Alle halbe Jahr bekam ich den Anruf, ob ich mich nicht um diese oder jene Große Strafkammer bewerben wolle, auch ein Schwurgericht war in der Diskussion. Nur, ich konnte es wirklich nicht mehr, denn solche Kammern haben fast nur Haftsachen, und man muss ständig in Hamburg präsent sein. Das war ich aber nicht mehr, denn inzwischen verbrachte ich viel Zeit in Ettlingen bei meinen Eltern. Meinen Urteilen war es egal, wo sie geschrieben wurden, und die Akten reisten mit. Mein zweiter Computer stand im Büro meiner Eltern in Ettlingen.

Als es meinen Eltern noch gutging, war ich nicht sehr oft zu Hause gewesen. Hamburg – Ettlingen ist einfach zu weit, um mal eben auf einen Kaffee vorbeizuschauen. Nur über Weihnachten war ich eine Woche bei ihnen und dann übers

Jahr verteilt gelegentlich mal an einem längeren Wochenende. Die Besuche teilte ich dann auch noch zwischen ihnen und meiner Schwester und deren Kindern auf; Heidelberg liegt ja nicht so weit weg von Ettlingen. Ansonsten sind meine Eltern auch gern zu mir nach Hamburg zu Besuch gekommen. Vor allem als sie mehr Zeit hatten, denn mit 65 hatte mein Vater das Geschäft aufgegeben, damit sie beide noch gemeinsam in die Ferne reisen konnten. Mama war sechs Jahre jünger und topfit.

Auf ihren Reisen haben sich die beiden übrigens gut vertragen, so die übereinstimmenden Schilderungen aller. Wenn sie im vollbeladenen Auto saßen – meine Mutter hatte gern den gesamten Hausstand dabei, mein Vater steuerte als Packleistung seine Zigarrenkisten bei – und vom Grundstück fuhren, war augenscheinlich der Druck von ihnen abgefallen, sie freuten sich und kamen wirklich gut miteinander aus. Mein Vater nahm dann auch deutlich mehr Rücksicht auf meine Mutter als zu Hause. Ich hätte die beiden deshalb gerne auf weitaus längere Reisen geschickt. Kaum waren sie aber auf ihrem Grundstück zurück, gingen schon beim Auspacken wieder die üblichen Streitereien los.

Als sie zu Beginn zusammen zu mir nach Hamburg kamen, war es für mich extrem anstrengend, beider Interessen zu bedienen. Ich habe deshalb später zugesehen, dass sie getrennt kamen. Dann hatten wir alle mehr davon. Mein Vater mied die 108 Stufen zu meiner Dachwohnung. Nur einmal am Tag ging er hinunter, bummelte etwas in den Zigarrenläden der Stadt herum, traf sich mit alten Kollegen von Velux und kam dann spätnachts irgendwie die Treppe wieder hoch. Oder er saß ab achtzehn Uhr bei unserem Griechen um die Ecke, aß und trank über Stunden alles, was die Karte hergab, und plauderte mit dem Vater des Wirts. Als stolzer Vater erzählte er ihm haarklein mein Leben, was mir nicht in allen Details recht war. Deshalb achtete ich darauf, dass ich nicht viel später aus dem Büro dazukam. Meine Mutter kam gerne auch wegen der Kultur nach Hamburg. Sie hüpfte wie eine Bergziege täglich alle Stufen mehrfach hoch und runter und machte die Museen unsicher. Mit ihr traf ich mich grundsätzlich mittags zum Essen, denn abends ging sie nicht mehr gerne in ein Restaurant. Dafür standen Oper, Ballett oder eine der vielen Veranstaltungen des Schleswig-Holstein-Musikfestivals bei uns auf dem Programm.

Leider ging es ab Anfang der neunziger Jahre meinen Eltern gesundheitlich schlechter. Sie reisten nicht mehr, und ich fuhr in meinen Ferien dann auch nicht mehr in die Ferne, sondern verbrachte meine Urlaube immer mehr bei ihnen. Ich empfand das nicht als Opfer. Irgendwie war ich so viel herumgekommen, dass es mir überhaupt nicht schwerfiel, jetzt bei meinen Eltern auf dem Sofa zu sitzen. Denn das war ihnen inzwischen das Liebste, wenn ich erzählend oder schweigend bei ihnen saß, mit Fernsehen schaute. Papa gab sogar die Fernbedienung frei, wenn ich einfach nur da war.

Meine Mutter wurde immer seltsamer und vergesslicher – die Diagnose Alzheimer lag noch vor uns. Bei Papa wurde dann auch noch Lungenkrebs festgestellt. Ein Zufallsbefund bei der Vorbereitung auf eine große Operation. Einige Jahre zuvor war bei ihm ein Aneurysma in der Leistengegend entdeckt worden, das mit den Jahren immer größer und größer wurde, was ihn natürlich beunruhigte und auch immer mehr belastete. Das Wissen, dass es schon so groß geworden war, dass es jederzeit platzen konnte und dass er dann innerhalb von Minuten verbluten würde, war nicht so leicht wegzustecken, obwohl er sich darum bemühte. Er wurde deutlich ruhiger, saß tagsüber viel im Garten unter dem großen

Tulpenbaum, rauchte seine Zigarren, plauderte, trank Wein mit den Nachbarn und verteilte stolz Hunderte von Kiwis, die im Garten bei uns wuchsen. Ein erster Versuch, das Aneurysma zu entfernen, scheiterte, denn der generelle Gesundheitszustand meines Vaters war nicht mehr so toll, so dass die Ärzte das Risiko einer so schweren Operation dann doch nicht eingehen wollten. Es sollte weiter beobachtet werden. Zwei Jahre später drängte sein behandelnder Arzt dann wieder auf eine Operation. Das war 1995. Papa kam in die Universitätsklinik nach Heidelberg, und bei diesen Voruntersuchungen wurde Lungenkrebs festgestellt. Damit kam es zumindest nicht mehr zu einer Operation mit höchst ungewissem Ausgang.

Es hieß, der Krebs sei noch in einem relativ frühen Stadium. Er bekam nur Bestrahlungen, die er ohne Probleme durchstand. Mein Vater fuhr bis zuletzt selbst mit dem Auto in die Klinik und stieg, um den Ärzten entgegenzukommen, von Zigarren auf Zigarillos um. Mit großen Rechenkünsten, wie viel weniger schädlich zehn Zigarillos als zehn Zigarren seien. Die Ärzte haben es mit Humor nehmen müssen, dass er ihnen grundsätzlich welche anbot. Zur Erholung kam er dann in eine Rehabilitationseinrichtung im Schwarzwald. An den Angeboten des Hauses nahm er nicht teil. Er saß nur in einem Liegestuhl auf dem Balkon, rauchte seine Zigarillos, fing immer wieder bei eins an, wenn er mit den zehn Stück am Tag durch war, machte Kreuzworträtsel, trank seinen Wein und warf die Stummel, weil sie ihm keinen Aschenbecher gaben, im hohen Bogen in den Garten. Allen Diskussionen um ein gesünderes Leben verweigerte er sich grundsätzlich. Man konnte ihm nur damit eine Freude machen, dass man ihn so oft wie möglich besuchte. Und das war mir jetzt möglich, denn wenn man eine Kleine Strafkammer und keine Haftsachen hat, kann man viel von zu Hause aus erledigen, auch wenn das Zuhause 650 Kilometer weit entfernt liegt.

Meine Schwester und mich hat das Leid unserer Eltern, das sie sehr gefasst und letztlich ziemlich still ertrugen, sehr belastet. Zum achtzigsten Geburtstag meines Vaters hatte ich ihm noch eine große Freude machen können, denn da war endlich die Bronzebüste fertig, die ich für ihn gemacht hatte. Ein überlebensgroßes Porträt von ihm. Er hat sie zu Hause so in den Garten gestellt, dass er sie von seinen gewohnten Plätzen aus sehen konnte. Es ist die Büste, die jetzt in meinem Garten steht. Mit Zigarre und seinem leisen Lächeln in einem Mundwinkel.

Manchmal war ich in der Zeit auch wütend. Meine Mutter war für ihr Alter körperlich fit, aber eben nicht mehr im Kopf, mein Vater dagegen war körperlich ein Wrack, aber dafür im Kopf hellwach. Nicht nur als Bildhauerin hatte ich die Vision gehabt, aus dem Körper meiner Mutter und dem Kopf meines Vaters eine Person zu machen. Das wäre ein Homunkulus geworden. Gut, dass wir das nicht können.

Die Erkrankung meiner Mutter an Alzheimer hatten wir übrigens lange nicht erkannt. Mama wurde für uns nur irgendwie immer komischer. Wir machten uns noch lustig über ihre Redeweise, denn konkrete Antworten gab sie nur noch ungern. Sie hatte ihre vagen Redewendungen wie: »mal mehr und mal weniger«, »an und für sich«, »so oder so«. Meine Schwester hatte für sie zu Weihnachten noch einen wunderbaren Seidenschal gemalt, mit ihren Sprüchen drauf. Ansonsten konnte Mama zu Hause im Alltag aber noch recht normal leben. Sie kochte und ging einkaufen. Nur die Uhr konnte sie nicht mehr lesen. Sie sagte, es sei wegen der Augen. Nur konnte sie sie auch nicht mehr lesen, als wir ihr eine mit einem Ziffernblatt gekauft haben, das so groß wie das ganze Handgelenk gewesen war. Wir schoben das alles nur auf altersbedingte Schrulligkeit.

Eines hatte sie aber schon länger bestimmt und kategorisch abgelehnt. Das war, mit dem neuen Wagen von Papa zu fahren. Gott sei Dank, im Nachhinein. Mein Vater hatte sich ein neues Auto gekauft. Mit Automatik. Extra wegen Mamas Knie, hat er behauptet. Von wegen. Die Automatik für sie war nur seine kompromissartige Ausrede gewesen, denn sonst hätte sie einem Neukauf nicht zugestimmt. Das war so ähnlich wie bei seinen Mitbringseln früher: Wenn mein Vater nach Hause kam und rief: »Muggele, ich hab dir was mitgebracht«, kam von ihr, ohne vom Schreibtisch aufzusehen, die stereotype Antwort: »Häng's in den Keller.« Meine Mutter wusste, es waren die üblichen Würste und Schinken, die alle aßen, nur sie nicht.

Na ja, jedenfalls saß sie inzwischen immer länger im Büro, stundenlang, um für die Hausverwaltung alles an Belegen bereitzuhalten. Um sie zu entlasten, hatte ich deshalb die Steuererklärungen für sie übernommen. Und auch nur deshalb hatte ich die Vollmacht gehabt, die mir später erlaubte, auch ihre Angelegenheiten zu regeln. Ich hatte sie wegen des Finanzamts haben wollen, und da hat mein Vater handschriftlich für alles eine Vollmacht aufgesetzt, also auch für Ärzte, Banken und Versicherungen, und über die Vollmacht Generalvollmacht geschrieben, die dann beide unterschrieben haben. Ich hätte überhaupt nicht an so etwas gedacht. Ich bin als Juristin in eigenen Belangen offensichtlich genauso unbedarft wie andere ohne ein Studium wie meins.

Die Erkenntnis, dass Mama ernsthaft krank sein musste, traf uns wie ein Schlag. Papa war mit ihr in unser Ferienhaus nach Österreich gefahren, um sie etwas aufzuheitern. Sie war immer gerne dort gewesen, aber jetzt erkannte sie vieles nicht mehr und fragte immer wieder, was denn die fremde Kleidung in den Schränken solle. Dabei waren es ihre Kleider, die sie zum Teil schon jahrelang getragen hatte. Papa brach den Urlaub vorzeitig ab, und wir brachten Mama zur Untersuchung in eine Spezialklinik bei Freiburg. Als wir sie hinfuhren, war sie fröhlich und ungezwungen gewesen, wir empfanden das jedenfalls so. Sie winkte uns noch lange nach.

Nach einer Woche besuchten wir sie. Ein doppelter Schock, als wir sie wiedersahen. Einmal die Diagnose: Alzheimer – oder zumindest massiver hirnorganischer Abbau, und zwar schon ziemlich weit fortgeschritten. Es gab keine weitere Behandlungsmöglichkeit.

Der nächste Schock war für uns, Mama so hilflos zu sehen, so ziellos und so orientierungslos. Sie fand auch nach einer Woche nicht den Weg von ihrem Zimmer zur medizinischen Station oder zum Speisesaal. Im Zimmer zog sie immer wieder die Schublade ihres Nachttischs auf und zu, nahm ihren Ausweis heraus und legte ihn wieder hinein. Immer wieder. Es war so fürchterlich, dass ich das auch heute nur mit Mühe beschreiben kann. Meine Mutter, diese selbständige, alles könnende Frau, war nun völlig hilflos und verwirrt. Wir versuchten, normal mit ihr zu sprechen, das ging auch alles noch, aber immer wieder diese Sache mit der Schublade. Sobald ihr Blick von uns, den ihr noch vertrauten Gesichtern, auf das ihr unbekannte Zimmer fiel, ging sie hin und öffnete die Schublade. Auf und zu, auf und zu.

Hinzu kam als weitere Diagnose: »Brustkrebs«. Also ging es von der Spezialklinik aus erst einmal nach Karlsruhe ins Krankenhaus. Eine Brust wurde ihr abgenommen. Das hat Mama stoisch ertragen. Als interessiere sie das alles nicht besonders. Ja, heilt doch wieder. In der Tat hatte meine Mutter so gutes Heilfleisch, dass wir immer sagten, die Ärzte müssten sich bei einer Operation beeilen, denn während sie vorne schnitten, wüchse es hinten schon wieder zu. Bestrahlungen brauchte sie keine. Der Krebs ist auch nicht wiedergekommen.

Zu Hause, in ihrer vertrauten Umgebung, war sie wieder viel sicherer und machte sogar noch eine Zeit lang Frühstück und Abendbrot. Sie ging auch mal weg in die Stadt. Aber ihr Zustand verschlechterte sich zusehends. Wir nahmen ein Ehepaar ins Haus. Sie machte den Haushalt, er kümmerte sich neben seinem Beruf um den Garten. Und es kam auch dreimal in der Woche eine Therapeutin, die meine Mutter aber absolut nicht mochte und die sie am liebsten wieder abbestellt hätte. Nur, da haben wir uns durchgesetzt. Sie machte mit Mama Übungen und brachte uns bei, wie mit der Erkrankung meiner Mutter umzugehen sei. Es war die Zeit, in der meine Mutter sehr litt, denn sie hatte anfangs noch ziemlich viele lichte Momente und merkte, dass etwas mit ihr nicht stimmte. Das machte sie ängstlich und unglücklich. Es war deshalb wichtig, lernten wir, sie so zu integrieren, dass sie sich nützlich vorkam. Sie hat stapelweise Wäsche gebügelt – oft dieselben Stapel –, und wir haben sie mit Wolle in ihren Wunschfarben überhäuft, damit sie Schals stricken konnte. Die abwechselnde Bewegung beider Hände beim Stricken ist bestes Training für die beiden dazugehörigen Hirnhälften. Wir spielten mit ihr Würfelspiele, und wenn sie die Augen auf dem Würfel falsch ablas, haben wir sie nie korrigiert, sondern alle von ihr genannten Summen akzeptiert. Das war das Wichtigste überhaupt: unterstützen, nicht korrigieren. Oder dass man dieses »Früher hast du das doch auch gekonnt/ gewusst!« vermied, einfach nichts sagte, was sich irgendwie als Vorwurf hätte deuten lassen. Aber viel erzählen von früher und alte Lieder singen, das liebte sie. Märchen vorlesen,

Gedichte rezitieren. Mehr und mehr lebte sie in ihrer eigenen Welt. Darin war sie viel gelassener, ruhig und entspannt, wenn man auf sie einging. Eine Rund-um-die-Uhr-Betreuung war aber noch nicht nötig, Papa war ja auch immer zu Hause, aber man konnte zusehen, wie es mit ihr schlechter wurde.

Und mit ihm auch. Mein Vater hatte große Probleme, ruhig und gelassen zu bleiben. Er wurde Mama gegenüber immer ungeduldiger und war manchmal direkt verletzend. Aber er war selbst schwerkrank, die Bestrahlung hatte nicht nachhaltig geholfen. Sein Krebs war zurück. Er gab auf und verfiel zusehends. Er war Mama keine Hilfe mehr. Und sie ihm auch nicht. Meine Tante half, wo sie konnte, sie wohnte seit vielen Jahren auf unserem Grundstück im Vorderhaus, und unser neuer berenteter »Hausmeister« aus dem Nebenhaus und seine Frau unterstützten uns auch, wo immer es ihnen möglich war.

Anfang Dezember 1997 rief nachmittags meine Schwester bei mir in Hamburg an. »Papa geht es nicht gut, er muss noch heute ins Krankenhaus. Kannst du kommen?« Ich fragte sie noch, ob ich das nicht noch um zwei Wochen verschieben könne: »Kannst du das nicht übernehmen?« Ich hatte eben mit dem 14-tägigen Blockunterricht mit meinen Referendaren begonnen und wollte danach sowieso wieder für drei Wochen nach Hause kommen. »Nein, komm, ich kann das nicht. Es geht ihm wirklich nicht gut.« Gott sei Dank hat sie so gedrängt. In letzter Sekunde habe ich noch einen Vertreter für den Unterricht bekommen, und einer meiner Referendare half mir beim Packen, damit ich den letzten Zug bekam. Ab dem nächsten Tag war ich bei Papa in der Klinik. Er hatte zu Hause Essen und Trinken eingestellt. Mit Infusionen päppelten sie ihn wieder auf.

Ich war jeden Tag von morgens bis abends bei ihm im Krankenhaus und habe als Erstes eines gemerkt, dass alle meine Theorien über Pflege der Eltern obsolet waren.

Ich hatte immer behauptet, ich könnte meine Eltern selbst pflegen: »Wenn alle Stricke reißen, lasse ich mich beurlauben und komme nach Hause und pflege Papa.« Mein Vater hatte es nämlich immer entschieden abgelehnt, in ein Heim zu gehen. Meine Tante, die viele ältere Menschen betreut hatte, sagte mir dagegen immer: »Barbara, das kannst du nicht.« Sie kannte meine Aversionen und Ängste bei allem, was Krankheit betraf. Es stimmte. Ich konnte es nicht. Betreuen ja, pflegen nein. Selbst bei dem wenigen, was ich im Krankenhaus zu tun hatte, ihm die Spuckschale zu halten, wenn er seine Hustenanfälle hatte, konnte ich es kaum ertragen, ihn so zu sehen, und war froh, wenn ich sie ihm von hinten anreichen konnte, damit er meinen verzweifelten Gesichtsausdruck nicht sah. Das Einzige, was ich konnte, war, einfach nur da zu sein und mit ihm zu reden und zu schweigen.

Wir haben übrigens nie über den Tod geredet. Augenscheinlich waren wir beiden die Einzigen, die überrascht waren, dass man an Krebs auch sterben kann. Oder jedenfalls so früh. Am letzten Abend haben wir uns fröhlich verabschiedet, am nächsten Tag sollte er in eine Rehabilitationsklinik verlegt werden. Ich versprach Papa, direkt hinter dem Krankenwagen herzufahren, und wir lachten, weil ich ihm noch ganz plastisch den Arztbesuch von Mama und Tante Christa schilderte, die wegen irgendeines Daumenproblems Stunden vorher eine Arztpraxis zur Verzweiflung gebracht hatten. Das war die erste Nacht gewesen, in der ich mein Telefon nicht mit in mein Zimmer genommen hatte. Nachts um vier Uhr klopfte es an meiner Tür. »Ihr Vater ist gestorben.« Er hatte einen Blutsturz gehabt. Ich fuhr ins Krankenhaus und funktionierte die nächsten Tage bis zur Beerdigung wie in Trance, entwarf die Trauerrede und fand Wochen später seinen Text für diesen Anlass, der meinem fast wortwörtlich glich. Meine Mutter bekam von der Beerdigung nicht mehr so viel mit. Sie saß lächelnd freundlich dabei, genoss sichtlich die Trauergesellschaft im »Erbprinzen« und fand es anscheinend ganz normal, dass mein Vater gestorben war.

Nun wurde aber auch unser Alltag mit ihr schwieriger. Meine Schwester hatte ihre Kinder und Arbeit in Heidelberg, ich saß in Hamburg. Wir teilten uns erst einmal unsere Zuständigkeiten. Ich hatte weiterhin die gesamte »Verwaltung« und arbeitete mit meiner »Generalvollmacht«. Meine Schwester ließ sich vom Amtsgericht als Betreuerin für den gesundheitlichen Bereich bestellen. Sie kam einmal in der Woche, ich einmal im Monat ein paar Tage. Aber Mama brauchte natürlich jemand, der zumindest den ganzen Tag bei ihr war. Das Ehepaar, das in unserem Haus lebte, war nicht in der Lage, Mama so zu betreuen, wie wir es wollten. Deshalb stellten wir eine Pflegerin für Mama ein. Meine Mutter schätzte die neue Pflegerin sehr. Vor allem deren Küche, die im Wesentlichen aus Sahne, Butter und Eiern bestand. Mama hat die Salatteller, die sie früher aß, schlicht vergessen. Alle halbe Jahr konnten wir Mama neu einkleiden. Aber wir gönnten beiden die Freude und beließen es bei Ermahnungen.

Meine Mutter aß nun überhaupt alles, was sie bekommen konnte. Man konnte nichts auf dem Tisch stehen lassen. Bis man mit dem Kaffee wieder im Esszimmer war, war der Kuchen beidhändig weg. Als wir merkten, dass sie nachts noch nicht einmal mehr vor Mehltüten haltmachte, kamen Schlösser vor die Küchentüren und den Kühlschrank. Meine Mutter entwickelte auch zupackende Eigenschaften, wenn sie und ihre Pflegerin täglich zum Einkaufen schaukelten. Schlange stehen an den Marktständen war nicht mehr ihr Ding. Sie ging direkt zum nächsten Apfel und biss hinein. Dann hatte sie ihn sicher. Die Süßigkeitenstände an den Kassen reizen nicht nur Kinder. Meine Mutter fühlte sich von ihnen so animiert, dass sie viele Schokolädchen unbeachtet einsteckte und auf dem Nachhauseweg verschwörerisch der Pflegerin zeigte. Beide aßen einträchtig alles genüsslich auf, und erst am nächsten Tag wurde bezahlt.

Zur Unterstützung der Pflege meiner Mutter kamen Zivildienstleistende, und Mama ging auch in die Tagespflege. Nachts schlief meine Tante bei ihr. So ging es noch einige Jahre zu Hause ganz gut. Zu Hause sein, das war nämlich das Wesentliche. Die vertraute Umgebung um sich zu haben. Ihre Wohnung vermittelte ihr immer wieder Sicherheit, und sie konnte sich noch ganz lange in den Räumen und in ihrem geliebten Garten orientieren. Uns erkannte sie dagegen schon lange nicht mehr. Das zu erleben ist besonders belastend. Nach einigen Jahren ging es nicht länger mit der Pflege zu Hause, und wir brachten Mama in das Stift, in das sie immer gewollt hatte und das sie nach ziemlich langer Wartezeit endlich aufnehmen konnte.

Der Kreis schloss sich. In dem Haus, dem früheren alten Krankenhaus, war sie auf die Welt gekommen, und jetzt verbrachte sie ihre letzten Jahre hier. Sie wurde dort sehr gut betreut, war liebenswürdig und freundlich, auch wenn sie so gut wie nicht mehr reden konnte. Leise pfeifen konnte sie übrigens noch fast bis zuletzt. Vor allem wenn ein Mann vorbeikam. Was haben wir gelacht! Die Beschäftigungstherapeutin nahm sie noch lange mit in ihre Gruppe. Wir organisierten tägliche Besuche und hatten überhaupt viel Glück mit den Menschen, die diese entgeltlich oder unentgeltlich übernahmen. Besonders mit dem schon genannten Ehepaar, das früher bei uns im Nebenhaus gelebt, meinen Vater noch kurz gekannt hat und sich in einer Weise um Mama kümmerte, die für uns unvergessen bleiben wird.

In den Medien liest man meist nur Anklagendes über Heime. Wir haben das nicht so erlebt, aber es ist natürlich auch wichtig, dass sich die Angehörigen kümmern. Im Stift ging es auch keinesfalls nur traurig zu. Ich sorgte regelmäßig für das Engagement einer Clownin, weil ich erlebt hatte, wie sehr sich alle darüber freuten. Irgendwie hatte ich neben meiner Mutter auch immer noch eine ganze Truppe von Bewohnern um mich, mit denen wir stets zusammen zum Kaffeetrinken gingen. Wir haben oft so gelacht, dass eine Bewohnerin einmal zu mir sagte: »Wenn Sie noch drei Wochen hier wären, dann wären wir alle gesund.« Das war in den Weihnachtswochen bei den Gesellschaftsspielen, wo ich immer so offen »falsch spielte« – zu Deutsch: beschiss –, dass sie an der Justiz lachend verzweifelten.

Zur großen Begeisterung aller spielten wir auch Gericht. Die Bewohner und die Beschäftigungstherapeutin dachten sich einen Fall aus, und den verhandelte ich dann. In Robe. Mit Zeugen, die alles erfanden, was passte oder nicht. Eine Bewohnerin hatte sich über das Internet so gut auf ihre Rolle als Staatsanwältin vorbereitet, dass ich sie noch in der Verhandlung zur Oberstaatsanwältin beförderte. Wer noch mitmachen konnte, war dabei, die anderen saßen hinten. Auch Angehörige. In einem Fall sollte der Angeklagte eine Geldbuße zahlen. Zwei »Neue« fanden das so echt, dass sie andere ansprachen, ob man nicht für ihn sammeln solle.

Dann ging es meiner Mutter immer schlechter. Sie konnte kaum mehr schlucken. Das Thema »künstliche Ernährung« stand an. Ich weiß noch, wie ich am Telefon zu meiner

Schwester sagte, um Gottes Willen, wir können Mama doch nicht verhungern lassen. Wir hatten dann nochmals ein Gespräch mit der behandelnden Ärztin. Sie hat uns sehr gut über die Gabe von Flüssigkeiten aufgeklärt und zusammengefasst etwa gesagt: »Wenn Sie Ihre Mutter lieben, dann stimmen Sie einer künstlichen Ernährung nicht mehr zu. Falls Sie die Qualen verlängern wollen, dann schon.« Wir haben danach Mama in den Arm genommen und ihr gesagt: »Mama, wenn du weiter hier bleiben willst, dann musst du schlucken.« Das hat sie tatsächlich noch für eine gewisse Zeit gemacht. Dann ist sie im September 2006 ruhig eingeschlafen. Fast neun Jahre nach dem Tod von Papa.

Die Beerdigung fand im kleinen Kreis statt. Im Gegensatz zu meinem Vater hatte sie sich eine Feuerbestattung gewünscht und keine Rede. Wir hatten an ihr blaues Seidenkleid noch die von ihr über alles geliebte Dior-Brosche geheftet. Der Bestattungsunternehmer hat uns dann gesagt, er könne nicht garantieren, dass die Brosche mitverbrannt werden würde. Er werde sie abnehmen und in der Urne über das Gefäß mit ihrer Asche legen. Wir fanden es bei der Feier irgendwie tröstlich, dass Mama so elegant in ihrer Urne war.

Im Gegensatz zu meinem Vater hat meine Mutter die Anfänge meiner Fernsehlaufbahn noch mitbekommen. Ein Kommentar ist erhalten. Ihre Pflegerin und sie saßen abends vor dem Fernsehgerät. »Schauen Sie, Ihre Tochter ist im Fernsehen.« Einziger Satz meiner Mutter, die mich zu dieser Zeit schon nicht mehr erkannte: »Die hat schon immer eine große Klappe gehabt.«

Teil 3
Die Fernsehrichterin

Frau Salesch, ich hätte da etwas für Sie

Wie kommt eine unbekannte Richterin zum Fernsehen?

Indem sie Bier trinkt. Models werden auf der Straße angesprochen, ich am Bierfass. Dabei wollte ich erst gar nicht hingehen zum jährlichen »Bierabend des Landgerichts«, weil ich müde war. Aber nach einem kleinen Spaziergang bin ich dann doch noch hin. Mich so gar nicht sehen zu lassen, das war nie mein Ding. Ich habe mir einen Krug geholt und wollte eben noch meine Landgerichtspräsidentin begrüßen, als sie mich gleich ansprach: »Guten Abend, Frau Salesch, schön, dass ich Sie sehe. Ich hätte da etwas für Sie.« In dem Moment gingen bei mir alle Antennen in Habacht-Stellung. Alter Spruch meines Vaters: »Wenn Freiwillige gesucht werden, immer einen Schritt zurücktreten, damit die Freiwilligen vorne stehen.« Wenn eine Präsidentin sagt, sie habe etwas für einen, dann heißt das normalerweise viel Arbeit und sonst nichts. Ich hatte also fast schon das alles entschuldigende »Leider nein« auf den Lippen, »Sie wissen doch, meine Mutter braucht mich …«, als sie nachlegte: »Das Fernsehen sucht jemanden für ein Fernsehschiedsgericht. Wäre das nicht etwas für Sie? Ich könnte Sie mir in der Rolle gut vorstellen. Kann ich Ihren Namen weitergeben?« In dem Moment werde ich nicht sonderlich intelligent ausgesehen haben. Wenn ich voll überrascht werde, bleibt mir leider oft erst einmal der Mund offen. »Äh … wie? Schiedsgericht? Hm … aber das ist doch Zivilrecht, oder?« »Natürlich.« »Dann hat das keinen Sinn. Zivilrecht kann ich nicht mehr.« »Schade.« Und das war es dann auch erst einmal.

Meine Fernsehlaufbahn wäre also beinahe im Bierglas ertrunken, wenn ich nicht so eitel gewesen wäre. Nicht, was mein Äußeres angeht – Ruthchen hat das ja schon beschrieben –, aber beruflich bin ich es schon. Ich bin gut und bekomme das auch gern bestätigt. Also fand ich es sehr schön, von der Landgerichtspräsidentin gefragt worden zu sein, auch wenn es mir wegen des Rechtsgebiets abwegig erschien. Ich hatte seit zwanzig Jahren kein Zivilrecht mehr gemacht und vor allem keinerlei richterliche Erfahrung in dem Bereich gesammelt. Warum sollte ich ausgerechnet in aller Öffentlichkeit wieder damit anfangen?

Am nächsten Tag war ich mit einem meiner Referendare verabredet. Wir waren schon damals gute Freunde und sind es bis heute. Ihm habe ich aus reiner Angeberei erzählt, dass die Landgerichtspräsidentin ausgerechnet mich, eine Strafkammervorsitzende, wegen eines Fernsehschiedsgerichts angesprochen habe. Und was sagte er daraufhin? »Wenn es eine kann, dann sind Sie es!« »Aber Zivilrecht?« »Ist doch egal, welches Rechtsgebiet, Sie können doch jedem alles klarmachen.« Hm … egal, welches Rechtsgebiet? Echt? Da wurde ich ein bisschen nachdenklicher. Etwas verständlich zu machen, Leuten etwas zu erklären, das kann ich schon, sogar gut. Das ist an sich meine Stärke. Kaum war er weg, habe ich Rat gesucht. Und weil es um meinen Beruf ging, erst einmal nicht den meiner Schwester, sondern den Rat einer Juristin. Und da habe ich zwei ganz wichtige Freundinnen. Ruthchen und eine Hamburger Rechtsanwältin. Ruthchen steht Fernsehen sehr aufgeschlossen gegenüber, die Rechtsanwältin hanseatisch, das heißt distanziert. Also habe ich Ruthchen angerufen. Genauer gesagt, ich habe erst einmal auf ihren Anrufbeantworter gesprochen. »Ruthchen, ruf mich zurück. Es geht um ein interessantes Angebot, nicht direkt um Leben oder Tod, aber um eine ganz wichtige Sache. Ruf mich zurück, sobald du das abgehört hast.« Die Sache scheint mich also ab da schon deutlich interessiert zu haben, wobei ich mich selbst an so eine Eindringlichkeit nicht erinnere, aber Ruthchen hat die Nachricht noch heute genau so im Ohr. Sie hat jedenfalls erst dasselbe gesagt wie mein Referendar und dann noch ganz pragmatisch: »Fahr doch mal hin und schau es dir an. Dann kannst du ja immer noch Nein sagen.« Montags rief ich bei der Landgerichtspräsidentin an. Sie könne meinen Namen weitergeben, ich hätte es mir anders überlegt.

Manchmal bietet auch etwas, was vielleicht auf den ersten Blick abwegig erscheint, eine Chance. Deshalb sollte man sich am besten nicht immer gleich entscheiden und ablehnen. Wenn man das aber spontan getan hat – wie ich in dem Fall –, kann man später immer noch sagen: »Was interessiert mich mein Nein von gestern, ich habe noch mal darüber nachgedacht …« Meistens ist der Zug noch nicht abgefahren. Es ist immer hilfreich, mit anderen, die einen gut kennen, über mögliche Veränderungen zu sprechen. Und an der Auswahl der Menschen, die man um Rat fragt, kann man erkennen, welche eigene Meinung oder Tendenz man gerne diskutiert haben möchte.

Drei Wochen hörte ich erst mal nichts mehr von der Sache. Ich dachte schon, es hätte sich erledigt. Dann rief die Produzentin der Sendung an. Gisela Marx, »filmpool«. Wir redeten eine halbe Stunde lang aneinander vorbei. Sie pries die Arbeit beim Fernsehen in den höchsten Tönen, und ich betonte im Gegenzug, das Erstrebenswerteste auf der Welt sei der Richterberuf. Mit dem Ergebnis, dass sie ankündigte, sie werde mir einmal einen Redakteur samt Kamera vorbeischicken. Ich erzählte Ruthchen brühwarm davon. »Wie hieß die?« »Gisela Marx.« »So eine ganz besondere, eher tiefe Stimme?« »Ja.« »Kenne ich. Vom ›Mittagsmagazin‹. Gute Frau. Wusste gar nicht, dass die auch eine Produktionsfirma hat.« Na, wenigstens etwas Seriöses. Was liest man nicht alles über Produzenten und deren Sofas.

Der angekündigte Redakteur kam dann ein paar Tage später zu mir ins Gericht. Ich hatte an dem Tag noch bis um vier Uhr mit meinen Referendaren zu tun und hetzte in meinen roten Lackstiefeln die Treppe hoch in mein Beratungszimmer. Ich hatte wunder was für eine Kamera erwartet, und dann stand da nur so ein kleines Videoding auf dem Tisch, das ich nicht weiter ernst nahm. Ich sollte aus meinem Leben erzählen. Nach einer halben Stunde Plauderei – er kam auch aus Süddeutschland – unterbrach er mich. Da war ich immerhin schon beim Abitur. Ich dachte noch: »Aua, so etwas als Bewerbungsvideo? Konzentration geht anders.« Ihm reiche es, sagte er. Mir auch. Dann gingen wir noch zu einem Weinlokal um die Ecke, wo man gute Schinkenbrote bekam. Ich quetschte ihn übers Fernsehen aus und darüber, was sie überhaupt für eine Sendung machen wollten. Er erzählte mir etwas von dem US-Format »Judge Judy – Court of Arbitration«, also einer amerikanischen Richterin als Vorsitzende eines Schiedsgerichts. Er werde mir ein paar Videos davon schicken. Das sei der Renner in den USA, und dann ging auch schon sein Zug.

Als ich die Videos von »Judge Judy« gesehen hatte, rief ich ihn postwendend an. »Wenn ihr eine ›Judge Judy‹ wollt, könnt ihr euch meine Anreise sparen. Sie macht die Leute systematisch runter, damit sich die anderen amüsieren können, und das werde ich nicht tun.« Die US-Fernsehrichterin war mir unsympathisch und viel zu hart in ihren Entscheidungen. Sie schlug auf die Schwächeren ein und zeigte ihre Machtposition überdeutlich. So etwas kann ich absolut nicht leiden. Egal welchen Erfolg sie damit noch heute hat. Er beruhigte mich. »Machen Sie sich keine Gedanken, es geht hier nur um das Format und um ein Beispiel für ein Schiedsgericht.« Später hat er mir erzählt, dass er, kaum sei ich nach unserem ersten Treffen außer Hörweite gewesen, in Köln angerufen habe: »Ich glaube, wir haben sie.«

Wie dringend in jener Zeit nach einer Richterin oder einem Richter fürs Fernsehen gesucht wurde, habe ich erst viel später erfahren. Viele Produktionsfirmen waren damals intensiv und bundesweit auf der Suche, denn ein solches Format lag in der Luft, und wer zuerst damit auf den Markt kam, war vorne. Es ging also darum, am schnellsten einen fernsehtauglichen Richter aus dem Hut zu ziehen. Und jeder wunderte sich, wie schwer das war. Dabei war es weder ein Problem des Fachwissens noch des Aussehens. Nur jemanden mit dem dazu auch noch nötigen Unterhaltungswert zu finden, das war anscheinend schwierig. Nach fast zwei Jahren Suche und knapp zweihundert gecasteten Personen stand bei »filmpool« zumindest eines fest: Es wird eine Fernsehrichterin. Eine Frau. Logischerweise war wie üblich »geschlechtsneutral« lange Zeit nach einem Mann gesucht worden, bis man merkte, dass die wenigen Frauen, die bei der Recherche mit abfielen, besser geeignet waren. Darum war meine Präsidentin am Ende auch ganz gezielt angesprochen worden, ob sie eine geeignete Richterin kenne.

Das isse!

Heutzutage heißt es Casting, damals hieß es schlichter »Probeverhandlung«. Zu der fuhr ich dann Ende April 1999 nach Köln. Vorher hatte ich drei Fälle zugeschickt bekommen, mit der Bitte, mir einen auszusuchen, den ich verhandeln wolle. Der Referendar, der mir diese Reise eingebrockt hatte, »durfte« mir den Fall schriftlich ausarbeiten, mit allen Verhandlungsdetails und rechtlichen Ausführungen, denn ich hatte damals einfach keine Zeit dafür übrig. Ich dachte, auf der Zugfahrt von immerhin um die vier Stunden prägst du dir das alles ein. Eine davon habe ich verfrühstückt und in den anderen drei Panik geschoben. Ich bekam den Fall einfach nicht in den Kopf. Und dachte nur noch: »Warum tust du dir das an? Du hast schon lange keine Blamage mehr erlebt, warum musst du dich jetzt ausgerechnet auch noch öffentlich bloßstellen, bei vollem Bewusstsein. Bist du eigentlich lebensmüde?« Aber auch das gehört zu Neuanfängen. Lampenfieber und Unsicherheit. Und die Angst, dass alles schiefgehen könnte und man sich bis auf die Knochen blamiert. Wobei normalerweise viel weniger schiefgeht, als man glaubt. Und nicht vergessen: Es geht erst einmal nur um einen Versuch. Kein Mensch erwartet dabei die Perfektion, die man sich selbst abverlangt. Versuch bedeutet probieren, nicht können.

In Köln ging's zügig los. Abholung vom Bahnhof, und schon saß ich bei der Maskenbildnerin auf dem Sessel. Mit dem Ergebnis war ich extrem zufrieden. Was Undine Plume bis heute aus mir zaubert, ist eine Sensation. Dann kam kurz Gisela Marx in die Maske. »Tag.« »Ich glaube, ich kriege kein Wort raus oder nur das falsche.« »Kein Problem, was nicht passt, schneiden wir raus.«

Herausschneiden, ja wo gibt es denn so was? Bei uns im Gericht nicht. An Schnitt hatte ich überhaupt nicht gedacht. Ich hatte mir vorgestellt, dass meine Probeverhandlung live und in Farbe direkt zu den Verantwortlichen von SAT.1 übertragen wird. Gisela Marx war wieder weg, und ich war zumindest meine Angst vor einer bleibenden Blamage los.

Ein bisschen Sorge machte mir in diesem Moment aber noch eine meiner Eigenschaften, die ich vielleicht so beschreiben kann: Wenn ich nervös bin, mache ich »dumme Sprüch«. Ich schwätze in solchen Momenten einfach gegen meine Angst an. Viele glauben deshalb, dass ich immer locker und unbeschwert bin. Das stimmt nicht. Unsicherheit gehört zu meinem Leben ebenso dazu. Nur kann ich sie schlecht ertragen. Ich kann übrigens auch nur schwer Streit oder Missstimmungen aushalten. Oder Stille in einer Gruppe. Deshalb spiele ich in vielen Situationen schnell – auch zu schnell – den Clown. Auf dem Weg ins Studio unterhielt ich jedenfalls alle bestens. Dort wurde ich verkabelt. Wohin mit dem Sender? In die Innentasche meiner Herrenrichterrobe glitt er problemlos. Ich habe mir früher immer Herrenroben gekauft. Sie hatten viel mehr Stoff und sogar Innentaschen. Fürs selbe Geld. Nur beim Knöpfen musste man sich dann die Finger verdrehen. Darüber musste ich natürlich auch ein paar Worte verlieren. Ich hörte nur, wie Gisela Marx im Vorbeigehen zu irgendjemandem sagte: »Alles aufzeichnen!«

Und dann saß ich hinter meinem Schreibtisch. Probestudios sind ziemlich schäbig und stehen darin echten Gerichtssälen in nichts nach. Da brauchte ich mich nicht groß umzustellen. Der Schreibtisch stand auf einem Podest. Ich sagte noch, wenn ich die Stelle bekomme, dann müssten sie den Schreibtisch aber festschrauben. Denn bei mir in Hamburg seien die Tische nach jeder Verhandlung zwanzig Zentimeter weiter vorne. Nur die alten Eichentresen hielten meinem Körpereinsatz stand. Sie haben mir später tatsächlich ein sehr stabiles Gericht gebaut.

Endlich ging es los. Ein Fall unter Nachbarn. »Das interessiert jeden«, dachte ich. Eine junge Frau arbeitete noch spät abends zu Hause an irgendeiner beruflichen Eilsache, als ihr Computer den Geist aufgab. Sie ging zu ihrem Wohnungsnachbarn und bat um Hilfe. Der junge Mann versuchte sein Möglichstes, aber er brachte dann alles völlig zum Absturz. Neunhundert Mark Schaden. »Wer zahlt das?« Ich weiß nicht mehr, wie der Fall ausging, aber eines weiß ich bis heute: Es war eine schweißtreibende Verhandlung. Die Schauspieler hielten sich mitnichten an den Fall. Sie zogen ihre eigene Show ab. Sie erfanden Sachen, auf die ich nicht im Traum gekommen wäre. Und gefühlt jede Sekunde kam der mehr oder weniger offenstehende Bademantel des jungen Manns ins Spiel und dass er sich weniger um den Computer als um die junge Frau gekümmert habe. Was ich nicht wusste: Genau das war der Test. Später sollten es ja echte Parteien sein, und Gisela Marx wollte sehen, wie ich auf Unvorhergesehenes reagiere.

Nun habe ich eine ganz spezielle Art, so etwas zu verhandeln. Jedenfalls nicht in der klassischen förmlichen Art. Ich habe das Ganze locker, aber bald auch ziemlich energisch – mit Gesten bis hin zu »Herrgott nochmal, der Bademantel bleibt zu bis Sie wieder dran sind« – hin- und hergehen lassen, bis bei aller Unterhaltung auch das für die rechtliche Entscheidung Wesentliche gesagt war. Übrigens sehe ich während einer Verhandlung keine Kamera und kein Studio, weil ich mich voll auf die Parteien und den Fall konzentriere. Kurzum, in zehn Minuten sollten wir fertig sein. Es wurden zwanzig Minuten daraus. Das zumindest war nichts Neues bei mir.

Mitten in meinem Schlusswort kam Gisela Marx herein-
gestürzt, mit dem üblichen Gefolge dahinter, und rief nur:
»Das isse!« Ich verstand in dem Moment nicht, dass das bereits ihre endgültige Entscheidung für die »Fernsehrichterin
Barbara Salesch« gewesen war. Zum Abschluss gab es dann
noch Sekt und Schnittchen, und das Fernsehen wurde wieder
gelobt und gepriesen. Ich könne dann auch überall hingehen,
sogar zu Harald Schmidt. Mir war das alles ein bisschen zu
viel. »Ich gehe überhaupt nirgendwohin«, sagte ich mit dem
Gefühl, meine Verplanung zu stoppen, und etwas höflicher:
»Meinetwegen gehe ich zu Alfred Biolek, kochen kann ich.«
Gisela Marx hängte an, sie habe noch eine andere Richterin in
der Endauswahl, die Rosen züchte. »Mit mir können Sie sich
jedenfalls nicht über Rosen unterhalten« war mein Kommentar. Irgendwie ging bei meinen Gefühlen alles durchein-
ander: Man fährt mit Blamage-Ängsten hin und kommt als
Favoritin raus. Dann hieß es nur noch: »Sie hören von uns.«

Im Kölner Museum Ludwig musste ich erst mal meinen
Puls auf Normaltempo bringen. Das war in dem Moment
der richtige Ort zum Durchatmen. Aus den weitläufigen
Museumshallen habe ich erst einmal alle angerufen, die mir
die Daumen gedrückt hatten, und ihnen erzählt, dass ich das
Casting gut bestanden hätte. Und was immer aus der Sache
am Ende werden würde: Ich sah keinen Grund mehr, vor der
Rolle einer Fernsehrichterin Angst zu haben. Ich würde auch
auf dem Bildschirm die Richterin bleiben können, die ich im
wirklichen Leben war.

Am übernächsten Tag zog ich wie geplant für ein paar Tage
ins Krankenhaus um. Meine Gallenblase musste entfernt
werden. Jeden Tag bekam ich von Gisela Marx den aktuel-
len Stand mitgeteilt. An Tag 1 hieß es: »Alles gut geschnitten.« Tag 2: »Vorgelegt bei SAT.1.« Tag 3: »Dort hat's der

X gesehen und für gut befunden.« Tag 4: »Heute hat es der Y ...« Es hätte für einen doppelten Beinbruch gereicht. Bei den Sendern herrschte eine Hierarchie wie in einer Behörde, schien es mir. Bis zu diesem Zeitpunkt hatte ich keinerlei Vorstellung von der Struktur und Arbeitsweise von Fernsehanstalten. Seit vielen Jahren hatte ich kein Fernsehgerät mehr und dachte erst noch: »Gut, SAT.1, die haben mit 3sat wenigstens ein gutes drittes Programm.« Wie naiv. Im Nachhinein war es gut so, dass ich zum Fernsehen ging, ohne von den Strukturen eine Ahnung gehabt zu haben. Diese optimistische Unbefangenheit half mir von Anfang an. Meinen Geburtstag verbrachte ich noch im Krankenhaus und ertrank förmlich in einem Meer von Blumen. Eines muss man den Fernsehleuten lassen: Ihre Blumensträuße sind sensationell.

Macht man das überhaupt als anständige Richterin?

Bei aller Freude über das erfolgreiche Casting war es für mich nicht sofort klar, ob ich mich für ein Fernsehengagement entscheiden würde. Warum jetzt einen Neuanfang? Wohin sollte so eine Fernsehreise gehen? Will ich das wirklich? Macht man das überhaupt? Vor wirklich wichtigen Entscheidungen soll man sich ja Zeit lassen und sich mit anderen besprechen. Also habe ich meine Geburtstagsfeier zu einer Art Konferenz umfunktioniert und alle eingeladen, deren Meinung und Rat mir wichtig waren. Mein Referendar spielte den »Protokollführer« und trug alle Argumente in die Rubriken »Pro« oder »Kontra« ein.

Schon rein rechtlich war das Ganze nicht so einfach. Ein Schiedsgericht mit echten Fällen und Parteien im Fernsehen war Neuland. In Deutschland ist es nämlich verboten, in öffentlichen Gerichtsverhandlungen zu filmen. Das wollte man mit einer Schiedsgerichtsverhandlung, also einer »privaten« Verhandlung, umgehen, in der die Parteien übereinstimmend ihren Richter wählen und samt Zeugen einverstanden sind, dass alles aufgezeichnet und gesendet wird. Schiedsgerichte gibt es übrigens viele in Deutschland. Gerade wenn es um sehr viel Geld geht, vereinbaren die Parteien nicht selten, dass sie keinen langwierigen, gegebenenfalls mehrinstanzlichen Rechtsweg beschreiten wollen, sondern ein kürzeres Schiedsgerichtsverfahren vorziehen. Allerdings finden solche Verhandlungen in aller Regel gerade unter Ausschluss der Öffentlichkeit statt. Andere Produzenten von Gerichtssendungen haben sich der Einfachheit halber gleich für fiktive, also gespielte Verhandlungen, entschieden. Wie etwa bei »Streit um drei« im ZDF. Gisela Marx wollte aber unbedingt echte Verhandlungen wie in Amerika und hatte ein umfangreiches Gutachten anfertigen lassen, in dem es hieß, dass so etwas auch hier in Deutschland über ein Schiedsgericht umgesetzt werden könne. Auch das lasen wir natürlich in unserer Runde kritisch durch. War die Sache wirklich zulässig? Vermutlich ja, aber wer weiß das schon, wie Gerichte entscheiden, wenn Klagen kommen? Wobei die nicht von den Zuschauern zu erwarten waren, sondern von Rechtsanwälten, von denen manche in allem, was sie nicht selbst machen, einen Verstoß gegen das Rechtsberatungsmissbrauchsgesetz sehen und mit einstweiligen Verfügungen drohen. Einige Rechtssendungen hatten sehr damit zu kämpfen. Und ich wollte natürlich nicht so gern als Vorsitzende eines Gerichts agieren, das als unzulässig bewertet werden konnte.

Und persönlich? Wie sieht das mit meiner Reputation aus? »Macht eine anständige Richterin das?« war immer wieder die Frage. Da kann ich die Meinungen der Runde so zusammenfassen: »Wir nicht, aber du schon.« Irgendwie galt ich neben aller fachlichen Kompetenz immer als bunter Vogel, der auf vielen Hochzeiten tanzen kann, zu dem vieles passt. Warum nicht auch Fernsehen?

Und was reizte mich noch an dem Angebot? Ich hatte in Hamburg für die nächsten 16 Jahre bis zur Pensionierung beruflich so ziemlich das immer Gleiche zu erwarten. Also, warum nicht einen Fernsehausflug machen? Dass dieser Ausflug dann mehr als zwölf Jahre dauern sollte, ahnten wir nicht im Entferntesten. Ich musste mich nur noch damit anfreunden, dass ich auch scheitern konnte, und zwar dann gleich in aller Öffentlichkeit. »Na, wie war denn Ihr Ausflug ins Scheinwerferlicht?« Eine gewisse Schadenfreude würde ich mir dann gefallen lassen müssen.

Natürlich hatte ich Angst vor einem Scheitern. Und nicht zu knapp. Aber ich habe sie an den Rand geschoben. Weil es mich einfach zu sehr gereizt hat, mit 49 Jahren wieder Neuland zu betreten. Und zwar dieses Mal medial. Wer geht denn noch in diesem Alter ins Fernsehen? Und zwar voll. Es ging ja nicht um ein paar Sendungen pro Jahr, die man mal eben neben dem Beruf machen konnte. Es ging um ein tägliches Format.

Meine Entscheidung fiel am Ende dann doch relativ schnell und vor allem eindeutig aus: »Ja, ich werde es machen, wenn sie sich wirklich für mich entscheiden.« Und besser noch: »Ja, ich will es machen!« Und sicher nicht nur, weil es Abwechslung versprach. Wegen des Geldes? Die, die mich kennen, wissen, dass mich das nicht primär interessiert. Als Richterin konnte ich von meinem Einkommen gut leben. Und die, die mich nicht kennen, können es mir glauben, denn sonst wäre ich definitiv nicht Richterin geworden, sondern bestens verdienende Rechtsanwältin. Die Fernsehrolle bot mir vor allem die Chance, als Fachfrau den eigenen Berufsalltag zu zeigen. Denn es war in aller Regel ziemlich vorsintflutlich, wie Richter im Fernsehen dargestellt wurden, und es war genauso unterirdisch, wie und was sie zu sagen hatten. Es war eine ziemlich altbackene Justiz, die da im Fernsehen zu sehen war.

Ich habe nun immer versucht, meinen Beruf anderen nahezubringen. Nicht umsonst habe ich fast mein ganzes Berufsleben Verfahrensrecht unterrichtet. Ich konnte mit so einer Sendung also zeigen, dass Recht korrekt und zugleich so einfach dargestellt werden kann, dass es jeder versteht. Die Menschen haben ein gutes Gespür für Recht und Unrecht. Jede Unterhaltung darüber mit Laien zeigt das. Ich wollte unser Rechtssystem so mit Leben füllen, dass es unterhaltsam und zugleich rechtlich korrekt war. Einfach zeigen, wie eine echte Richterin arbeitet, dem Gesetz gemäß das Verfahren lenkt und eine Entscheidung fällt, die alle Parteien nachvollziehen können.

Dass dies das Fernsehpublikum auch so erreicht hat, hat mir später meine Landgerichtspräsidentin mit einer kleinen Geschichte bestätigt. Auf einem Treffen habe ihr ein anderer Präsident erzählt, dass ihm in einer Hauptverhandlung Folgendes passiert sei: Er habe einer unterlegenen Partei eben erklären wollen, warum er die Klage abweisen müsse, und da habe die ihn ganz freundlich unterbrochen. »Ich weiß schon, ich hatte die Beweislast. Weiß ich von der Salesch aus'm Fernsehen.« Wenn einer von jemandem Geld will, weil er ihm ein Auto verkauft hat, muss er beweisen, dass der Vertrag zustande gekommen ist. Sagt der andere aber, er habe schon bezahlt, jedoch noch nichts bekommen, muss der die Zahlung nachweisen. Die sogenannte Beweislast hat also der, der sich auf die strittige Tatsache beruft. Die rechtliche Erklärung aus meinen Fernseh-Verhandlungen war also angekommen.

Ich wollte als Fernsehrichterin auch zeigen, was Gerechtigkeit im Alltag bedeutet. Nämlich dass es nur ein Bemühen um Gerechtigkeit geben kann. Der Versuch, Vergleichbares auch vergleichbar zu behandeln. Dann werden auch die Grenzen deutlich. Gerechtigkeit ist ein Wunsch, ein Ziel, eine Vorstellung, ein Ideal. Deshalb erlangt man auch nicht ein Mehr an Gerechtigkeit, indem man Gesetze immer detailreicher formuliert, wie manche glauben. Die menschlichen Beziehungen sind so facettenreich, dass Details eher zu Ungewolltem führen, was dann wieder neue Regelungen nach sich zieht. Ich wünschte mir, dass Gesetze trotz Bestimmtheitsgebot gleichwohl allgemeiner gefasst wären, damit dem Einzelfall über eine Auslegung nach Sinn und Zweck des Gesetzes besser entsprochen werden kann. Das führt nicht zur Rechtsunsicherheit. Wird das Gesetz und das, was Recht ausmacht, für den Bürger zu unübersichtlich, zieht er sich zurück. Und wenn ich inzwischen für so normale Dinge wie Mietverträge einen Anwalt brauche, dann stimmt etwas nicht, finde ich. Anders die Sicht der Rechtsanwälte, die damit ihr Geld verdienen.

Die Zeit bis zur ersten Aufzeichnung verging dann rasend schnell. Im Juni wurde schon der Pilot gedreht. Das ist so eine Art Mustersendung, wie man sich später die Sendung vorstellt. Ich nahm dafür Urlaub und war erstmals in einem echten Studio. Es war spannend, aber immer noch irgendwie unwirklich, denn noch gab es seitens der Produktion und des Senders nur Absichtserklärungen. Noch stand nichts fest, und ich hielt schön den Mund. Zudem bekam ich »zur Sicherheit« noch ein paar Stunden Schauspielunterricht. Wie man geht. Wie man sitzt. Und dass man die Hände immer schön im Bild lässt. Ich habe ja eine Gestik und Mimik, die man in der letzten Reihe eines Theaters noch gut sehen kann. Schon in Hamburg hieß es immer, du plädierst italienisch, weil ich so mit den Armen ruderte. Das Fernsehen mit seinen vielen Großaufnahmen verlangt ein viel reduzierteres Verhalten. Die Schauspiellehrerin sagte dann aber ziemlich bald zu Gisela Marx: »Ihr habt da einen Rohdiamanten. Schleifen bringt nichts. Lasst sie so, wie sie ist.« Gisela Marx litt noch ziemlich lange unter meiner Mimik und ich auch, wenn ich mich auf dem Bildschirm sah. Mit der Zeit lernte ich wenigstens, dass man meinem Gesicht schon ansieht, was ich gerade denke. Ich muss nicht auch noch den Mund dafür aufmachen.

Der Pilot kam bei SAT.1 sehr gut an, und es wurden gleich ziemlich viele Sendungen gekauft. Es wurde also ernst. Nun musste ich mich beurlauben lassen. Das heißt, ich blieb Vorsitzende Richterin am Landgericht Hamburg, wurde aber für zwei Jahre freigestellt. Niemals hätte ich für das Experiment Fernsehen meine Richterposition aufgegeben. Die Verträge mit »filmpool« waren dann so, dass ich jedenfalls kein finanzielles Risiko hatte, sollte die Sendung gleich zu Beginn floppen. Die Beurlaubung selbst war kein Problem, weil die Sache letztlich von meiner Landgerichtspräsidentin angeschoben worden war und die Justizsenatorin mich aus meiner Zeit als Abteilungsleiterin bestens kannte. Beide Frauen wussten damals viel mehr als ich, was mediale Öffentlichkeit bedeutet und dass dies eine Chance für die Justiz war, endlich einmal ein anderes Richterbild nach außen zu tragen, als es bis dahin zu sehen gewesen war. Durch eine Frau, die im Fernsehen eine zeitgemäße und den Menschen zugewandte Justiz verkörpert. Auf die, sprich auf mich, konnten sie sich verlassen. Ich würde mich schon nicht zum

»Medienkasper« machen lassen. Mit 35 Umzugskartons zog ich zum 1. August 1999 von Hamburg in eine Einzimmerwohnung in Köln.

Auf Sendung

Eines muss man dem Fernsehen lassen: Heute gedacht, gestern gemacht. Der Geschäftsbetrieb begann sofort. Nach meinen Vorgaben war bereits eine Geschäftsstelle eingerichtet worden, mit einer Leiterin, die auch meine persönliche Assistentin war, und drei Juristen, die alle Fälle, die eine große Redaktion schickte, erst einmal prüften. Beide Teile – hier die Produktion, da das Schiedsgericht – waren streng voneinander getrennt. Denn mein Schiedsgericht, das ich eigens gegründet hatte, musste absolut unabhängig sein. Wären wir das nicht gewesen, wären meine Schiedssprüche nicht wirksam geworden. Etwa zehn Prozent meiner Entscheidungen sind später vom Oberlandesgericht Köln überprüft worden. Sie hatten alle Bestand.

Bei der Aufzeichnung der ersten echten Schiedsgerichtsverhandlung saß in den Zuschauerrängen alles, was Rang und Namen hatte, also die Verantwortlichen von SAT.1 und die von »filmpool« mit ihren Gesellschaftern und Juristen. Alle blieben ganz gemütlich erst einmal sitzen, als ich den Verhandlungssaal betrat. Das haben wir dann schön noch einmal gemacht, denn beim Auftritt eines Gerichts müssen sich alle erheben. Dann folgte mein freundliches Bitte-nehmen-Sie-Platz-meine-Damen-und-Herren, und unser Bilderbuchwachtmeister, ein Kriminalbeamter aus Köln, ließ die beiden Parteien herein. Mutter und Sohn. Später die Zeugen; den

Vater und die Freundin des Sohnes. Die Mutter behauptete, sie habe ihrem Sohn einen Hund verkauft, und klagte ihren Verkaufspreis von vierhundert Mark dafür ein. Der Sohn erklärte, ihn geschenkt bekommen zu haben, und beantragte, die Klage abzuweisen. Das waren die Wahrheiten der beiden Seiten. Und die Parteien schlugen sich ganz gut, jeder auf seine Art, einschließlich ihrer Zeugen. Plötzlich ging die Mutter in Richtung der Fenster und rief theatralisch: »Frau Richterin, machen Sie das Fenster auf, und lassen Sie die Gerechtigkeit herein!« Leichte Unruhe auf den Rängen. Ich überlegte fieberhaft, wie ich die dramatische Anwandlung der Mutter stoppen könnte, bevor sie tatsächlich versuchte, an den Kulissen zu zerren. Zu meiner großen Erleichterung drehte sie kurz vor der Pappwand um. Das war noch mal gutgegangen.

Nach eineinhalb Stunden konzentrierter Verhandlung waren wir fertig. Ich war ungeheuer erleichtert. Alle waren es. Und jeder unterließ glücklicherweise Beifallsbekundungen, bis die Parteien aus dem Saal waren. Die Zivilrechtler unter den Rechtsanwälten hatten mir so viel Professionalität auf Anhieb nicht zugetraut, das war schön zu hören. Aber es war und blieb auf Dauer wirklich nicht einfach, solche Verhandlungen halbwegs zügig durchzuziehen. Alle mussten ausreichend zu Wort kommen. Da hätte ich mir nicht hineinreden lassen, und es wurde auch nie versucht. Aber dadurch wurde vieles wiederholt, und das ist im Fernsehen tödlich. Ich achtete also immer darauf, dass ich zwischendurch die Aussagen zusammenfasste und von den Parteien bestätigen ließ oder rechtlich Erhebliches zusammengefasst so abfragte, dass ein einfaches Ja oder Nein als Antwort genügte. Manche Verhandlungen dauerten drei Stunden. »filmpool« hatte nur das Recht, alles aufzuzeichnen und zu Sendungen von zehn bis zwanzig Minuten zusammenzuschneiden. Sie haben trotz

allem Bemühen um Präzision und Kürze reichlich Schnitt-
kosten gehabt.

Im September gingen wir mit dem Schiedsgericht auf Sendung. Montags bis freitags von 18 bis 18.30 Uhr. Es waren
die einzigen echten Verhandlungen, die es je im deutschen
Fernsehen gegeben hat. Nur: Die Fernsehnation nahm einfach nicht so recht Notiz von uns. Anscheinend war Zivilrecht zu normal. Selbst in echt. Es floss kein Blut, sondern es
ging ja nur darum, dass bezahlt wurde, was man gekauft oder
beschädigt hatte, dass man etwas reparierte, was man nicht
funktionsfähig geliefert hatte, dass man zu viel Krach und
Gestank unterließ und was es eben im Zivilrechtsbereich im
Alltag so gab und gibt. Ich hatte mich bei den Fällen immer
am amtsgerichtlichen Alltag orientiert mit einem Streitwert
damals von bis zu 10 000 Mark.

Für den Anfang war unsere Quote ganz in Ordnung.
Nach ein paar Wochen verhalf uns Stefan Raab mit seinem
»Maschendrahtzaun« zu etwas mehr Popularität. Er hatte
eine Sequenz aus einer meiner Schiedsgerichtsverhand-
lungen in einen Song eingebaut. Ein Nachbarschaftsstreit,
in dem es um den nicht eingehaltenen Abstand eines Knall-
erbsenstrauchs zum Maschendrahtzaun der Klägerin ging.
Die fortlaufende Wiederholung dieses Worts, gesprochen
in bestem Vogtländisch, hatte Raab inspiriert. Das Lied war
auf Platz 1 der Charts, und so kam prompt und unweigerlich
die Einladung in seine Sendung. Ich kannte »TV total« bis
dahin nicht. Nachdem ich mir eine Folge angesehen hatte,
lehnte ich ab. »Da gehe ich nicht hin.« Abgesehen davon,
dass ich den unsäglichen Hype um die Klägerin nicht auch
noch unterstützen wollte. Zwingen konnte mich vertraglich
niemand, in eine Talkshow zu gehen. Es wurden aber alle
Register gezogen, mich zu überreden, und irgendwann gab

ich nach, aber wohl war mir dabei nicht. Als Unterstützung nahm ich meinen Redaktionsleiter mit. Wobei mir das im Studio wenig genützt hätte. Aber es lief alles bestens. Raab und ich hatten unseren Spaß, das Publikum auch, und ich entfloh mit dem »Raab der Woche« in unsere Stammkneipe, wo alle »Filmpooler« die Daumen gedrückt und sich schon einmal Mut angetrunken hatten. Dort schauten wir dann zusammen die Ausstrahlung an. Zur Verteidigung meines »Raabs der Woche« musste ich eine Woche später wieder in die Show. Diesmal schon ohne meinen Redaktionsleiter. Den »Raab der Woche« habe ich aber nicht verteidigen können. In der Publikumsentscheidung verlor ich. Gegen ein Hängebauchschwein. Beachte: nie gegen Tiere antreten. Es folgten Einladungen in andere Talkshows, auch zu Harald Schmidt, und unser Schiedsgericht wurde langsam bekannter. Aber der große Durchbruch blieb aus. Wir stagnierten bei maximal zwölf bis 13 Prozent. Tendenz deutlich fallend.

Ich habe das damals nicht so ernst genommen. Natürlich war mir die Bedeutung von Quoten bekannt, aber ich fand unsere Sendung – so wie sie war – gut und glaubte, dass wir das Menschenmögliche aus den Fällen herausholten. Außerdem war bei mir langsam mehr Gelassenheit eingekehrt. In den ersten Monaten hatte ich noch bei jedem einzelnen Fall oft fünf und mehr verschiedene Variationen mit allen Verästelungen im Kopf – was wäre, wenn Antwort 1 kommt, was, wenn Antwort 2 kommt, usw. –, bis mir klar wurde, dass noch viele weitere Möglichkeiten existierten und dass ich ja mal notfalls zum Nachlesen unterbrechen konnte.

Kritik an meiner Sendung gab es zwar gelegentlich, aber an mir persönlich kaum. Der damalige Präsident des Bundesgerichtshofs, Prof. Günther Hirsch, antwortete 2000 in einer juristischen Fachzeitschrift auf die Frage, ob Justizshows wie

»Richterin Salesch« oder »Streit um drei« der Justiz etwas brächten: »Ich finde, es ist eine gute Idee, dass die Justiz auf diese Art nicht nur transparent wird, sondern auch die eigenen Mechanismen erläutert. Viele Leute waren nie in einem Gerichtssaal. Wenn man das erste Mal als Zeuge zu Gericht geht, ist dies eine ganz schwierige Angelegenheit, da müssen Hemmschwellen überwunden werden. Mit solchen Sendungen wird die Justiz den Bürgern nähergebracht. Sie verstehen dann besser, mit welchen Schwierigkeiten die Richter, etwa bei unklarer Beweislage, fertigwerden müssen.« Ich fühlte mich also von höchstrichterlicher Seite gestärkt in meiner Arbeit und hatte inzwischen auch viel Spaß daran gefunden. Wir drehten noch einen neuen Vorspann für die Sendung, und ich entschwand frohgelaunt und zuversichtlich in die sechswöchige Sommerpause.

Das Schiedsgericht ist tot! Es lebe das Strafgericht.

Kaum war ich bei meiner Mutter in Ettlingen, flogen wir von unserem Sendeplatz. Wir mussten einer Quizshow weichen. Wie Pilze schossen diese Sendungen damals aus dem Boden und versprachen hohe Quoten. Im Gegenzug bot man Gisela Marx einen einstündigen Sendeplatz nachmittags um 15 Uhr an. Aber eine ganze Stunde Zivilrecht, um diese Zeit, – das wäre das Ende für das Schiedsgericht gewesen. Das hätten wir nicht produzieren können. Aber irgendwie hatten der Sender und die Produzentin wohl den Eindruck, man solle mich noch nicht fallenlassen. Der Anruf von ihr kam prompt. »Komm zurück. Deine Sommerpause ist zu Ende. Wir stellen um auf Strafrecht.« Ihr Credo: Wir können jetzt alles ins Drehbuch schreiben, was den Zuschauer interessiert, aber eben auch nur das, und damit hatte sie genau recht. Das echte Schiedsgericht schloss die Pforte, und das fiktive, also gespielte Strafgericht war geboren.

Eine Sturzgeburt! Innerhalb von fünf Wochen wurde das gesamte Format umgestellt. Der Gerichtssaal musste auch umgebaut werden. Da ich die Einzige war, die etwas von Strafverfahren verstand, skizzierte ich sogar, wer, wo, wie und warum zu sitzen hatte. Gleich für alle Variationen bis hin zum Landgericht, mit mehreren Angeklagten und Verteidigern, Gutachtern, Staatsanwälten und Protokollführern. Wir konnten bis zum Schluss mit allen Variationen in unserem Gerichtssaal bleiben. Die Fälle, die dann mit Laiendarstellern »verhandelt« werden sollten, wurden von Redakteuren geschrieben. Zwei meiner Juristen blieben und überarbeiteten sie, damit aus den interessanten Vorschlägen auch wirklich durchführbare Hauptverhandlungen werden konnten. Ich entwickelte das Muster einer Anklage, die korrekt und zugleich sendefähig war, und überlegte mir Fragen, wie ich die neuen Fälle in 22 Minuten reiner Sendezeit – es waren in den ersten Jahren zwei Fälle in der Sendestunde – überzeugend verhandeln und zu einem Abschluss bringen konnte.

Zu Beginn gab es noch keine Drehbücher. Ich entwickelte sie erst einmal für mich, indem ich mir meine Fragen aufschrieb und in Stichworten daruntersetzte, was die Angeklagten oder die Zeugen ungefähr dazu sagen konnten, und hielt auch in Stichworten fest, was, wann, wer zu tun hatte und wie Staatsanwaltschaft und Verteidigung agieren oder reagieren konnten. Auf Wunsch von Gisela Marx gab ich bald den Redakteuren Kopien davon, damit sie die Komparsen besser briefen konnten.

Parallel lief die Suche nach Staatsanwalt und Verteidigern,

denn alle, die in der Sendung als Juristen auftraten, sollten weiter »echte« Juristen sein. Das war wichtig. Nur sie waren in ihrer Rolle glaubhaft. Denn es gab keine ausformulierten Texte für die Juristen, die Schauspieler oder Laien hätten auswendig lernen können. Theater war schon genug, aber es sollte ja wenigstens kein juristisches Amateurtheater werden.

Unser Staatsanwalt Bernd Römer wurde am Flughafen eingefangen, bevor er nach Mallorca entschwinden konnte, wo er sich für ein Jahr in aller Ruhe als Rechtsanwalt in vertrauter Umgebung betätigen wollte, zumindest gelegentlich. Er hatte in früheren Feldversuchen einen Staatsanwalt gemimt und war »filmpool« in sehr positiver Erinnerung. Zu Recht. Bis zum Schluss war er eine feste Größe und ein super Kumpel. Und ein sehr guter Jurist sowieso. Ein »echter«, also beamteter Staatsanwalt hätte weder auf die Schnelle besorgt werden können, noch wäre das ratsam gewesen. Denn die Rolle der Staatsanwaltschaft war in der neuen Sendung dramaturgisch an das anglo-amerikanische Rechtssystem angelehnt. Es musste einen Gegenpart zur Verteidigung geben, und deshalb war er in der Verhandlung viel parteiischer, als das unserem deutschen Rechtssystem entsprochen hätte. Da hätte ein »Echter« Ärger mit seiner Behörde bekommen.

Mit unseren Verteidigern hatten wir auch großes Glück. Recht bald kristallisierten sich aus den Rechtsanwälten die heraus, die am besten ankamen. Es waren besonders Strafverteidigerinnen und Strafverteidiger, die in ihrem Beruf bereits erfolgreich waren und die voller Lust mitspielten. Sie haben der Staatsanwaltschaft und mir nichts geschenkt. Vor der Kamera wurde gekämpft – wie im richtigen Gerichtsalltag. Nach den Sendungen saßen wir freundschaftlich zusammen. Gerne hätte ich auch meine Freundin Ruthchen in der Rolle einer Verteidigerin dabeigehabt. Eine Frau mit Stimme und Format. Aber sie hatte leider keine Zeit.

Dann wurden die Komparsen für die Rollen ausgesucht. Der damalige Bestand? Dreihundert Namen, mit Bleistift auf blaue Karteikärtchen geschrieben. Am Ende waren es 65 000 männliche und 94 000 weibliche Darsteller in der »Cast Base« von »filmpool«.

Die Umstellung der Sendung war für mich erst einmal eine emotionale Talfahrt und eine Herkulesarbeit zugleich. An sich hätte ich glücklich sein müssen, in mein altes Rechtsgebiet zurückzukommen, denn ich hatte ja in allen Bereichen des Strafrechts, von der Anklage bis zur Vollstreckung, praktisch gearbeitet und kannte sämtliche Begriffe und Probleme. Aber zu Beginn der Umstellung war ich einfach nur verzweifelt. Es hatte mich zu kalt erwischt, weil ich den Kopf in den Sand gesteckt und sinkende Quoten nicht ernst genommen hatte. Jetzt war ich plötzlich »inhaltlich« allein für alles verantwortlich und wusste oft nicht, wo mir der Kopf überhaupt stand. Die anderen mussten sich erst einarbeiten. Zudem mussten wir auch menschlich damit fertigwerden, dass einige der Schiedsgerichts-Redakteure nicht mehr gebraucht wurden und gehen mussten; wir waren eine verdammt engagierte und persönlich verbundene Truppe gewesen. Ich fühlte mich in dieser Zeit jedenfalls total überfordert und weiß noch wie heute, dass ich bei einem Essen mit meiner Assistentin plötzlich losgeheult habe: »Ich kann das nicht. Ich bin Richterin, ich bin keine Schauspielerin.« Ich brauchte damals meine Zeit, um damit klarzukommen, dass Fernsehen seine eigenen Gesetze hat, nämlich die der Zuschauer und nicht die der eigenen Sicht oder des eigenen Geschmacks.

Gisela Marx hat die Umstellung ganz locker gesehen. Und mich ziemlich in den Hintern getreten. Manchmal braucht man einfach jemanden, der einen wieder zurechtrückt, und das kann auch durchaus deutlich sein. Es war ihr Geld, und meine Befindlichkeiten nervten sie eher, als dass sie gewillt war, länger als ein paar Sekunden darauf einzugehen. »Was willst du denn noch? Reiß dich zusammen, los jetzt, wir setzen doch weiter auf dich!« Sie hat nicht verstehen können, dass es auch die Enttäuschung über die sang- und klanglose Absetzung meines Schiedsgerichts war, die mich erst einmal daran gehindert hat, gleich die Chancen zu sehen, die sich uns mit dem neuen Format boten. Sie hatte sich schon längst von ihrem früheren Konzept gelöst, in das sie viel investiert hatte. Sie kannte die Schnelligkeit des Fernsehens. Ein neues Konzept für unsere Sendung war nötig, wenn wir weitermachen wollten. Nach ein paar Wochen war ich mit meinen Seelenschmerzen durch. Ich bin also doch eine Schauspielerin. Allerdings nur, wenn ich ohne große Vorgabe ganz offen mich selbst spielen darf. Diesen Wunsch hat Gisela Marx immer geachtet.

Die Quotenqueen

Am 2. Oktober 2000 gingen wir mit »Richterin Barbara Salesch« im neuen Format auf Sendung. Ab da konnte man uns von montags bis freitags von 15 bis 16 Uhr sehen. Und? Interessierte sich jetzt jemand für uns? Jaaaa! Und immer mehr. Warum? Na ja, eigentlich ist es nicht schwer zu beantworten. Was wird im Fernsehen in Menge ausgestrahlt? Krimis, Polizeiserien, Anwaltsserien, Gerichtsserien und Serien über Gerichtsmedizin. Hauptsache, es blutet, und am Ende klicken die Handschellen. Die dramaturgische Fallhöhe eines Rechtsstreits um eine beschädigte Küchenfront hält sich dagegen in Grenzen. Also haben wir das geliefert, was interessiert. Quasi einen Krimi verkehrt herum. Im Krimi hat man seine Leiche und am Ende den Täter. Bei uns hatte man einen Angeklagten, und am Ende der Sendung wusste man, ob er es war oder ein anderer. Wobei immer das Warum einer Tat das Interessanteste ist. Die großen Motive liefern in der Klassik wie im Fernsehen und im Alltag: Eifersucht, Habgier, Geltungsdrang, Missgunst, Neid und die restlichen Todsünden, die da heißen Geiz, Zorn, Wollust, Völlerei und Faulheit.

Hatte ich mich früher für unsere Quote in einiger Selbstüberschätzung »nicht sehr interessiert«, entwickelte ich mich in kürzester Zeit zu einer Quotenspezialistin, die sogar die Minutenschritte verfolgte. Die Quoten werden ja nicht nur für die gesamte Sendung berechnet, sondern intern auch für jede Minute ausgewiesen. Zudem gibt es schöne Grafiken, an deren Linien man gut verfolgen kann, wie Werbezeiten Einfluss nehmen und wie versucht wird, diese Zeiten immer wieder zu ändern, damit man vor den anderen aus der Werbung kommt. Ich konnte mir allerdings nie erklären, warum beispielsweise Fall A, für den man sich fast schämte – und bei dem ich mich mit einem »versendet sich« tröstete –, deutlich bessere Quoten bekam als Fall B, der mich selbst sehr berührt hatte. Wüsste man, was ankommt, könnte man sich viel ersparen. Wäre aber auch deutlich langweiliger. Jedenfalls lasen sich die Zahlen nahezu täglich immer besser. Ich weiß noch, wie ich so zu mir sagte: »Ach, nur einmal eine Million Zuschauer.« Nach zwei Monaten hatten wir sie das erste Mal. Ein Jahr später hatten wir die Zwei-Millionen-Grenze überschritten, und im Jahr darauf waren wir oft bei drei Millionen Zuschauern am Tag. »RBS« wurde zum Renner. Wir waren mit elf Prozent gestartet. Zu Weihnachten hatten wir schon fröhliche 14 Prozent, und nach einem Jahr waren wir bei einem Monatsschnitt von 27 Prozent. Wir hatten übrigens immer sehr ähnliche Quoten bei den 14- bis 49-Jährigen und auch bei der Zielgruppe ab drei Jahren. Es gibt im Fernsehen nur wenige Sendungen, die beide Gruppen gleich stark interessieren. Die Werbung und den Sender hat es gefreut, dass bei mir Oma und Enkel gleichzeitig vor dem Apparat saßen.

In Interviews werde ich öfter gefragt, auf was ich am meisten stolz war bei »Richterin Barbara Salesch«. Also ich weiß da selten etwas zu sagen. Erfolg ist relativ, zwar schön für den Moment, aber nicht das Wesentliche im Leben. Aber wenn ich auf etwas stolz bin, dann sind es die ersten zwei Jahre. Was wir da entwickelt, umgestellt und durchgezogen haben, das war schon eine Hausnummer. Dagegen waren meine Hamburger Jahre geruhsam.

Im Oktober 2002 bekamen wir den deutschen Fernsehpreis in der Kategorie »Beste tägliche Sendung«. Gisela Marx, die neben mir saß, hatte mir kurz vorher angedeutet, dass es nicht nur bei meiner Nominierung bliebe. Sie wollte wohl meinen Erleichterungsschrei nicht im Bild haben. So konnte ich mich »artgerecht« freuen, um mich dann in meiner üblichen Länge zu bedanken, zumal ich auch noch spontan meiner Landgerichtspräsidentin zum sechzigsten Geburtstag gratulieren musste, die mit im Saal saß. Man bekommt erstaunte Blicke, aber das Mikro wird nicht abgedreht. Später wird es natürlich für die Übertragung herausgeschnitten. Nach dem abendlichen Bankett sind meine Redaktionsleiterin, die beste, die ich je hatte, und ich sehr glücklich ein paar Runden »Schau« gelaufen. Das war es dann aber auch schon.

Sehr zum Leidwesen von Ruthchen, denn ich konnte von solchen Festveranstaltungen nur sehr wenig berichten. Außer zum jährlichen Fernsehpreis ging ich so gut wie nie zu irgendeiner Abendeinladung, Party oder Premiere, sofern ich nicht zwingend als »Werbung« für »RBS« hingehen musste. Bei Ruthchens Fragen »Wer war da, mit wem war sie/er da, wie war der/die, wie waren die angezogen, worüber habt ihr gesprochen?« musste ich meistens passen. Es gab eh nicht viele, die sich mit mir unterhalten haben. Und ich kannte ja auch kaum einen. Ich habe seit Jahrzehnten kein Fernsehgerät oder jedenfalls keines, das in Betrieb ist. Ich habe nichts gegen Fernsehen, aber es spielt bei mir privat einfach keine Rolle. Ich entspanne mich lieber bei Musik, und zur Information bevorzuge ich sowieso Gedrucktes. Bei Menschen, die ich auf den großen Veranstaltungen erkannte und die mich interessierten, war ich dann meist zu schüchtern, sie anzusprechen. Hannelore Hoger zum Beispiel stand einmal eine Weile ganz versonnen neben mir. Ich bewundere sie als Schauspielerin sehr, in den Hamburger Kammerspielen hatte sie die Martha in »Wer hat Angst vor Virginia Woolf?« grandios gespielt. Als ich mich endlich trauen wollte, sie anzusprechen, war sie weg.

Hinzu kam natürlich, dass wir Juristen keine Schauspielkollegen, keine Moderatoren, nichts waren, was so recht auf solche Events passte. In dem Zusammenhang erinnere ich mich auch noch gut an meine erste Veranstaltung bei SAT.1 in Berlin. »Alle« waren da, ich stand lange allein am Rand und dachte: »Hier stehst du genau richtig, denn vielleicht bist du nächstes Jahr schon wieder weg. Aber wenn nicht, dann sitzt du nächstes Jahr bei den anderen mittendrin.« Ich war nicht weg und über viele Jahre die Quotenqueen von SAT.1, nur mittendrin saß ich nie. Ich wurde einfach keine

»Medienschaffende«, ich spielte nur meinen Beruf nach und sah zu, dass ich meine etwa zweihundert Sendungen im Jahr schaffte.

Alltag einer Fernsehrichterin

Und wie sieht der Alltag einer Fernsehrichterin aus? Er besteht aus Drehbüchern und Aufzeichnungen im steten Wechsel. Fangen wir mit dem Schöneren an. Also mit den Aufzeichnungen. Es wurden an zwei aufeinanderfolgenden Tagen zwölf Halbstundenfälle aufgezeichnet. Als wir später auf Stundenfälle umstellten, waren es an den beiden Aufzeichnungstagen sieben Fälle. Es war wie bei einem richtigen Amtsgericht, das auch mehrere Fälle am Tag verhandelt und danach rechtschaffen müde ist.

Die Komparsen, die von den Redakteuren für ihre Fälle ausgewählt wurden, trafen morgens ein und gingen mit den Redakteuren ihre Rollen durch. Ich las meine »Akten« nochmals quer, und gegen zwölf Uhr kam die »Maske«. Es dauerte eine Stunde, mit Haaren und allem Pipapo. Es musste ja bis in die Nacht halten. Dann kam das »Kostüm«, und man klebte und nähte mich in meine Robe ein. Weniger wegen der Taille, sondern damit auch der Schal und die weißen Ärmel hielten. Das waren Blusenärmel ohne Bluse. Danach besprachen Redaktionsleitung, Redakteur und wir Juristen noch kurz vor dem jeweiligen Fall, ob sich eventuell noch juristische oder sonstige Probleme aufgetan hatten. Direkt vor dem Gerichtssaal begrüßte ich noch kurz die Komparsen, und los ging es.

Es gab insgesamt sechs Kameras. Eine hinter der Staatsanwaltschaft, eine hinter der Verteidigung, zwei hinter meinem Richterpult und eine noch hinter meiner Eingangstür, die durch eine kleine Klappe filmte – der Kiosk genannt. Und noch eine letzte mir gegenüber hinter den Zuschauern, die immer auf mich gerichtet war. Da war gut Bewegung angesagt, damit die Kameraleute sich nicht gegenseitig »abschossen«, also im Bild zu sehen waren.

Viel wiederholt wurde nicht, denn es wurde dadurch in der Regel nicht besser. Aber nicht selten mussten wir vor Lachen abbrechen. Wenn der Staatsanwalt oder die Verteidigung kicherte, ging es ja noch, aber wenn beide in Gelächter ausbrachen? Wo sollte ich denn dann hinschauen? Das Publikum gegenüber war dann schon längst am Grinsen. Das ergab längere Unterbrechungen, weil ich immer wieder Tränen lachte – zum Leidwesen der »Maske«. Manchmal musste ich aus dem Saal gehen, bis ich mich wieder halbwegs fing. Für uns Juristen waren Unterbrechungen nicht schlimm, denn wir waren sofort wieder in der Sache, wir blieben ja wir selbst, aber für die Komparsen war das nicht immer so einfach, weil sie wieder in ihre Rollen zurückfinden mussten. Da gab es gelegentlich für uns einen Rüffel aus der Regie. Und der stete Spruch »Wir hängen!« verfolgte uns im Studio auf Schritt und Tritt. Wir Juristen waren manchmal wie Kinder und ein bisschen unregierbar. Bei den hohen Kosten eines Aufzeichnungstags fehlte da gelegentlich die Nachsicht der Produktion, was ich gut verstehen konnte.

Übrigens schätzte ich auch die Komparsen sehr und hatte Respekt vor ihnen, wie sie sich mit ihrer jeweiligen Rolle identifizieren konnten. Und das, obwohl sie die Drehbücher oft nur ein paar Tage vorher bekommen hatten. Sie fingen mit kleinen Rollen an, und wenn es gut lief, gelang ihnen der »Aufstieg« zum Angeklagten oder Opfer. Mit welcher Spielfreude, Phantasie und Improvisation einerseits und welcher Holprigkeit andererseits sie spielten. Sie erinnerten mich übrigens viel mehr, als man vielleicht denkt, an meine echten Angeklagten und Zeugen, die vor Gericht ja auch unsicher sind und oft mehr schlecht als recht versuchen, sich mit Lügen herauszureden. Bei schwierigen Rollen griffen die Redakteure aber auch mal auf erfahrene Schauspieler zurück. Meistens waren wir mit dem Fall in eineinhalb Stunden durch. Dann wurden die Flurszenen, die im Richterzimmer und die, die es sonst im Laufe der Zeit noch gab, aufgezeichnet. Kurze Pause. Der Nächste bitte. An Aufzeichnungstagen brummte der Laden.

Als Zuschauer hatten wir normalerweise Schulklassen mit ihren Lehrern, denen ich in Pausen oder am Ende des Drehs noch für Fragen zur Verfügung stand und die nach uns noch ihren eigenen Fall im Studio drehten, den sie sich ausgedacht hatten. Dazu durften sie selbst an die Kameras, in die Regie oder zum Schnitt und nahmen ihre persönliche Videokassette mit nach Hause. Ich glaube, sie werden bei späteren Klassentreffen viel Vergnügen damit haben. Auch meine Schwester war zweimal im Jahr mit ihren Klassen bei mir. Eine Sache, die mich sehr gefreut hat, war, dass durch Sendungen wie meine das Interesse von Jugendlichen an der Justiz wieder geweckt wurde. Der Rechtskundeunterricht an Schulen – je nach Bundesland meist als Teil des Sozialkunde- oder Geschichtsunterrichts – zog spürbar an; das Interesse an »echten« Gerichten und an »echten« Juristen war wieder da. In den achtziger Jahren waren wir Juristen noch oft in Schulen gegangen, um über Recht und unseren Berufsalltag zu sprechen. Zwischenzeitlich war das Interesse eingeschlafen. Angeregt durch die Gerichtssendungen im Fernsehen, sind Schüler mit ihren Lehrern wieder vermehrt in öffentliche Verhandlungen gegangen und haben dort zugleich auch den Unterschied zwischen Alltag und Fernsehen diskutiert. Und während früher meine Bekannten, die sich mit Familienrecht beschäftigen, in den Befragungen von den Kindern unverändert dieselben Berufswünsche hörten, hieß es nun plötzlich immer öfters: Richterin, Staatsanwalt, Verteidiger oder – für die Ruhigeren unter ihnen – Schöffe. Als ich letztes Jahr in Hamburg bei der Feier der Absolventen der Bucerius Law School einen kleinen Vortrag hielt, sprachen mich gleich drei junge Leute an: Sie hätten meinetwegen Jura studiert.

Ich selbst blieb in den Fernsehverhandlungen, so wie ich auch in Hamburg war. Meine Kollegen sahen keine großen Unterschiede in meiner Art. Aber natürlich war meine Verhandlungsführung in den gespielten Fällen eine andere als im echten Leben. Lockerer. Die Sendung musste flott, interessant, spannend und unterhaltsam sein. In echt habe ich nie zur Unterhaltung der Öffentlichkeit verhandelt. Dafür sind Strafverhandlungen auch nicht da. Im Fernsehen durfte es beispielsweise keine Wiederholungen geben, und Staatsanwaltschaft und Verteidigung musste während der ganzen Verhandlung Raum gewährt werden, ohne dabei viel Zeit zu verschenken. Deshalb fragten sie auch einfach so dazwischen, ohne lange Bitte um das Wort, und stritten sich wie die Kesselflicker. Ich fing sie dann schon wieder ein. Manchmal zugunsten der Unterhaltung etwas spät. Schade, was da alles dem Schnitt zum Opfer fiel, wenn die Anwälte Uwe Krechel, Ulrike Tasić oder Malte Höch sich auf Staatsanwalt Römer einschossen, der aber bestens zurückkeilte, sofern er nicht selbst mit dem Angriff begonnen hatte oder wie die Verteidigerinnen Kirsten Klingenberg und Tijen Kortak stichelten. Angeklagte und Zeugen oder deren Anhang im Zuschauerraum durften sich mit Wonne einmischen. Wenn es mir zu bunt wurde, bin ich natürlich dazwischengegangen, aber ich kann gut auf mehreren Hochzeiten gleichzeitig tanzen und schaffe es deshalb, den Überblick zu bewahren und die Situation unter Kontrolle zu haben. Ein Kollege, Vorsitzender Richter am Landgericht wie ich und später Richter am Bundesgerichtshof, hat sich für ein Interview einige Formate aus Gerichts- und Anwaltsserien angeschaut und über meine Sendung u. a. gesagt: »So kann man sich eine Richterin wünschen. Die Urteilsbegründung ist differenziert und professionell, und es werden im Wesentlichen die Rahmenbedingungen der Strafprozessordnung eingehalten.«

Was wollte ich selbst mit meiner neuen Sendung erreichen? Beim Schiedsgericht hatte ich mir darüber noch viele Gedanken gemacht, aber bald merken müssen, dass Unterhaltung und Abwechslung das Wesentliche waren. Beide mussten gegeben sein, dann konnte man das eine oder andere juristische Schmankerl darin verstecken. In den Strafverfahren blieb bis zum Schluss der Spagat zwischen Unterhaltung und Recht extrem anstrengend. Die Verhandlung musste neben aller Unterhaltung auch rechtlich einwandfrei sein. Dafür sorgte ich. Weiter versuchte ich, eine Richterin zu zeigen, die an den Menschen interessiert ist, allgemeinverständlich spricht und eine Mischung aus klarer Linie und Verständnis zeigt. Und ich wollte auch durchaus ermutigen, bei Gericht mehr als üblich das Wort zu ergreifen. Ohne Angst. Schließlich geht es um die eigene Sache. Allerdings nicht unhöflich oder beleidigend. So etwas habe ich immer gerügt oder sofort sanktioniert, solche Verhaltensweisen waren nur der Unterhaltung geschuldet.

Während ich die Aufzeichnungstage liebte, brachte ich dem Drehbuchschreiben bzw. später dem Korrigieren der Drehbücher nicht dieselbe Wertschätzung entgegen. In der ersten Zeit gab ich – wie schon erzählt – meine Unterlagen mit den Fragen und den vermutlichen Antworten darauf an die Redakteure weiter, in der Art eben, wie eine Hauptverhandlung normalerweise abläuft. Nur irgendwann hatte ich die Nase voll. Ich sollte nicht nur auf Knopfdruck liefern, wozu ich nicht verpflichtet war, sondern wurde zudem auch noch kritisiert, wenn man sich dramaturgisch etwas anderes vorgestellt hatte. Also drehte ich den Spieß um, und ab da wurden die Drehbücher erst einmal von den Redakteuren geschrieben, von meinen Juristen überarbeitet und gingen dann zu mir. Zuletzt legte ich meinen Stil darüber. Alle Beteiligten lernten voneinander. Die Redaktion entwickelte juristische Präzision, und wir Juristen lernten, was Dramaturgie bedeutet.

Die Fälle wurden oft der Presse oder Fachpresse entnommen oder zu bestimmten Themen selbst erdacht. Allerdings wurde ein echter Fall nie eins zu eins nachgespielt. Das kann man eh nicht korrekt, und zudem wollte ich das auch nicht. Ich finde es abwegig, wenn sich ein echtes Opfer auch noch zu Unterhaltungszwecken im Fernsehen wiederfindet. Wichtig war immer nur, dass alles so nachgeprüft war, dass es in echt genau so hätte ablaufen können. Denn eines war wesentlich: Die Fälle mussten authentisch wirken. Und die Geschichte musste auch immer so erzählt werden können, dass ich zum Ende der Verhandlung eine Entscheidung verkünden konnte. Notfalls kam dann eben der Überraschungszeuge, genannt »Kai aus der Kiste«, der das fehlende Teil des Puzzles lieferte. Denn der Fernsehzuschauer kann mit unseren strafrechtlichen In-dubio-Entscheidungen nicht leben. Das haben auch wir schnell gemerkt. Ein TV-Kommissar sagt ja auch nicht, er wisse nicht, ob der Verdächtige der Täter sei, also lassen wir ihn laufen. Täte er das, liefen ihm beim zweiten Mal die Zuschauer weg. Der Zuschauer will eine gute Geschichte und ein sauberes Ende. Ob mein Angeklagter freigesprochen wurde oder nicht und dafür ein anderer in einem späteren Verfahren verurteilt wurde, das war egal. Hauptsache, es gab ein klares Ergebnis.

Übrigens stimmt es mit meiner Erfahrung nicht überein, dass Nichtjuristen unangemessen hohe Strafen wünschen. Meine Urteile, die ich immer erst nach der jeweiligen Verhandlung fällte und nicht etwa vorschrieb, entsprachen in der Strafhöhe der, die ich in einem vergleichbaren Fall in Hamburg ausgeurteilt hätte. In den Zuschriften, die wir zu den einzelnen Sendungen bekamen, waren etwa achtzig Prozent der Verfasser mit der Urteilshöhe einverstanden. Für nur zehn Prozent war sie zu mild, und weitere zehn Prozent empfanden sie als zu hart. Und das galt für Tausende von Zuschriften.

Mit der Zeit wurden die Drehbücher immer genauer, aber es blieb noch genügend Freiraum für die Improvisation aller Akteure. Die Drehbücher steckten übrigens in den Akten, mit denen ich den Saal betrat. Denn ich kann nicht einen Satz auswendig lernen. Aber es genügte mir, einen Blick auf meine extra groß geschriebenen Fragen zu werfen, und schon wusste ich, wohin die Reise gehen sollte. Auf Wörtliches kam es ja nicht an.

Mit Kritik leben

Im Herbst 2001 kamen zwei neue Gerichtssendungen ins Programm. »Das Jugendgericht« mit Dr. Ruth Herz auf RTL – montags bis freitags von 16 bis 17 Uhr – und »Richter Alexander Hold« zur selben Zeit auf SAT.1. Im Juli 2001 titelte eine Abendzeitung noch: »Salesch und Co.: Werbung für die Justiz. Richterbund spricht sich für Gerichtsshows aus«, und der damalige Vorsitzende des Deutschen Richterbunds sagte dazu: »Solche Shows könnten eine positive Werbung für die Justizarbeit sein. Diese Sendungen sind allemal besser, als wenn die Öffentlichkeit gar nichts oder etwas Falsches über Gerichtsverhandlungen erfährt.« Eine Gefahr sehe er nur darin, dass die Zuschauer womöglich nicht zwischen Realität und Fiktion unterscheiden könnten. Und er plädierte dafür, den Show-Charakter nicht überhandnehmen zu lassen. »Sonst würde das Bild von der Justiz verzerrt.«

Doch genau das trat durch die neue Konkurrenzsituation ein: Der Showcharakter nahm bei den beiden neuen Sendungen überhand, und meine inzwischen ordentliche Presse kippte zügig mit um ins Negative. Nun kann man natürlich sagen: »Egal was die Presse schreibt, Hauptsache, man steht drin.« Nur, damit kann meine Richterseele nichts anfangen. Die Kritik an der Häufung absurder Fälle in den beiden neuen Sendungen war berechtigt. Die beiden Richter hätten sich zu Beginn bei der Fallgestaltung mehr einmischen sollen, so wie sie es später getan haben. Das ganze Anfangstheater in beiden Sendungen wäre nicht nötig gewesen. Die Verantwortlichen hatten es übertrieben. Das ließ sich leider nicht mehr reparieren. Der Ruf war hin. Nun prasselte auch noch vermehrt Kollegenschelte auf uns alle ein. Mit lauter Kritik kommt man leider viel schneller in die Medien als mit differenzierten Stellungnahmen oder gar Zustimmung.

Ich habe nun nichts gegen berechtigte Kritik, aber mit pauschalen Vorwürfen kann ich wenig anfangen. Hauptpunkt der Kritik dieser Juristen war, dass die Sendungen nicht den Alltag der Justiz zeigten. Nur, genau diesen Punkt habe ich nie verstanden. Seit wann zeigt Fernsehen denn den Alltag? Man sollte doch differenzieren können, was einem Unterhaltungsformat geschuldet und was rechtlich präziser Inhalt ist. Die Justiz wird doch nicht geschwächt, wenn sie nicht in ihrer alltäglichen Wiederholung, ihrer notwendigen Gründlichkeit und ihren rechtlichen Schwierigkeiten gezeigt wird, die zu überwinden sind. Und dazu wurde noch kritisiert, dass die alltäglichen Widrigkeiten nicht dargestellt wurden, von fehlenden Beweismitteln angefangen bis hin zu unerfreulichen Sitzungssälen. Es wurde ja sogar moniert, dass unsere Verhandlungsräume schöner seien als die in der Realität. Ja, um Himmels willen!

Warum war man nicht zufrieden, dass ich eine recht geschönte Justiz zeigte, die innerhalb der Sendezeit zu einem korrekten und gerechten Ergebnis kommt? Die Alltagshärten von Zeugenvernehmungen – etwa die Frage eines Verteidigers, ob das Opfer einer Vergewaltigung dabei einen Orgasmus gehabt habe – gab es bei mir nicht. Wir haben sehr darauf geachtet, dass keine Ängste vor einer Befragung geschürt wurden. Es gab eine Vorsitzende, die die Leute auch mal reden ließ und die es schon richtete, wenn andere sich vergaloppierten. Das schuf nach aller Unterhaltung am Ende Rechtsfrieden, den wollen die Zuschauer am Schluss der Sendung haben, und sie wollen zudem auch eine moralische Einordnung der Sache. Rechtlich war es sowieso korrekt, denn ich war Deutschlands bestbeobachtete Richterin. Juristische Fehler wären mir in aller Öffentlichkeit um die Ohren gehauen worden. Davon war nie die Rede.

Ich habe mich immer gefragt, was diese Emotionen bei manchen Juristen ausgelöst haben, die doch an sich gehalten sind, sich von Berufs wegen differenziert zu äußern. Waren sie in ihrer eigenen Wertschätzung getroffen? Hatten sie das

Gefühl, sie verlören ihre Seriosität? Hatten sie Angst, dass man ihre Mühe nicht sieht, die sie sich geben? Zwei Standesorganisationen versuchten sogar, in einen Rundfunkrat aufgenommen zu werden, um Einfluss auf den Sendeinhalt zu nehmen, dabei hätten sie als Juristen wissen sollen, dass die Rundfunkräte gerade keine Interessenvertreter sind. Die zuständige Landesmedienanstalt hat nicht eine meiner Verhandlungen beanstandet. Ich erinnere mich auch nicht, dass der Hartmannbund jemals den ärztlichen Berufsstand durch Fernsehserien in Gefahr gebracht gesehen hätte. Die Kriminal- und Polizeibeamten den ihren durch Krimis auch nicht.

Es gab und gibt nicht eine einzige Sendung, die den Alltag eines Berufs eins zu eins zeigt. Das ist unmöglich. Und warum auch? Übrigens wird meine Sendung auch heute noch bei der Befragung von Kindern und Jugendlichen herangezogen, um ihnen Ängste bei der Zeugenbefragung zu nehmen. Dann heißt es: »›Richterin Barbara Salesch‹, kennst du doch, also weißt du schon, dass man als Zeuge nur Fragen beantworten muss.« So kommen Richter mit ihnen leichter ins Gespräch.

Doch gab es natürlich auch Dinge an der Sendung, die völlig an dem deutschen Justizalltag vorbeigingen. Dass die Rolle des Staatsanwalts nicht dem deutschen Rechtssystem entsprach, habe ich schon beschrieben. Natürlich werden im wirklichen Leben auch nicht knapp fünfzig Prozent der Angeklagten freigesprochen. Warum dann bei mir? Ganz einfach, wir brauchten diese Menge an Freisprüchen, damit die Frage spannend blieb: »War er es, oder war er es nicht?« Im realen Gerichtsleben werden um die neunzig Prozent der Angeklagten verurteilt, weil nur dann Anklage erhoben wird, wenn die Beweislage eine Verurteilung erwarten lässt. Nur wäre bei uns dann dieser wesentliche dramaturgische Aspekt entfallen. Und deshalb erschien eben der »Kistenkai«, oder es gab sonst einen Zufall, damit der Prozess eine Wende nehmen konnte. Schließlich musste ich spätestens nach 44 Minuten reiner Sendezeit mit allem durch sein, einschließlich der Rechtsmittelbelehrung. Versuche, die Verhandlung auszudehnen und am nächsten Tag fortzusetzen, waren übrigens nicht von Erfolg gekrönt. Das haben wir bald wieder bleibenlassen. Nur etwa die Hälfte unserer Zuschauer gehörte zur täglichen Dauerkundschaft. Die anderen sahen zu, wenn sie an dem Tag Zeit hatten, und hätten die Fortsetzung vielleicht verpasst. Weit über die Hälfte der Angeklagten waren Frauen, was auch nicht der Realität entspricht. Aber sie gaben einfach die interessanteren Geschichten ab und kamen überhaupt besser an als Männer. Und Kinder sitzen natürlich bei ihrer Vernehmung nie oben neben der Vorsitzenden, aber das gab so schöne Bilder. Ordnungsgelder habe ich im Fernsehen ohne Beratung sofort verhängt, weil niemand verstanden hätte, was in der Realität einer solchen Sanktion rechtlich alles vorauszugehen hat. Im wirklichen Leben habe ich übrigens während meiner ganzen Berufszeit kein einziges Ordnungsgeld androhen müssen. Das alles waren Anpassungen an das Fernsehformat und störte mich nicht.

Was mich allerdings immer massiv geärgert hat, war die sexistische Kostüm-Auswahl für die weiblichen Darsteller. Je nachdem, wer wieder mal redaktionell das Sagen hatte, rutschten die Ausschnitte noch tiefer, und Ärmel waren eh unbekannt. Ich meine, gesundheitlich war das nicht zu beanstanden, im Studio war es warm, aber ich fand dieses Party-Outfit fürs Frauenbild mehr als ärgerlich. Deshalb verpasste ich den Frauen, soweit es ging, anständige Berufe und besetzte zudem alle akademischen und andere Führungsrollen weiblich. Es gab nur Leiterinnen, Direktorinnen etc. mit »Doktortitel«. Die sah man zwar nur selten in der Verhandlung, weil ich mit ihnen meistens telefonierte, aber immerhin hörte man, dass Chefetagen weiblich besetzt waren. Gelegentlich konnte ich durchsetzen, dass zumindest die Geschädigten normaler angezogen wurden, denn im Disko-Kleidchen heulend den Verlust von was weiß ich zu beklagen, war absurd. Aber meine Kommentare waren immer schön frauenfreundlich, damit sie nur jeder auch in Erinnerung behielt. Desgleichen nervte mich gelegentlich auch – die Zuschauer nicht, das zeigten die Quotenausschläge –, dass alle Berufe grundsätzlich in Berufskleidung auftraten. Hausmeister erschienen im Blaumann, wie frisch von der Arbeit, Prostituierte gingen direkt im Anschluss mit wenig Stoff anschaffen, und Gothic-Anhänger und Angehörige sonstiger Strömungen kamen sowieso im vollen Ornat daher. Doch das ist eben Fernsehen.

Öffentliche Auftritte gehören jetzt dazu

Im Herbst 2002 kamen auf RTL noch zwei weitere Gerichtsformate auf den Markt. »Das Familiengericht« mit Richter Engeland, das auch von »filmpool« produziert wurde, und »Das Strafgericht« mit Richter Wetzel. Die dann insgesamt fünf Gerichtsshows und dazu noch »Streit um drei« im ZDF bestimmten den Fernsehnachmittag. Mein Bekanntheitsgrad war inzwischen wirklich hoch. Egal ob man meine Sendung schaute oder nicht, zumindest mein Name war bekannt. Er stand einfach generell für diese Sparte.

Die Anfragen um Auftritte bei Veranstaltungen häuften sich deshalb. Nur hatte ich neben dem Drehen und dem Überarbeiten der Drehbücher wirklich wenig Zeit. Das meiste musste ich deshalb gleich absagen. Aber wenn es um fachliche oder gemeinnützige Veranstaltungen von Universitäten, juristischen Einrichtungen, Kirchentagen, »Misereor« und dergleichen ging, versuchte ich schon, es irgendwie einzurichten. Zum Beispiel bei ELSA, einer europäischen juristischen Studentenvereinigung. Sie veranstaltet regelmäßig »Moot Courts«, also fiktive Gerichtsverhandlungen der juristischen Anfangssemester. Ich habe dann jährlich an der Universität, für die ELSA zuerst anfragte, den Vorsitz des Gerichts übernommen. Die Studentinnen und Studenten haben die Rollen von Staatsanwaltschaft, Verteidigung, Angeklagten, Zeugen bis zum Sachverständigen gespielt. Manchmal musste ich eingreifen, wenn es zu »spitzfindig juristisch« wurde und dies die Hauptverhandlung zeitlich gesprengt hätte. Dann habe ich zur Belustigung aller das Verfahrensrecht ordentlich gebeugt, damit es weitergehen konnte. Am Ende musste ich das Urteil verkünden und begründen, welche Gruppe die bessere war.

In der Deutschen Richterakademie referierte ich über das ewige Drängen der Medien auf eine Zulassung von Kameras in Gerichtsverhandlungen. Nun erwartet man vielleicht von einer Richterin, die viele Jahre im Fernsehen gearbeitet hat, dass sie diesem Verlangen positiv gegenüberstünde. Weit gefehlt. Glücklicherweise sind bei uns Kameras in den Verhandlungen gesetzlich verboten, und das soll um Himmels willen so bleiben. Ich habe kein Verständnis für diejenigen Juristen, die eine Öffnung des Gerichtssaals dafür wollen. Entweder überschätzen sie ihren Einfluss auf die Medien, oder es steckt etwas viel Eitelkeit dahinter. Das öffentliche Interesse an Verhandlungen wird über die Anwesenheit von Journalisten in den Hauptverhandlungen bedient. Es gibt keine Geheimjustiz. Die Befriedigung öffentlicher Neugierde an Bildern von der Tatwaffe oder der durchtrennten Kehle eines Opfers ist nicht schützenswert. Wer das sehen will, soll sich Spielfilme anschauen. Echtes Blut und echte Opfer sind nicht Teil der Unterhaltungsindustrie, auch wenn diese Artikel 5 des Grundgesetzes – Pressefreiheit – bemüht. Der Fernsehquote entspricht die Auflage. Und was steigert beide? Die Sensation. Vielleicht ist es einfacher zu verstehen, warum ich so vehement gegen Kameras in echten Verhandlungen bin, wenn man sich selbst einmal als Opfer, Zeugin oder auch Angeklagte vorstellt und nachdenkt, wie man sich dann fühlen und verhalten würde. Würden Sie sich so frei und offen und damit auch ehrlich äußern, wenn eine Kamera direkt auf Sie gerichtet wäre und später auch noch das zusammengeschnitten würde, was besonders medienwirksam wäre? Ihr Zorn, Ihre Wut, Ihre Trauer? Ihr Verletztsein? Ihr Unverständnis? Ihre Unsicherheit?

Öffentlich aufzutreten musste ich übrigens erst einmal lernen. Früher habe ich immer die Menschen bewundert, die so locker auf irgendeinem Podium saßen und frei an Diskussionsrunden teilnahmen oder sie leiteten. Das hätte ich mir nicht zugetraut. Ich hatte auch nie das Bedürfnis, dort Platz zu nehmen, sondern fand die hinteren Ränge der Zuhörer mit der Freiheit der Kommentierung erfrischender – die ich auch häufig genutzt habe. Als ich mich unserem neuen Oberlandesgerichtspräsidenten vorstellte und der sagte, er kenne mich schon, war ich irritiert. »Woher?« »Ich saß mal hinter Ihnen.«

Als Fernsehrichterin konnte ich mich nicht mehr im Publikum verstecken, sondern musste aufs Podium. Hier hat mir wieder ganz gut die Einstellung geholfen, niemand ist perfekt – erst recht wenn man eine Sache noch nicht lange macht. Gegenüber sich selbst nachsichtig zu sein ist, glaube ich, das Entscheidende dabei. Den eigenen Anspruch nicht so hoch zu hängen, damit man vor sich selbst bestehen kann. Wer anfängt, ist nicht hundertprozentig, macht Fehler. Das ist jedem klar. Bei anderen. Aber bei sich selbst? Ich habe mir vor meinen ersten Auftritten immer gesagt, bleib entspannt. Was macht es schon aus, wenn man sich mal verspricht oder den Faden verliert. Gar nichts. Im Gegenteil, Fehler machen sympathisch, vor allem wenn man dazu steht. Also das habe ich mir jedenfalls immer gesagt, und mit der Zeit habe ich es auch geschafft, das mehr und mehr zu verinnerlichen. Und manchmal sollte man auch Hilfe von außen annehmen.

Nach meinen ersten Auftritten in Talkshows verpasste mir Gisela Marx jedenfalls einen Trainer, der selbst ein Magazin moderiert. Sie hatte mein Dauerlächeln satt und fand meine Beiträge auch nicht berauschend. Die Zuschauer waren da wesentlich großzügiger. Zumal nur die ersten sechzig Sekunden über Sympathie oder Antipathie entschieden und das Inhaltliche dem untergeordnet würde. Sagen Fachleute. Wie auch immer, mein erster Durchlauf vor der Kamera dieses Moderators war wirklich grauslich unbeholfen. Beim zweiten Durchlauf sollte ich mir eine Person oder Rolle vorstellen, die ich spielen wollte, und ihm hinterher sagen, wen oder was ich mir vorgestellt hätte. Es brauchte keinen dritten Durchlauf. Wen oder was hatte ich mir vorgestellt? Ganz einfach. Ich bin kein Fernsehstar, keine Schauspielerin, keine Entertainerin, keine Moderatorin. Ich bin einfach nur die, die ich bin. Barbara Salesch, von Beruf Vorsitzende Richterin am Landgericht Hamburg. Und damit lief es für alle Zeit.

Immer öfter wurde ich zu Unterhaltungssendungen eingeladen. Talkshows fand ich zu Anfang übrigens wirklich schwierig, denn man weiß ja nicht genau, was da an Fragen kommt. Wie soll man sich vorbereiten? Fällt einem spontan genügend ein, um die Zuschauer zu unterhalten? Sie kennen das: Es fällt einem auf dem Weg nach draußen ein, was man drin hätte sagen wollen oder sollen. Eben. Hätte. In meinen Sendungen saß ich als Profi hinter meinem Tisch, und ich fragte die anderen. Eine Position, die ich schätze. Nun saß ich neben dem Moderator auf einem Stuhl oder Sofa und fühlte mich wie meine Angeklagten persönlich.

Und ich saß schon mal schlecht. So ging es immer schon los. Es gab in Studios kein Möbel, auf dem ich mit meinen kurzen Beinen gut sitzen konnte. Bei Vorträgen setze ich mich gern auf die Tischkante, aber das brachte nun im Fernsehen nichts. Die Möbelindustrie hat es nicht mit Kurzbeinigen. Lehne ich mich korrekt an der Rückenlehne an, sind die Knie mitten auf der Sitzfläche. Lehne ich mich an und lasse die Beine auf dem Boden, wirkt das selbst mit High Heels keineswegs wie hingegossen. Auf die Idee, mir extra Rückenkissen geben zu lassen, kam ich erst später. So saß ich lange vorne auf der Kante wie auf dem Sprung.

Wo wir gerade bei Äußerlichkeiten sind: Wenn Fernsehen, dann empfehle ich spätestens ab Kleidergröße 38 vorteilhafte Robenrollen. Nur ist meine Berufskleidung beim Talken nicht direkt üblich. Hier waren Kostüm, Hosenanzug oder Kleid angesagt. Zu seiner normalen Kleidergröße kann man im Fernsehen optisch noch locker ein bis zwei Größen dazurechnen. Dann erreiche ich die 50 und darüber. Kostüm ging fast nie. Im Sitzen erst recht nicht. Es faltete sich bei mir selten günstig. Hosenanzug im Sitzen war besser, am besten mit Stiefeletten, oder ein langes Kleid mit Ausschnitt und Pumps. Dazu unbedingt Schals. Nicht zu nah am Hals, damit mein Kopf noch herausschaut, und lang genug, um das Mittelteil gut in Wellen zu umspielen. Und wenn alles richtig drapiert ist, nicht mehr bewegen. Das Allerschwierigste für mich. Ich weiß schon, warum ich Radiointerviews bevorzuge. Die Moderatoren dort fragen kurz und bündig, und es ist egal, wie man ausschaut.

Aber irgendwann hatte ich es dann raus mit der Kleiderfrage bei Fernsehauftritten. Einen großen Anteil an der Lösung hatten die Modemacherinnen Gesine Moritz aus Köln und die Hamburgerin Ingrid Kroll. Letztere hat mir gerade zu Beginn meiner Fernsehzeit mit ihren schlichten Anzügen und Mänteln zu guten Auftritten vor der Kamera verholfen. Privat will ich es aber lieber farbiger und chaotisch, so dass niemand weiß, passt das jetzt zusammen oder eher doch nicht? Genau dann passt's mir. Es kam übrigens nie jemand auf die Idee, mir für Auftritte »Modelle aus seiner Kollektion« zur Verfügung zu stellen. Schmuck und Schuhe auch nicht. Leider. Als Gesine Moritz eine Serie »Moritz Plus« auflegte, habe ich für die Werbekarten Modell gestanden – müsste an sich heißen »gezappelt«. Wir hatten viel Spaß, zumal ich noch einen Koffer mit meinen Schuhen anschleppte. In Nullkommanix war der Shoot durch. Inzwischen weiß ich nämlich auch, wie fotogen geht. Auch das hat gedauert. Die Fotositzungen der ersten Jahre waren fürchterlich. Für alle Beteiligten. Ich war angespannt und fühlte mich unwohl. Und so sahen die Bilder auch aus. Auf vielen verzog ich auch noch den Mund, weil ich mal wieder am Reden war, um meine Unsicherheit zu überspielen. Bis ich endlich eines merkte: Halt den Mund und flirte mit der Kamera. Freu dich, dass du fotografiert wirst, und lächle kurz, bevor abgedrückt wird. Seit der Zeit können nahezu alle Fotos von mir verwendet werden, für den privaten Gebrauch sowieso. »Was bist du fotogen!« Nein. Ich weiß nur inzwischen, wie es geht.

Während meiner Fernsehzeit war ich fast in allen Talkshows, manchmal mehrfach. Das gehört einfach zu einem

Fernsehberuf dazu. Dafür musste Zeit sein. Kochen bei Alfred Biolek war übrigens nicht so einfach wie gedacht. Und dann hatte ich auch noch das falsche Gericht ausgesucht. Es hieß, die Sendung werde im Dezember ausgestrahlt. Also habe ich passend zur Jahreszeit »Schmandschinken« gemacht, ein ostpreußisches Nationalgericht, das es bei uns zu Hause immer um die Weihnachtszeit herum gab und das Papa höchstpersönlich kochte. Dicke Scheiben milden Schinkenspecks – den lasse ich mir extra räuchern, denn die fertigen sind für Magersüchtige, weil sie von dem für dieses Gericht nötigen Fettrand nahezu befreit sind. Diese Scheiben werden langsam und zart geschmurgelt und dann warmgestellt. Das ausgelassene Schinkenfett wird wegen der besseren Bekömmlichkeit mit einem viertel Liter »Schmand«, also mit dreißigprozentiger dicker saurer Sahne, abgelöscht. Pro Person. Die Pfanne gilt auch als Person! Also noch einen Becher mehr. Pfeffer dazu, fertig. Und als Beilage Salzkartoffeln und Saures wie Gurken und Kürbis. Ein perfektes Essen für einen klirrend kalten Wintertag nach drei Stunden Schneeräumen. Nur, wann wurde die Sendung ausgestrahlt? Im August!

Bei »Maischberger« saß ich neben Marcel Reich-Ranicki auf dem Sofa und habe auf meine Bemerkung, Hermann Hesse sei etwas für junge Leute, doch tatsächlich ein leicht verwundertes »Ja, da haben Sie recht« zu hören bekommen. Und das als Frau. Sehr berührend fand ich, dass bei »Zimmer frei!« mein Zimmer oben weihnachtlich ausgestaltet war, weil mir die Weihnachtszeit in Kindertagen so viel bedeutet hat. Es gibt ja immer redaktionelle Vorgespräche, daher wussten sie das. Und am Ende hatten wir drei noch jeder einen schwarzen Pudel auf dem Arm und haben für die von mir verehrte Callas die Habanera geschmettert.

Bei Bettina Böttinger habe ich gelernt, dass sich zwei Dinge in einer Talkshow verbieten. Erst einmal, sich direkt vor der Sendung länger mit den Moderatoren zu unterhalten. Nach der Sendung gerne, aber davor möglichst nicht. Ich hatte mich früher immer gewundert, warum Moderatoren bei der Begrüßung ihrer Talkshowgäste vor der Sendung recht kurz angebunden sind. Das hatte ich als etwas unhöflich empfunden. Aber dann fiel bei der Aufzeichnung im WDR plötzlich das Licht aus, kaum dass Frau Böttinger ihre Anmoderation begonnen hatte. Also warteten wir im Untergeschoss und unterhielten uns bei Kerzenschein vergnügt und mit so großem gegenseitigem Interesse, dass wir Wochen später gemeinsam zu ihrem Winzer an die Mosel gefahren sind. Nur: Es war für mich nach diesem privaten Gespräch ungemein schwierig, schnell in die Aufzeichnung zurückzufinden. Ewig hatte ich das Gefühl: »Hast du das nicht eben schon gesagt?« Deshalb habe ich zurückhaltender und weniger spontan als sonst geantwortet. Danach verstand ich, warum man sich vorher besser aus dem Weg geht.

Und was war die zweite Sache, die nicht geht? Man soll nicht lügen, ohne die Folgen zu bedenken. Bettina Böttinger machte eine Sendung über »Wechseljahre«. Gila von Weitershausen und ich stellten uns dem Thema. Nun hatte ich zu diesem Zeitpunkt selbst noch keine Beschwerden, und meine Freundinnen hatte es auch noch nicht erwischt. Ich dachte mir deshalb: »So ganz unbedarft kannst du da nicht sitzen und jede Fragen mit: Weiß ich nicht, kenne ich nicht, beantworten.« Also bin ich in eine Buchhandlung gegangen und habe mir ein Buch über Wechseljahre gekauft. In der Sendung habe ich dann – natürlich ohne Namensnennung – der einen oder anderen Freundin die eine oder andere Beschwerde angedichtet, damit ich nicht ganz so beispiellos bei dem Thema saß. Nach der Sendung haben mich meine Freundinnen natürlich reihum gefragt, wen von ihnen ich denn gemeint hätte. Drei Tage später hätte ich sehr authentisch von meinen eigenen Beschwerden berichten können. Die fliegenden Hitzen waren da. Und nicht zu knapp.

Halbzeit

Nach sechs Jahren endete meine Beurlaubung vom Richteramt erst einmal. Meine Freistellung, die bis dahin alle zwei Jahre verlängert werden konnte, lief aus. Ich war zu diesem Zeitpunkt 55 Jahre alt. Was sollte ich machen? Zurück nach Hamburg ans Gericht und wieder eine Strafkammer übernehmen oder die Stelle als Vorsitzende Richterin am Landgericht aufgeben und mich darauf verlassen, dass »Richterin Barbara Salesch« noch länger läuft? Man bekommt beim Fernsehen ja immer nur Halbjahres- oder Jahresverträge, je nachdem, wie viele Sendungen vom Sender gekauft werden. Abgesehen davon meinten viele, wegen der Bekanntheit könne ich gar nicht zurück ans Landgericht. Doch, das hätte ich locker gekonnt. Und sämtliche Verfahrensbeteiligten auch. Ich hätte im Zweifelsfall nur nach oben auf die Decke verwiesen, dass dort oben keine Scheinwerfer hängen und dass man sich bitte jetzt lieber auf den eigenen Fall konzentrieren solle, bevor damit etwas schieflaufe. Also zurück nach Hamburg gehen oder weiter auf Sendung bleiben? Eine schwierige Entscheidung. Wer hätte damals geahnt, dass wir 2005 mit »RBS« erst Halbzeit hatten. Genauer gesagt, noch nicht einmal ganz, denn erst im Januar 2012, nach insgesamt zwölfeinhalb Jahren, wurde die letzte Verhandlung aufgezeichnet. Eine extrem lange Zeit fürs schnelllebige Fernsehen. Ich fühlte mich jedenfalls damals verdammt unwohl und hatte vor allem auch die Sorge, bei einem Ausscheiden aus dem Richterdienst meine Unabhängigkeit gegenüber Produktion und Sender zu verlieren oder zumindest unschöne Auseinandersetzungen führen zu müssen. Als Richterin konnte ich viel leichter – unter Hinweis auf meine Beamtenstellung – ablehnen, was mir angetragen wurde, ich aber partout nicht wollte. Mein Notausgang war dann: »Tut mir leid, das kann ich als Richterin nicht machen. Ich bin nur beurlaubt. Das würde von der Behörde nicht akzeptiert werden.« Wenn meine richterliche Unabhängigkeit wegfiele, dann hätte ich mich dem Fernsehen irgendwie ausgeliefert gefühlt.

Ich bin dann also erst einmal nach Hamburg in die Justizbehörde gefahren, um mir bei einer befreundeten Abteilungsleiterin Rat zu holen. Und siehe da, ein Blick ins Gesetz erleichtert das Leben. Glück muss man aber auch haben. So gab es inzwischen nach dem hamburgischen Richtergesetz die Möglichkeit, sich ohne Angabe von Gründen bis 65 beurlauben zu lassen. Einzige Voraussetzung: Man musste 55 sein. Und das war ich auf den Tag genau, als ich den Antrag stellte und daraufhin bis zu meinem fünfundsechzigsten Lebensjahr beurlaubt wurde. Damit war zumindest dieses Problem gelöst. Ich konnte Richterin bleiben, und dann würde ich weitersehen, wenn »RBS« zu Ende ist. Das Risiko, ab dann bis zu meiner Pensionierung kein Einkommen zu haben, ging ich ein. Eine andere Sendung als »RBS« wollte ich nicht machen. Richter Alexander Hold und ich hatten zwar mal im Sommer 2002 an vier Abenden zur Primetime um 20.15 als Specials Verhandlungen vor dem Schwurgericht gezeigt. Und wir waren – im Wechsel – beide an jenen vier Abenden sogar so erfolgreich gewesen, dass wir mit um die 18 Prozent Marktanteil und Quote jeweils die meistgesehene Sendung hatten. Das Drehbuch für den besten Fall hat meine Juristin Anja Klopottek geschrieben, die eine begnadete Drehbuchschreiberin ist. Aber bei den vier Abendsendungen war es geblieben, denn eine Änderung hätte bedeutet, dass wir die Nachmittagsausstrahlung hätten einschränken müssen. Das wollte der Sender auf keinen Fall. Dazu waren die Sendungen nachmittags viel zu erfolgreich. Und ich hätte das auch nicht gewollt. Denn der Aufwand für solche Abendsendungen war auch für mich um ein Vielfaches höher als für unsere normalen Fälle am Nachmittag. Ich bin übrigens auch nie auf die Idee gekommen, meine Sendung selbst zu produzieren, wie es nach den Anfangsjahren viele Moderatoren machen. Ich hasse alles, was mit Firmenverwaltung und »Büroarbeiten« zu tun hat, und bin in meinen eigenen privaten Sachen leider so extrem schlampig, dass mir schon mal das Telefon abgestellt und fast auch das Gas abgedreht worden ist. Ich hatte Mahnungen für Werbung gehalten und sie ungeöffnet im Altpapier entsorgt.

Wo war meine Lust auf Veränderung geblieben? Früher hatte ich so ziemlich alle drei Jahre etwas Neues gemacht. Und jetzt saß ich als Strafrichterin schon wieder fünf Jahre auf meinem – extra kleinen – Fernsehsessel. Ich hatte mich inzwischen in meinem Fernsehleben häuslich eingerichtet, dessen Dauer sich stetig verlängerte. Übrigens immer in der letzten Sekunde, bevor die Optionsfristen abliefen. Die Verträge kamen dann auch irgendwann hinterhergetrudelt. Was weder Gisela Marx noch mich beeindruckte, denn wir sind noch von der Sorte, deren Wort nicht erst schriftlich gilt.

Doch so ganz ohne Veränderungen ist es dann doch nicht gegangen. Ich zog aus Köln weg in die Eifel. Richtig aufs Land. In ein kleines Dorf, 26 Kilometer von der nächsten Autobahn entfernt, und bin nur noch zum Drehen nach

Köln gefahren. Warum? Ich hatte doch immer behauptet, man müsse in einer Großstadt leben, und zwar so zentral, dass man zu Fuß ins Theater gehen könne. In Köln wohnte ich in einem kleinen Haus im Griechenviertel zur Miete; da waren die Voraussetzungen dazu ideal. Aber ich ging abends kaum noch allein weg. Und das nicht nur, weil mir die Zeit fehlte, sondern weil ich die ersten Jahre so meine Schwierigkeiten damit hatte, ständig unter Beobachtung zu stehen und von Leuten angesprochen zu werden, auch wenn das immer sehr nett war, die Menschen höflich waren und mir Komplimente machten. Ich hatte ja keine Vorstellung davon, welche Bindungen Fernsehzuschauer zu den Akteuren im Fernsehen entwickeln können, die sie als Bereicherung ihres Nachmittags empfinden. Nicht selten hatte ich den Eindruck, dass meine Zuschauer mich besser kannten als ich mich selbst, und diese Nähe irritierte mich noch lange. Inzwischen empfinde ich da ganz anders. Es gehört bis heute einfach zu meinem Leben dazu, in der Öffentlichkeit angesprochen zu werden, und ich genieße es, dadurch mit so vielen unterschiedlichen Menschen ins Gespräch zu kommen. Also auch da wächst man hinein. Aber damals war es bei mir fast noch eine Flucht in die Ruhe. Und so ein bisschen wollte ich auch von der Produktion weg, denn die ständige Verfügbarkeit vor Ort war mir etwas zu viel geworden; Nein sagen hatte ich noch nicht gelernt.

Die Eifel habe ich mir ausgesucht, weil sie von Köln aus schon immer meine liebste Ausflugsgegend war. Ich kannte sie gut von Oldtimer-Rallyes. Inzwischen hatte ich mir nämlich meinen Traum von einem Cabrio erfüllt und fuhr bei (fast) jedem Wetter mit meinem alten Triumph die Berge hoch und runter. Anfangs habe ich Bekannte gefragt, ob jemand von einem Haus in der Eifel wisse, das ich mieten könne, aber niemand kannte ein passendes Objekt. Also musste ich mich selbst kümmern. Und kaum fing ich damit an, kam wieder dieser Zufall ins Spiel, den ich so schätze, der mich anscheinend immer rechtzeitig erreicht und auf den ich mich deshalb auch oft einfach verlasse. Ich war auf eine Immobilienseite gegangen, um nach einer Wohnung in der Eifel zu suchen. Es kamen auch schöne Angebote, aber so richtig Eifeliges war nicht dabei. Der Grund: Ich hatte Nordrhein-Westfalen eingegeben. Bestimmt war ich in dem Moment krank gewesen, als in Heimatkunde dran war, dass die Eifel zu achtzig Prozent in Rheinland-Pfalz liegt. Also habe ich einfach mal so Bad Münstereifel eingegeben. Dort stand »Eifel« wenigstens schon im Namen. Drei Klicks weiter hatte ich meine Traumwohnung, in einer umgebauten Scheune, mit Eichendielen und Lehmputz. Die richtige Mischung aus Neu und Alt, genau mein Geschmack. Übrigens keine zwei Kilometer von der rheinland-pfälzischen Grenze entfernt.

Am Besichtigungstermin strahlte die Sonne, die Luft war klar, und der Blick reichte aus dem Wintergarten bis über den Rhein ins Siebengebirge. Auch beim Umzug im Januar war alles sonnig und die Straße frei. Eine Woche später ging der Winter los. Und wenn ich nachts um zwei vom Dreh kam – nach den Aufzeichnungen arbeitete ich noch meine Postmappen ab –, sah man die letzten zwölf Kilometer durch den Wald die Hand vor Augen nicht. Da habe ich mich mehr als einmal gefragt, warum ich Köln verlassen hatte, wenn ich schlitternd den Berg hocheierte. Es dauerte einen Winter, bis ich mich an Schneetreiben gewöhnt hatte und an das Hirschrudel, das sich bei dichten Nebelwänden zur Vollversammlung auf der Straße traf. Später habe ich an solchen Tagen lieber im »Savoy« in Köln übernachtet, das es Fernsehleuten wirklich heimelig macht. Aber erst wenn ich wieder »oben in der Eifel« war, fühlte ich mich rundherum glücklich und zu Hause. Ich mochte dort oben alles: die Nachbarn, den Tante-Emma-Laden, ich genoss die Wohnung voller Kunst an jedem Stückchen Wand und die Natur. Ich hatte meinen Laptop im Wintergarten stehen, und wenn ich vom Überarbeiten der Drehbücher aufschaute, unterhielten mich die Hühner, Gänse, Esel, Ponys und Kälber der Nachbarn blendend. Wobei meine Freunde die Wohnung selbst nie sonderlich gut fanden, wenn sie mich besuchten. Nicht wegen der Entfernung. Aber sie war wirklich nur für eine Person geeignet. Es war eben von unten bis oben unters Dach alles offen, es gab keine Türen. Auch nicht zur Toilette. Sehen konnte man nichts, nur hören. Dafür hatte ich ein Radio hingestellt. Man ging eben aufs Radio. Als ich mir 2012 den alten Bauernhof kaufte, war die erste Frage meiner Freude nicht »Wo liegt er denn?«, sondern »Hat das Klo eine Tür?«

Nein sagen lernen

Ich lebte wirklich gern in der Eifel. Deshalb merkte ich lange nicht, dass ich mich in den nächsten vier Jahren zunächst ganz langsam, aber gegen Ende dann immer mehr in mich zurückzog.

Erst dachte ich: Das sind eben die äußeren Umstände. Zu viel Arbeit. Durch das »Familiengericht«, das inzwischen auf RTL um 15 Uhr »gegen« uns lief, wie das so schön hieß, hatten wir uns schon länger von den Spitzenquoten von 35 Prozent verabschieden müssen. Obwohl beide Sendungen von »filmpool« produziert wurden, wurden sie als Konkurrenten gesehen, und jede Produktions-Crew versuchte die andere mit neuen Ideen zu übertrumpfen. Zudem gab es immer mehr Wünsche der Redaktionsleitungen und der Senderredakteure, was alles noch gemacht werden sollte, um die Quoten halbwegs zu halten. Alle paar Monate gab es neue Ansagen. Zum Beispiel wurden zeitweise auf Teufel komm raus »Einspieler« gedreht. Manchmal erschien sogar ich an Tatorten zur Ortsbesichtigung oder zur Vernehmung im Krankenhaus und fand dabei »ganz natürlich« die Lösung.

Gefallen hat mir das alles nicht, zumal solche Drehs nicht viel kosten durften. Einspieler sind etwas Feines, mit Zeit und Geld. Ohne beides ein Graus. Der absurde Höhepunkt solcher Unternehmungen war der Dreh eines kurzen Krimis, in dem ich eine Art Untersuchungsrichterin spielte, auf die am Ende auch noch geschossen wurde. Der Kommissar rettete mich, und ich durfte mich bei ihm bedanken. Nun wurde das Ganze nicht mit mehreren Kameras gleichzeitig gedreht, sondern wie ein Film, also mit nur einer Kamera. Deshalb mussten die Szenen immer wiederholt gedreht werden, je nachdem, wie wir später zu sehen sein sollten, und zwar penibel genau, damit es keine Schnittfehler gab. Nur, ich kann weder auswendig lernen noch einen Satz oder eine Bewegung exakt wiederholen. Zuletzt klebten sie deshalb dem Kommissar ein Blatt mit meinem Text auf die Stirn. Schön groß, damit ich ohne Brille ablesen konnte. Diese Einstellung mussten wir auch mehrfach wiederholen. Jetzt aber nicht weil ich den Text nicht rüberbrachte, sondern weil ein Kommissar mit Blatt auf der Stirn den neben mir stehenden Darstellern vor Lachen die Tränen in die Augen trieb. Das ganze Vorhaben war eine Groteske. Gott sei Dank blieb es bei dem Versuch, und wir blieben beim Bewährten.

Inzwischen feilte ich stundenlang an jedem Drehbuch herum, um noch das Letzte herauszuholen, und wurde immer kritischer. Das war nicht leicht für meine Mitarbeiter, die sich wirklich in allem Mühe gaben und überhaupt die ganzen Jahre einen enormen Einsatz zeigten. Nichts desto trotz: Die Sendung war zwar immer noch beliebt und die Quote lag noch deutlich über dem Senderdurchschnitt, aber sie sank, und trotz aller Anstrengung konnte diese Entwicklung nur verlangsamt werden.

Außer auf die hohe Arbeitsbelastung schob ich meinen inzwischen schlechten Gemütszustand auch auf die Hormone. »Scheiß Wechseljahre. Musst du halt durch.« Frauen meines Alters schieben ja gern alle Malaisen auf die Menopause. Ich natürlich erst recht. Weil man daran bekanntlich nichts ändern kann. Ich hatte an allem keine Freude mehr, funktionierte nur noch wie ein Rädchen und »biss« alles weg, was mich von meiner Fernseharbeit abhielt. Für Dinge, die mir bis dahin immer wichtig waren und die zugleich auch die viele Arbeit ausgeglichen hatten, fand ich schon überhaupt keine Kraft mehr. Meine künstlerischen Arbeiten hatte ich eh schon lange einstellen müssen. Denn für Bildhauerei war beim Fernsehen keine Zeit übrig. Es dauert einfach zu lange, bis man zum Beispiel eine Bronze fertig hat. Ich kapselte mich immer mehr ab und zog mich in mich selbst zurück. Wenn mal frei war, habe ich mich einfach nur noch aufs Bett gelegt. Familie und Freunde mahnten und schimpften zu Recht. Sie hörten von mir nur: »Keine Zeit, keine Zeit.« Mein Cabrio, mit dem ich wenigstens noch zum Dreh gefahren war, blieb in der Garage. »Keine Zeit.« Und dazu war ich in den Drehferien auch noch regelmäßig krank. Jedes Mal schwere Bronchitis. Egal, wo. Die letzte hatte ich in Italien im Haus einer Münchner Freundin. Da reichte es ihr, und sie schleppte mich zu ihrem Arzt.

Bei der ersten Untersuchung ergab sich schon mal ein Bluthochdruck, der sich gewaschen hatte. Dabei hatte ich vorher noch dem Arzt gesagt, er brauche nicht so weit aufzupumpen, ich hätte immer niedrigen Blutdruck. »Na ja, wenn Sie 190 zu 120 niedrig finden?« Das fand ich dann doch nicht. Und habe es wenigstens schon mal mit der Angst bekommen. Übergewicht, Stress und dann noch Bluthochdruck. Alarm für Schlaganfall. Ich musste raus aus dem Strudel. Drei bis vier Wochen, dachte ich, Aber nicht erst in den Sommerferien, sondern so schnell wie möglich. Am besten in einer Klinik. In einer Art Reha-Klinik. Aber da wollte mich niemand. »Hat sie Hüfte?« »Nein.« »Hat sie Knie?« »Nein.« »Hat sie Herz?« Ja, aber kein krankes. Jede Reha-Einrichtung war auf Patienten mit ganz bestimmten Erkrankungen spezialisiert. Dann schlug mir der Arzt eine psychosomatische Klinik in Bayern vor. Ich rief dort an und fragte, ob man mich denn wenigstens für drei bis vier Wochen aufnehmen könne. Unter einem Monat komme selten jemand heraus, war die Antwort. Das hat mich schon mal beruhigt. Als hinzugefügt wurde, meistens würde es deutlich länger, habe ich natürlich sofort abgewiegelt. »Danke, ist nicht nötig.« So viel Zeit hätte ich nicht. Wir müssten drehen. Es wurden am Ende volle drei Monate. Ich fuhr noch selbst in die Klinik – und brach dort zusammen. Diagnose: reaktive Depression und totale Erschöpfung.

Die Gründe für den Zusammenbruch waren vielfältig. Ich hatte mir eindeutig über zu lange Zeit zu viel zugemutet. Beim Fernsehen hatte es nicht nur schöne Situationen gegeben, da gab es auch einige schlechte Erfahrungen, wie es letztlich überall ist, wo die verschiedensten Charaktere zusammentreffen, und kooperiert werden muss. Mit meinem Dickkopf wollte ich vieles erzwingen, immer nach dem Motto: »Wo

Salesch druntersteht, ist auch Salesch drin«. Mit meinem Perfektionszwang kreiste alles nur noch ums Fernsehen. Ganz so neu war das Arbeiten am Limit bei mir allerdings nicht. Das tat ich auch in Hamburg schon. Nur dort eben immer mit kreativem und persönlichem Ausgleich. Den hatte es beim Fernsehen nicht mehr gegeben.

Der Bluthochdruck war relativ schnell wieder in normalen Bereichen. Ich machte Sport und ernährte mich so gesund, dass ich Kilo um Kilo verlor. Und kam erstmalig in meinem Leben in Kontakt mit Psychiatern und Therapeuten – als Patientin. Täglich. Ich musste mich endlich ohne Ablenkungen mit mir selbst beschäftigen. Das bedeutete wirklich einen Neuanfang. Warum bin ich so, wie ich bin? Wozu führt das? Was will ich ändern? Was kann ich ändern? Warum kann ich verdammt noch mal so schlecht Nein sagen?

Zuerst habe ich lernen müssen, meine Sorgen und Nöte überhaupt klar und deutlich darzustellen und sie nicht gleich wieder so amüsant zu schildern, dass alle schmunzelten. Ich wurde ziemlich deutlich darauf hingewiesen, dass ich nicht zur Unterhaltung der anderen Patienten da sei, und es gehe auch nicht um deren Probleme, die zu erkennen und gegebenenfalls zu moderieren mir in Gruppengesprächen leichtfiel, sondern um meine eigenen. Wie sollten mich andere unterstützen, wenn ich meine Probleme so schilderte, dass es komisch, ironisch, zynisch oder sarkastisch oder alles zugleich klang, sie jedenfalls so beschrieb, als hätte ich irgendwie doch alles im Griff? Also kein Wunder, dass mir keiner half. Wieso auch? Ich hatte zwar meiner Meinung nach immer gesagt oder angedeutet, was ich dachte oder wollte. Nur keiner hatte das verstanden. Meine Aussagen waren zu undeutlich. Es blieb für die anderen immer leicht, aus der Sache herauszukommen oder abzulenken, wenn man nichts Näheres wissen wollte, denn ich hakte in eigener Sache selten nach. Ich machte mein Ding dann eben allein. So gut und erfolgreich ich mich einerseits bei einer Sache durchsetzen kann, so schlecht kann ich es andererseits, wenn es »nur« um mich geht. Niemand war unfreundlich zu mir, aber alle wollten alles, weil sie es von mir haben konnten. Ich habe das einfach signalisiert.

Von mir war im Laufe der Zeit zu wenig übrig geblieben. Irgendwie war ich leer und entsetzlich traurig darüber. Abends habe ich viel mit Ruthchen, meiner Schwester und anderen Freunden telefoniert, die mich später auch alle besuchten. »Sie suchte und brauchte das ernsthafte Gespräch wie nie zuvor. Für mich eine völlig neue Barbara. Wir sprachen endlich wieder offen über alles, was sie bedrückte. Sie hatte sich zu weit von dem entfernt, was bedeutungsvoll für sie gewesen war. Ihren wahren Leidenschaften kam sie schon lange nicht mehr nach«, so Ruthchen.

Weiter habe ich lernen müssen, dass man auch Nein sagen kann. Und es gleich mit »Ich will« verbinden muss. Das heißt, das versuchte ich zu lernen. In kleinen Schritten. Und habe als Allererstes gesehen, wie schwer ein Nein ist und dass es mit einer Ansage nicht getan ist. Ein »Nein« oder ein »Ich will« muss auch noch durchgesetzt und verteidigt werden. Beste Sparringspartnerin dafür war übrigens meine Münchner Freundin, die das in allen Details beherrscht. Kleine Geschichte dazu? Ich war in München in der Zahnklinik, sie sollte mich abholen, dann wollte ich mit ihr zu der Ausstellung eines bekannten Bildhauers gehen, und danach wollte sie mich wieder zurück in die Klinik bringen. So war es verabredet. Sie kam, es war schönes Wetter, sie hatte keine Lust mehr. »Lass uns zu mir nach Hause in den Garten fahren und Kaffee trinken.« Früher hätte ich gesagt: »Na ja, wenn du keine Lust hast, dann gehe ich an einem anderen Tag allein in die Ausstellung.« Übung jetzt: Durchsetzen. Also: »Das können wir alles danach machen, wir haben das so besprochen, lass uns hinfahren.« Während der Autofahrt: »Ich kenne den Weg gar nicht so genau.« »Du hast ein Navi.« »Es ist schon so voll in der Stadt, Berufsverkehr.« »Wir haben Zeit.« »Dort gibt es keine Parkplätze.« »Ich finde immer einen.« Vor dem Museum: »Solche Gestalten? Da geh ich nicht mit rein.« »Dann wartest du draußen, ich gehe rein.« Sie kam natürlich doch mit, fand Thomas Schütte plötzlich super, und danach gingen wir in das Café, vor dem wir in unmittelbarer Museumsnähe geparkt hatten. Seitdem versuche ich immer, mich an diesen Nachmittag zu erinnern, wenn ich das Gefühl habe, du machst schon wieder etwas anderen zuliebe, wonach dir an sich gar nicht ist. Kämpf um deine Interessen. Es lohnt sich!

Und noch etwas ist mir klargeworden in dieser Zeit. Man muss sich nicht immer sofort entscheiden. Es gibt auch die Varianten: »Mal sehen« oder »Wahrscheinlich nicht, aber ich will es mir mal überlegen«. Bei meinen gewohnt schnellen Entscheidungen kam bei mir zu oft und zu schnell mein »Ja« heraus, in alter Tradition. Ich bin nun kein neuer Mensch geworden. Ich kann aber besser mit meinen Schwächen umgehen. Am Ende geht's ja immer ums Geliebtwerden, und das will ich weiterhin.

Nach drei Monaten wurde ich nicht als geheilt, aber als wieder belastbar und auf dem richtigen Weg entlassen. Die therapeutische Begleitung übernahm eine Bonner Analytikerin, und sie unterstützte mich weiter auf dem Weg zurück in ein ausgeglichenes Leben.

Die Fernsehrichterin geht in Pension

Am leichtesten ging es übrigens beruflich. Das energiesaugende Fernsehen ist ziemlich schnell wieder dahin gerutscht, wo es hingehörte. Ein anstrengender und schöner Beruf, aber er hat nicht länger mein ganzes Leben bestimmt. Und ich lernte auch hier, wie »sich durchsetzen« besser geht. Das fing schon damit an, dass ich erst noch einmal vier Wochen Urlaub nahm. »Klinik ist keiner«, habe ich zur Produktionsleitung gesagt und kam in der letztmöglichen Sekunde wieder eingetrudelt, um die Drehbücher zu sichten. Durch Vorproduktion und Sommerwiederholungen hatte niemand mitbekommen, dass ich letztlich fast vier Monate nicht da war. Ich habe die Drehbücher ab dann auch nicht mehr bis auf den letzten Punkt überarbeitet, sondern nur noch Kommentare an den Rand geschrieben, die dann von den Juristen und Redakteuren selbst umgesetzt werden mussten. Es war anfangs deutlich mehr Arbeit für die anderen, aber ich wurde im Gegenzug gelassener. Wenn das so sein soll, dann soll es so sein. Geht auch. Völlig neue Worte. Und keiner hat sich von mir abgewandt. Wer seine Grenzen anderen aufzeigt, wird nicht weniger geliebt als der, der alles nur nach den Wünschen anderer richtet.

Ich habe mich auch wieder mehr auf meine Spontaneität in der Verhandlung verlassen und dazu zwanzig Minuten Pause für mich allein zwischen den einzelnen Aufzeichnungen durchgesetzt, die auch wirklich beachtet wurden, und einiges andere mehr. Was früher angeblich »produktionstechnisch« nicht ging, ließ sich plötzlich realisieren. Sie haben mich nicht wie ein rohes Ei behandelt, aber sie kamen mir jetzt in vielem entgegen, und wir haben die Drehzeiten so legen können, dass ich mit meiner Ausbildung in der Malerei und im Holzschnitt vorwärtskam. Denn um die hatte ich inzwischen meine frühere bildhauerische Arbeit erweitert. Jedenfalls machte mir das Leben wieder Freude.

Zum zehnjährigen Jubiläum von »RBS« hat »filmpool« für mich eine wunderbare Feier organisiert, wie es eben nur Fernsehleute können, oder die ganz besonders, und ich habe meinen sechzigsten Geburtstag eine Woche lang wie einen Kindergeburtstag gefeiert. Nur als dann wieder trübere Wolken aufzogen und die Zusammenarbeit mit dem Sender schwieriger wurde, habe ich mich entschieden, ich höre zum Ende der Staffel im Oktober 2011 auf. Es reicht. Das Strafgericht und das Familiengericht waren inzwischen bereits abgesetzt, Frau Dr. Ruth Herz hatte das Jugendgericht schon vor längerem aus gesundheitlichen Gründen aufgegeben, und unsere Sendung hat sich langsam zu Tode wiederholt. Die Zeit der Gerichtsshows im Fernsehen ging zu Ende. Um dem Nachfolgeprogramm eine bessere Vorlaufzeit zu geben, übernahm ich dann noch vierzig Sendungen, aber danach war Schluss. Die Fernsehrichterin Barbara Salesch ging »in Pension«.

Am 11. Januar 2012 war die letzte Aufzeichnung. Mit dem Schiedsgericht zusammen waren es fast 3000 Fälle, die ich verhandelt hatte. Um das Fernsehende auch gut und deutlich zu dokumentieren, habe ich zur letzten Aufzeichnung alles grobe Werkzeug aus meiner Werkstatt angeschleppt – einschließlich Verbandskasten – und meinen Richtertresen zersägt und zerschlagen. Wobei alle herzhaft mitgemacht haben. Danach haben wir ausgiebig geheult und gefeiert.

Teil 4
Die Künstlerin

Jetzt malt sie auch noch

Kaum hatte ich mein Fernsehleben mit dem Säge-Happening zu Ende gebracht, las ich irgendwo: »Jetzt malt sie auch noch!« Mit dem leichten Unterton »Nun nutzt die auch noch ihren Promibonus aus und pinselt sich durchs Alter«. Irgendwie scheint es akzeptiert zu sein, Bücher zu schreiben und Musik zu machen, aber bildende Kunst? Nur, ist mein Leben als Künstlerin tatsächlich ein Neuanfang gewesen?

In einem ja, weil ich schon zwei Tage nach Drehschluss mit meinen Holzschnitten in die Öffentlichkeit gegangen bin, um damit nach außen ganz deutlich zu machen, dass ich ab sofort als freischaffende Künstlerin arbeite. Mein »drittes Leben«, wie ich dazu immer sage, hat deshalb direkt mit einer großen Einzelausstellung zum Thema »Experiment Holzschnitt« begonnen – mit sehr guter Resonanz übrigens.

Ansonsten ein klares Nein. Es war kein Neuanfang als bildende Künstlerin, denn die bin ich schon lange. Nur hätte ich davon nie leben können. Kein Mensch brauchte zum Beispiel meinen Rollstuhl, den ich auseinandergenommen und hochkant auf einem Rad sich drehend neu verschweißt hatte. Mit zwei Motoren ließ ich ihn so tanzen, dass zwei echte Beinprothesen – die große saß im Stuhl und wippte, die kleine trieb ein Rad an – ihren Spaß hatten. Die Arbeit nannte ich »Betriebsausflug«. Sie ruhe in Frieden. Irgendein

Schrotthändler hat ihn »aus Versehen« aus der Garage mitgenommen, als ich nicht da war.

Kunst war immer ein fester Bestandteil in meinem Leben. Es gab und gibt bei mir wenig, das mich aktiv so begleitet hat wie sie. Trotzdem: So gern ich gemalt, gezeichnet oder kleine Plastiken gemacht habe, als Beruf habe ich das lange nicht gesehen. Eher als Vergnügen. Und man hatte auf diese Weise auch immer etwas zu verschenken. Ständiger Spruch in unserer Familie: »Lieber kloi und selber g'macht als groß und g'kaaft.«

Meine Schwester war als junge Frau im Bereich Kunst viel engagierter und hatte für sich ganz ernsthaft ein Kunststudium in Betracht gezogen. Ihre Tochter hat es dann umgesetzt. Sie hat Hörgeschädigtenpädagogik mit den Unterrichtsfächern Kunst und Deutsch studiert. Wahrscheinlich sind wir erblich etwas vorbelastet. Mein Großvater mütterlicherseits hatte mit seinem Kunststudium zumindest anfangen können. Nur musste er es nach ein paar Semestern aufgeben, weil er in die elterliche Firma zurückgerufen wurde, um seinen Bruder bei der Leitung zu unterstützen. Aber er hat zeit seines Lebens wenigstens für den aus Ettlingen stammenden Bildhauer Oskar A. Kiefer die Gipsformen gebaut und in seiner Freizeit mit Öl gemalt. Zur Belustigung seiner Enkelinnen hat er so getan, als ob er an seinem kahlen Kopf Pinsel ausstreichen würde, und mich hat er Farbreste auf Holztafeln »verschmieren« lassen, die er dann übermalte. Daran erinnere ich mich noch gut. Gemälde und Skulpturen gehören in unserer Familie also einfach dazu.

Nur im Schulunterricht habe ich gestreikt. Irgendwie fanden mein Kunstlehrer und ich nicht zusammen. Damals hatte ich einfach keine Lust, Dinge abzuzeichnen, die mich nicht interessierten. Schon gar nicht die vom Lehrer auch noch gewünschten Schatten. Ich habe dann trotzig behauptet, das Licht sei direkt von oben gekommen, deshalb sei »der meine« ein schattenloser Apfel. Wenn Gegenständliches recht konkret abgebildet werden soll, bevorzuge ich bis heute die Fotografie. Früher habe ich Filme selbst entwickelt und Abzüge gemacht, aber die Fotografie blieb für mich immer irgendwie zu »technisch« und zu wenig spontan. So ging es mir auch mit Film und Video. Deshalb habe ich diese Bereiche nie vertieft. Bei der Mutter meines ersten Freundes, die wie gesagt Künstlerin war, habe ich als Schülerin noch Malunterricht genommen, aber als sie wegzogen, blieb es fast nur noch bei Museums- und Ausstellungsbesuchen. Und gelegentlich beim Kauf. Mit 16 Jahren habe ich meine erste kleine Graphik erstanden und den Betrag mit meinem Taschengeld abgestottert. Ein Jahr lang brachte ich dem Galeristen jeden Monat zehn Mark. Die letzten zehn hat er mir wegen Weihnachten erlassen.

Dann war lange Zeit Kunstpause. Es hat einfach gedauert, bis ich ernsthaft mit der bildenden Kunst anfangen konnte. Aber mir hat immer gefehlt, dass ich zu wenig gestaltet habe, denn ich bin ein sehr kreativer Mensch und will etwas machen, was es so noch nicht gibt oder was ich so zumindest nicht kenne. Das fasziniert mich am meisten. Bei aller Achtung vor meinem Brotberuf, Jura ist nun doch nicht alles in meinem Leben. Und Musik? Sosehr ich Musik liebe, so wenig bin ich in der Lage, auf diesem Gebiet etwas Eigenes zu Wege zu bringen. Mein Gesang reicht inzwischen noch nicht einmal mehr für den engsten Familienkreis, und mein Klavierspiel ist und bleibt eine böse Klimperei. Nur Weihnachtslieder kann ich heute noch ganz gut, denn unser Klavier stand damals bei Oma im Haus, und unsere Weihnachtsplätzchen lagerten dort kühl, aber auch unbewacht und gut zugänglich. Man muss nicht immer beidhändig spielen. An Schreiben habe ich damals übrigens nicht gedacht. Das ist auch etwas Kreatives, und Juristen tun das erstaunlich oft, aber Schreiben wäre mir zu nah an meinem Beruf gewesen.

Schon lange wollte ich wieder Malunterricht nehmen, nur meine freie Zeit war einfach zu knapp dafür. Aber plötzlich hatte ich welche, auch wenn die Ursache ziemlich enttäuschend und in der Art verletzend war. Ich war Anfang vierzig, und es gab einen Riesenkrach über das ewige Hin und Her der Beziehung mit meinem langjährigen Freund. Natürlich hat mich das mitgenommen, aber andererseits war damit in der nächsten Sekunde auch alles befreiend klar. Nach zwei Wochen »Bilanz« im Nordseewind ging ich statt in Trauer direkt zu dem Atelier, das ich schon seit Jahren im Auge hatte. Jeden Tag war ich daran vorbeigekommen. Es lag bei mir in Ottensen, genau um die Ecke, und sie boten dort Mal- und Zeichenunterricht an. Das war mein Start in die Malerei. Und? Habe ich ab da gemalt? Nein. Es gab natürlich wieder einiges an Umwegen – jahrelang, wie immer.

Ich habe damals wirklich malen wollen. Natürlich mit Ölfarbe. Ein anderes Material hatte ich nie im Kopf. Nur Ölfarbe. Viel Ölfarbe, noch mehr Ölfarbe und dick. Ganz dick. Plastisch. Mit Spachteln und mit grobem Werkzeug aufgetragen. Als ich das im Atelier so vorgetragen habe, winkte die verantwortliche Künstlerin ab. Erst einmal verwende sie bei ihrem Unterricht nur Acrylfarben, aber ich sei ja eh nicht an Malerei interessiert. »Wie bitte?« Na ja, so wie ich die Sache angehen wolle und mit den Händen umschreibe, sei ich keine Malerin, sondern eine Bildhauerin. Es gebe im Atelier auch dafür Unterricht, ich solle zu der Bildhauerin Mona Schewe gehen. »Meinetwegen.«

Bei ihr bekamen wir Ton. Ich legte meinen Klumpen sofort zurück. »Mona, ich komme nicht zum Töpfern.« Komisch. Dinge, die mir partout nicht liegen, kann ich sofort klar erkennen, nur was ich wirklich will, kann ich leider selten konkret formulieren. Während ich Plastiken aus den verschiedensten Materialien mag – vor allem aus Bronze oder anderen Metallen, aus Wachs, Gips, Papier und Stoff –, habe ich so meine Schwierigkeiten mit gebranntem Ton. »Gib Ruhe, wir lernen damit.« Also hielt ich zur Abwechslung mal den Mund und suchte mir aus einer Schale die von der Form her einfachste Muschel heraus, weil wir sie vergrößern und in Ton nachbilden sollten. Nach drei Minuten lag vor mir ein Tonhaufen, der Ähnlichkeit mit einer Muschel hatte – aber auch nur entfernt und schon gar nicht mit der, die ich mir genommen hatte. Künstlerische Freiheit. »So nicht!« Na ja, das hatte ich befürchtet. Nur, was sollte ich mit einer Muschel aus Ton? Ich wollte nun nicht eine Hamburger Seemannskneipe dekorieren. Was sollten wir an einer Muschel lernen? Einfach nur, wie man etwas naturgetreu wiedergeben und vergrößern kann. Durch solche Übungen – man bildet immer die Horizontlinie ab und dreht das Objekt – war ich später in der Lage, mit Hilfe von vier Fotos und meines inneren Bildes von Papa seine Büste erst einmal ganz lebendig in Ton zu schaffen, die ich dann in Bronze gießen ließ.

Kaum war die Tonmuschel fertig, ging es darum, sie eins zu eins in Gips wiederzugeben. Denn alle weiteren Formen auf dem Weg zum detailgenaueren Bronzeguss im sogenannten Wachsausschmelzverfahren können nicht von dem feuchten Ton abgenommen werden. Wir lernten also Formenbau. Das heißt, die Ton-Muschel wurde in dicken Schichten mit Gips umgeben, in mehreren Teilen, die man später wieder trennt. Der Ton wird entnommen, innen in der Form alles isoliert, dann alles wieder zusammengesetzt und mit Gips ausgegossen. Zuletzt wird die äußere Gipsform abgehauen. So liegt schon mal das genaue Abbild der Muschel in Gips vor. Nun werde ich sofort aufhören, weiter zu beschreiben, was noch so alles an Vorarbeiten und Formenbau über Silikon- und Wachsformen und Luftröhren zu leisten ist, bis am Ende der Bronzeguss beginnen kann. Was hätte ich dafür gegeben, von meinem Großvater Formenbau gelernt zu haben, aber er ist so früh verstorben, dass ich mich an Gipsformen bei ihm nicht erinnere. Es standen nur fertige Modelle herum. Aber ab und an hatte ich das Gefühl, dass er mir von oben über die Schulter schaute und lächelte, wenn sich eine Form verzogen hat, weil ich sie nicht ausreichend stabilisiert hatte, oder mal wieder die Schwerkraft über meine genialen Konstruktionen gesiegt hatte.

Als Erstes lernte ich übrigens Geduld und Demut in der künstlerischen Arbeit. Es gibt für mich bis heute keinen Bereich, in dem ich so ausdauernd an einer Sache sitzen und so gründlich verzweifeln kann. Mit den wenigen Kursstunden in der Woche stand ich von Anfang an auf Kriegsfuß, weil meine Arbeiten vom Format her schnell zu groß wurden – das ist bis heute so. Sie gaben mir in Ottensen den Atelierschlüssel, und so konnte ich bis tief in die Nacht allein weiterarbeiten, notfalls auf Knien, um mich dann anschließend völlig fertig am Geländer die 108 Stufen zu meiner Wohnung hochzuziehen. Manchmal brauchte ich auch noch spät abends jemand zum Halten einer Figur, wenn ich ihr Gipsformen abnahm. Dann kam meine Hamburger Rechtsanwaltsfreundin in Kostüm und Pumps direkt aus ihrem Büro, und wir sorgten dafür, dass den Reinigungen die Arbeit nicht ausging. Vor allem, als ich mehr und mehr anfing, direkt mit Gips und Beton zu arbeiten.

Also, das war es, was ich so lange gesucht hatte: die Plastik. Die nächsten Jahre nahm ich an Unterrichtsangeboten mit, was ich neben meiner Berufstätigkeit bekommen konnte: Bronzeguss an der Universität in Braunschweig, kinetische Objekte an der Europäischen Kunstakademie Trier und anderes mehr. Ich lernte zu schweißen, zeichnete Akt und was weiß ich noch alles. Mona und ich hatten uns übrigens bald zusammen ein Atelier gemietet und blieben weiter verbunden, nachdem ich mein eigenes gefunden hatte. Mein Freundeskreis erweiterte sich und brach in anderen Bereichen ein. Neues bedeutet ja immer, sich von Altem zu verabschieden. Ich war glücklich und ausgeglichen, auch wenn ich für anderes kaum noch Zeit hatte. Denn einen Nachteil hat die Plastik: Es dauert unendlich lange, bis etwas fertig ist – jedenfalls bei mir. Warum spreche ich eigentlich meistens von Plastik? Weil man zwischen Skulptur und Plastik unterscheidet. Dort wird aus einem vorhandenen Gegenstand etwas herausgeschnitten oder geschlagen, bei der Plastik dagegen wird aus Materialien etwas aufgebaut oder zusammengesetzt. Ich bevorzuge Letzteres, weil man während des Arbeitsprozesses viel freier gestalten kann.

Dann kam das Fernsehen daher und ließ neben sich keine anderen Götter mehr zu. Zwar habe ich in Köln noch lange Zeit ein Atelier gehabt, um jederzeit arbeiten zu können. Aber abgesehen von Kleinigkeiten ist dort wenig entstanden. Für ein Weihnachtsspecial bei Anke Engelke schuf ich noch eine Krippe aus einem großen Spielzeuglastwagen und die Figuren dazu aus Baustellenmaterial, Ton und Kupferresten vom Hamburger Michel. Ich schleppte auch noch von überallher Material an, aus dem ich etwas machen wollte, einschließlich farbenprächtiger italienischer Bauplanen, und füllte Skizzenbücher, aber das war es dann auch. Meine künstlerische Arbeit lag brach. Es blieb einfach keine Zeit mehr dafür. Und das ist mir nicht gut bekommen.

In der Klinik wurde mir sehr deutlich, dass ich wieder zu meiner alten Kreativität zurückmusste. Berufsbegleitend. Leben konnte ich davon ja nicht. Übrigens können die wenigsten freien bildenden Künstler vom Verkauf ihrer Arbeiten leben. Nur, die Bildhauerei ist sehr zeitintensiv. Zu zeitintensiv. Das wäre während meiner Fernseharbeit nicht machbar gewesen. Und nur etwas »zusammenzubasteln«, nach dem Motto »Hauptsache, man ist beschäftigt«, darum ging es mir nicht. Kunst ist bei mir weder Therapie noch Hobby. Und wieder kam der Zufall daher. Diesmal in Form einer Künstlerin, die mich zu einer Vernissage einer Malerin und deren Schülerinnen mitnahm. Natürlich. Malerei! Warum war mir das nicht selbst eingefallen? Dafür wäre nebenbei Zeit. Während wir Bildhauer noch auf dem Schrottplatz Eisenteile herausziehen, hängen die Maler bereits die Bilder in ihren Ausstellungen auf. Und so habe ich schon während der letzten vier Klinikwochen bei zwei Künstlerinnen dort in der Nähe Unterricht genommen und mich, zurück in der Eifel, umgehend um einen Platz im Werkhaus an der Alanus Hochschule in Alfter bei Bonn bemüht, wo Kurse angeboten werden.

Dort traf ich auf Professor Jo Bukowski, der mich schon nach einer Viertelstunde zur Ölfarbe trieb, indem er quer durch den Malsaal rief: »Du dahinten, womit malst du?« »Mit Pigmenten.« »Kannst dir den Umweg sparen. Du bist ein Öltyp.« »Warum?« »Du hast keine Geduld.« Ich griff daraufhin schon mal zu wasserlöslicher Ölfarbe, denn in meiner offenen Eifel-Wohnung konnte ich mit stinkendem Terpentin nicht arbeiten; deshalb hatte ich ja Farbpigmente genommen und die mit geruchsfreiem Binder angerührt. Es dauerte etwas, bis ich über dem Eifeler Dorfladen einen

Raum fand und dann wirklich mit Ölfarbe loslegen konnte. Über Jo Bukowski bin ich schnell an die Kunstakademie Bad Reichenhall gekommen, an der er viel unterrichtet. Dort habe ich quasi meinen zweiten Wohnsitz aufgeschlagen und in jeder drehfreien Minute alles belegt, was er anbot. Beruf und künstlerische Weiterbildung konnte ich so bis zum Ende der Fernsehzeit verbinden. Das hieß: tagsüber malen und abends in meiner Pension Drehbücher durchsehen.

Und in Bad Reichenhall bin ich auch zum Holzschnitt gekommen, der derzeit den meisten Raum in meiner künstlerischen Arbeit einnimmt. Der Holzschnitt schafft die Verbindung zwischen meinem früher mehr dreidimensionalen und handwerklich geprägten Tun und dem neuen zweidimensionalen der Malerei und des Drucks. Das Schneiden der Druckplatten liebe ich, auch wenn ich mich dabei »bis zum Hals« bandagieren muss. Denn ich schneide mit Messern und nehme die harten Multiplex-Platten als Druckstöcke. Nur damit bekomme ich die von mir gewollten scharfen und harten Kanten, die in spannendem Kontrast zu meinen eher weichen, organischen Formen stehen. Ich arbeite mich einfach gern an hartem Material ab. Dazu kommt dann der Druck. Natürlich mit Öl. Ich liebe die satten Ölfarben, die hauchdünn lasierend übereinander gegeben werden und dann neben neuen Farben und Formen immer auch neue Strukturen ergeben, je nachdem, wie die Pigmente sich legen. Immer anders. Dazu werden manche Formen auch ganz pastos, also richtig dickflüssig gedruckt, was lange Trocknungszeiten bedeutet. Ich will jedenfalls am Ende immer alles auch ganz plastisch haben. Das ist das, was mich anhaltend begeistert.

Überflüssig zu erwähnen, dass ich zum Holzschnitt erst mal wieder verdonnert werden musste, weil Jo Bukowski mich dadurch zwingen wollte, mich weniger mit Farbe, sondern mehr mit der Form zu beschäftigen. Ich hatte darauf zunächst null Bock: »zu altmodisch!« Aber als ich merkte, welche immer wieder überraschenden Experimente und welcher Variationsreichtum in dem Bereich möglich ist, seitdem gibt es kein Halten mehr. Ich arbeite auch hier selten gegenständlich. Meine Themen Kraft, Bewegung und Farbe kann ich im Holzschnitt bestens umsetzen. Und sobald ich die Entwürfe mit allen Flecken und Knicken per Hand gedruckt habe – ich habe entschieden zu kurze Arme für große Bögen und zu viel Bauch, um die Ränder des Büttenpapiers fleckenfrei zu lassen –, fahre ich mit den Druckplatten und Entwürfen zu dem Kunstdrucker Martin Kätelhöhn nach Köln. Ich weiß noch, wie ich das erste Mal mit meiner Mappe zu ihm hin bin. Bei all den Berühmtheiten, für die er druckt oder gedruckt hat, hatte ich erst Sorge, dass er nicht gerade auf mich wartet. Selbst von meiner heißverehrten Bildhauerin und Malerin Louise Bourgeois hängt eine Arbeit in seiner Werkstatt. Es sind immer wunderbare »Drucktage«. Seine Erfahrung und meine Farb- und Strukturvorstellungen verbinden uns eng.

Inzwischen habe ich an der Akademie in Bad Reichenhall den zweijährigen Studiengang »Farbmalerei« bei Professor Jerry Zeniuk abgeschlossen. Derzeit läuft der dreijährige Studiengang »Freie Malerei« bei Professor Jo Bukowski, den ich auch belegt habe. Es ist etwas ganz Besonderes, in Gemeinschaft zu lernen, denn die Energie aller verbindet sich immer zu etwas Neuem. In den großen Lagerhallenateliers der alten Bad Reichenhaller Saline kann ich auch Leinwände von vier mal vier Metern oder zwei mal zehn Metern bearbeiten. Eben alles, was mir an Formaten so gefällt. Es ist jedenfalls extrem spannend, nochmals Studentin zu sein und sich auch so zu fühlen. Einerseits wieder irgendwie unsicher, andererseits völlig unbefangen und frei. Wenn man einen zweiten Stuhl für den Professor holt, sich schweigend neben ihn setzt und wartet, was er zu den Arbeiten sagt. Und wie man sich freut, wenn es dann irgendwann mal heißt: »Fertig.«

Kommt ein Haus um die Ecke

Natürlich hatte ich mich schon länger gefragt, wo bleiben nach der Fernsehzeit? Eine Alten-WG mit meiner Schwester und Freundinnen war dabei ebenso im Gespräch gewesen wie Norditalien oder erst einmal ein längeres Nomadenleben bei befreundeten Künstlern. Dazu hatte ich in der Eifel sogar schon ein altes Feuerwehrauto als eine Art Wohnmobil restauriert. Die Künstler, die ich kenne, verfügen über Ideen, Zeit und Wein in Fülle, aber nicht über Gästezimmer. Ich hätte mit der Feuerwehr mein Bett selbst dabei gehabt samt meinen Werkzeugen.

Nur, inzwischen hatte es mir »oben in der Eifel« immer besser gefallen. Deshalb wollte ich dort sesshaft werden. Aber ich fand partout kein geeignetes oder bezahlbares Haus, bei dem ich Atelier und Wohnung miteinander hätte verbinden können. Also hatte ich mich entschieden: »Dann bau ich eben selbst!« Die ersten Bauzeichnungen waren fertig, und das Grundstück hatte ich auch schon gefunden. Es lag nur eine Minute Fußweg von meiner damaligen Wohnung entfernt, mit dieser herrlichen Aussicht bis zum Siebengebirge. Die Verkäuferin und ich waren uns auch schnell einig geworden. Nur die Behörden sahen es anders. Keine Baugenehmigung. Nun bin ich Juristin, aber nicht doof. Eine erfolgreiche

Beschwerde in Bauangelegenheiten bringt kurz gute Laune, aber auf Dauer keine Freude. Ich hatte keine Lust, jeden fehlenden Zentimeter der Regenrinne mit übergenauen Beamten zu diskutieren. Also war plötzlich alles wieder offen. Nur eines war für mich klar geblieben: Ich wollte sesshaft werden, und zwar auf dem Land. Aber das hieß auch wieder, neu suchen.

Am Sonntag vor den letzten drei Aufzeichnungstagen von »RBS« fing ich damit an. Statt Drehbücher zu lesen, fuhr ich meinen PC hoch und gab »Häuser in Nordrhein-Westfalen« ein. Es erschienen über 30 000, die zu verkaufen waren. Das waren mir für den Abend denn doch zu viele. Also ging ich auf die Unterkategorie »Bauernhof«, denn ich brauchte Platz. Da waren es nur so um die 300 Angebote. Ein paar Klicks weiter hatte ich ihn. Der Wahnsinn! Die ganze Nacht habe ich im Internet verbracht und mir alles angeschaut, bis hin zu den Salatköpfen meiner künftigen Nachbarn. Und mit das Beste: Der Hof liegt keine Autostunde entfernt von Ruthchens Haus. Besichtigung so schnell wie möglich. Das war der nächste Sonntag.

Aber schon Samstagnachmittag hat uns nichts mehr gehalten. Ruthchen, ihr Mann und ich sind ganz langsam dort die Umgebung abgefahren, um uns überhaupt erst mal einen Eindruck von der Ecke zu verschaffen. Als ich im Dorf den alten Fachwerkhof sah mit den blauen Fernstern, dem Backhaus, dem Garten, der Koppel und den alten großen Eichen, da hab ich nur eines gesagt: »Ruthchen, wenn das innen so schön ist wie außen, dann ist das morgen mir.«

Und so kam es auch am nächsten Tag. Nach einer knappen Stunde Hausbesichtigung setzten wir uns in die Küche zu der Verkäuferin und ihrer Familie, und ich war durch nichts mehr dazu zu bringen, wieder aufzustehen, bevor wir uns einig waren. Ich hatte mich verliebt. Liebe auf den ersten Blick. Blind und stürmisch. Das gibt es auch bei einem Haus und einem Ort, an dem man bleiben möchte. Neubaupläne, die Eifel und die in über zwölf Jahren gewachsenen Kölner und Eifelaner Freundschaften – alles habe ich in einer Sekunde aufgegeben oder hintangestellt gegen ein altes Gehöft und ein neues Leben, dreihundert Kilometer weiter nördlich. Ich wusste nur: Das ist es. Das ist der Ort. Das passt zu dir. Das wird es.

Die Verkäuferin versuchte immer wieder, mir wenigstens eine Bedenkzeit aufzuzwingen, und Ruthchen wiederholte alle fünf Minuten, dass ich keineswegs verrückt sei. War ich auch nicht. Warum auch? Was sollte ich noch überlegen? Für mich stimmte doch alles. Charakter, Lage, Werkräume und Wohnung. Und vor allem wollte ich eines nicht – pure Eifersucht einer Verliebten –, dass andere Interessenten auch nur noch eine Sekunde die Gelegenheit hatten, etwas anzufassen. Endlich Handschlag. Schnaps drauf. Notartermin in einem Monat. Übergabe in sechs Monaten. Es gab noch Schinkenbrot als Wegzehrung für uns, und eine Stunde später war ich im Auto auf dem Weg zu vier Wochen Holzschnitt an der Akademie in Bad Reichenhall. Als ich nach achthundert Kilometern Fahrt dort ankam, fiel ich in meiner Pension nur noch die Treppe hoch. Was für eine Woche!

Und die Liebe dauert an. Ich habe den Kauf nicht eine Sekunde bereut. Trotz allem, was noch kommen sollte – und kam. Vor 15 Jahren hatte eine Künstlerin den Hof vor dem Verfall gerettet und die Ställe und Remisen zu Werkstätten und Atelier umgebaut. Dann musste sie wegziehen. Die neue Eigentümerin und ihre Familie hatten den Charme des Hauses erhalten, aber ihnen war der Wohnort bald einfach zu weit weg von der Stadt. Gott sei Dank. Und nun ist es wieder ein Künstlerhaus. Wobei, genauer gesagt, es wurde erst langsam wieder eines. Denn nach dem Öffnen der ersten Wand war erst einmal für ein Jahr künstlerische Pause und dafür Grundsanierung angesagt. Weshalb sollte es mir besser gehen als anderen Blinden, die ein altes Haus kaufen? Die Künstlerin hatte zwar gutes Material verwenden lassen – ich bin ihr auch nicht eine Sekunde gram –, aber sie hatte unsäglich schlechte Handwerker gehabt, die zum Beispiel alle Kupferrohre einfach so in Speis verlegt haben. Farblich wunderschön, aber das Ergebnis war Korrosion pur. Überhaupt hatte die Truppe von Isolierung nicht viel gehalten. Frost war nicht vorgesehen. Ziemlich alles in den Wänden war hinüber, und das schon nach 15 Jahren. Also mussten alle Leitungen neu verlegt werden, Wasser-, Heizungs- und sogar Elektroleitungen in weiten Bereichen gleich mit, denn auch dort war Amateurtheater angesagt gewesen.

Nun habe ich Gott sei Dank von zu Hause genügend mitbekommen, um Baupläne lesen und zeichnen zu können, und ich habe auch das nötige Vorstellungsvermögen, wie etwas werden soll. Aber manchmal wusste ich wirklich nicht, wo mir der Kopf stand, zumal inzwischen alle meine Sachen überall in Kartons gestapelt lagerten, denn ich hatte vorher im Wesentlichen nur die Isolierung des Dachateliers und ein paar Malerarbeiten geplant. Jetzt saß ich auf einer Großbaustelle und schaute durch Löcher. Es war zu Beginn immerhin Sommer.

Und dazu war ich ein Jahr lang Hausfrau. Ich wusste immer, dass ich davon die Finger lassen sollte, aber ich hatte auch für das leibliche Wohl der Handwerker zu sorgen, die in den ersten Wochen mit auf der Baustelle wohnten. Dann blieb es dabei. Baubesprechungen liefen darüber auch besser. Frühkaffee, Frühstück, Mittagessen, Kaffee und manchmal auch Abendbrot. Während die Handwerker ihren täglichen Fortschritt loben und bestaunen lassen konnten, war bei mir hausfraulich nichts zu sehen. Hätte ich die Teller filmen sollen, was auf ihnen lag und wie sie unter Wasser wieder zu ihrer reinen Form zurückfanden? Das wäre mal ein schönes Videothema in Dauerschleife. Hätte ich ins Mikrophon hauchen sollen, welche Gedanken ich mir über Frische und Abwechslung gemacht habe? Hätte ich den ganzen gewischten Staub und Dreck aufbahren sollen? Ich habe in dem Jahr wirklich Abbitte geleistet für alle meine vorlauten Bemerkungen über ein schönes Hausfrauenleben. Ich kam zu nichts, hetzte durch die Gegend – die Handwerker nutzten mich auch noch als Laufbursche für Vergessenes – und sank abends nur noch müde in der Milchkammer in meine Schaffelle, denn die Heizung kam recht spät. Aber jetzt sind wir durch. Hausfrau ade. Druckwerkstatt und Maleratelier sind fertig, und wenn die Bildhauerei steht, dann geht es mit den Kindern los. Denn das habe ich versprochen: Die Kinder aus dem Ort können bei mir zum Malen kommen. Ich weiß, dass auch sie sich darauf freuen: »Weil die nicht so ordentlich malt, wie wir es in der Schule müssen.«

Der Neuanfang hier war leicht, weil ich wirklich eine großartige Nachbarschaft bekommen habe. Das stand übrigens schon in der Anzeige im Internet: »Sie sind mit einer wunderbaren Nachbarschaft gesegnet.« Und genau so ist es auch. Das habe ich vorher in der Fülle so noch nicht erlebt. Wobei sie mit mir auch zufrieden ist. »Mit Promis und so, da weiß man ja nie …« war im Ort die Sorge, bis man feststellte, dass »die« völlig normal ist. Es ist schön, dass man schon gelobt wird, nur weil man normal ist. Gemeinschaft und Hilfsbereitschaft sind hier groß und selbstverständlich. Und feiern können sie hier in der Ecke und im Ort, davon kann man lernen. Vor ein paar Tagen hat mir Ruthchens Mann eine Papiertüte vom Markt in Münster mitgebracht mit dem Aufdruck: »Heinrich Heine, Fragmente aus Deutschland. Ein Wintermärchen: Ich habe sie immer so liebgehabt, die lieben, guten Westfalen, ein Volk, so fest, so sicher, so treu, ganz ohne Gleißen und Prahlen. Sie fechten gut, sie trinken gut, und wenn sie die Hand dir reichen zum Freundschaftsbündnis, dann weinen sie; sind sentimentale Eichen.« Unter die passt eine sentimentale Badenerin gut.

Jetzt schreibt sie auch noch

Warum habe ich jetzt auch noch ein Buch geschrieben? Ich hatte das doch nie vorgehabt, habe ich vor wenigen Seiten behauptet. Das stimmt auch, nur im Sommer 2012 kam der Verlag mit der Frage auf mich zu, ob ich nicht etwas über Neuanfänge schreiben könne. Die verbinde man mit meiner Person. Das könne doch interessant sein für Leserinnen und Leser, die auch diese Lust auf Veränderung spüren.

　　»Ausgerechnet jetzt?« Der Umzug auf meinen Hof stand unmittelbar bevor. »Ruthchen, was sagst du dazu?« »Warum nicht, du hast doch auch einiges zu erzählen.« »Na ja, ich kann nur schreiben, wie es bei mir war.« Nach Ruthchens Zusage, mir dabei zu helfen, habe ich Ja gesagt. Ohne sie hätte ich es nämlich nicht geschafft. Sie ist eh mein besseres Gedächtnis und hat mich Zeile um Zeile unterstützt und alles (fast alles) abgesegnet. Und manches korrigiert: »Schreib das mal anders. Das versteht doch keiner, der dich nicht kennt und weiß, wie du das meinst.« Oder auch mal: »Das stimmt so nicht, das war ein Einzelfall, das kannst du nicht so verallgemeinern.« Und immer wieder: »Kürzer!« Meine Schwester hat auch einiges aus ihren Erinnerungen beigesteuert, wobei sie als Deutschlehrerin meine Grammatik glücklicherweise als persönlichen Stil angesehen und nicht näher kommentiert hat.

Zeitweise drohte es aber doch sehr eng zu werden, die unerwartete Haussanierung, Studium und Buch unter einen Hut zu bringen. Als der Abgabetermin für das Buch immer näher rückte, hat die Vorsehung eingegriffen und mich stillgelegt. Da habe ich mir beim Kaffeekochen den Oberschenkel schwer verbrüht. Gott sei Dank war ein Handwerker im Haus, der irgendwann mein Schreien gehört und mich unter die Dusche gezogen hat. Ich stand bewegungsunfähig da, festgekrallt an die Spüle und begriff nicht, dass es meine Hose war, die weiter »nachkochte«. Nach zwei Wochen Krankenhaus saß ich freiwillig still und brav an meinem Computer, denn bei jeder Bewegung verwandelte sich mein Bein in ein brennendes Nadelkissen. Aber so bin ich wenigstens halbwegs rechtzeitig mit dem Manuskript fertig geworden.

Übrigens habe ich nicht gedacht, wie spannend es werden kann, sich monatelang mit seinem Leben zu beschäftigen, also mal wieder mit sich selbst. Man denkt doch, da wüsste man inzwischen so ziemlich alles, schließlich sei man dabei gewesen. Irgendwie schon, aber durch das Schreiben habe ich deutlicher gesehen, wie unterschiedlich die jeweiligen Anfänge in meinem Leben waren. Vor allem waren sie gar nicht so oft von mir gleich gewollt, länger angedacht oder konkret geplant, wie ich es geglaubt habe. Vieles hat sich erst dadurch ergeben, dass andere mich kräftig angeschoben und gestützt haben oder mir Alternativen zeigten. Zufälle sind verlässlich dann erschienen, wenn ich sie brauchte, und ich habe mich oft auch einfach darauf verlassen, dass sich alles

Weitere schon regeln wird, ohne es vorher detailreich zu planen. Hauptsache, die Richtung stimmte. Nur, ins »kalte Wasser« springen und Vertrautes zurücklassen, das musste ich schon selbst tun. Das nimmt einem leider niemand ab. Aber ich habe es am Ende zufrieden, um vieles bereichert und gestärkt überlebt.

Und was kommt als Nächstes?

Keine Ahnung, aber ich freu mich darauf.

Barbara Salesch

Peter Modler
Die Manipulationsfalle
Selbstbewusst im Beruf
mit dem Arroganztraining® für Frauen

256 Seiten. Gebunden

Nach seinem Bestseller »Das Arroganz-Prinzip« zeigt Unternehmensberater und Coach Peter Modler die neuesten Lösungsvorschläge für kritische Job-Situationen:

Wie Frauen manipulative Nähe im Beruf durchschauen.
Wie sie sexuellen Übergriffen entgegentreten können.
Wie sie aus ihrer beruflichen Rolle einen Schutz machen.
Wie sie vermeiden, ihre eigene Leistung selbst zu torpedieren.
Wie sie mit dem Neid der Kolleginnen umgehen.
Wie sie es verhindern, sich selbst zur Hilfskraft zu degradieren.
Und wie Karrierefrauen nicht gegen die Wand laufen.

Ein unverzichtbarer praktischer Leitfaden.

**Das gesamte Programm gibt es unter
www.fischerverlage.de**

fi 2-1322 / 1

Ursula Nuber
Die neue Leichtigkeit des Seins
10 Wege aus dem Alltagsblues
Band 16647

Die Leichtigkeit des Seins ist abhanden gekommen. Viele
Frauen kennen nur noch zwei Zustände: chronische Müdigkeit oder Stress. 10 Strategien, die das seelische Immunsystem
stärken und uns die Freude am Leben zurückgeben – damit
aus dem Alltagsblues keine Depression wird.

Fischer Taschenbuch Verlag